营业税改征增值税政策与实务

姚　旭　荣红霞◎著

清华大学出版社
北京

内容简介

本书是以最新的税收政策为背景，对营业税改征增值税的改革框架结构进行分析，具体诠释了营业税改征增值税试点实施办法及其实施细则，并结合企业案例分析营业税改征增值税后应纳税额的计算与相应的账务处理、纳税申报的处理等，为营改增企业提供全方面的业务指导。

本书适合税务人员、企业管理人员、财务人员阅读参考。

图书在版编目(CIP)数据

营业税改征增值税政策与实务/姚旭，荣红霞著．—北京：清华大学出版社，2018
ISBN 978-7-302-49788-2

Ⅰ．①营…　Ⅱ．①姚…　②荣…　Ⅲ．①增值税—税收政策—研究—中国
Ⅳ．①F812.422

中国版本图书馆 CIP 数据核字(2018)第 037257 号

责任编辑：刘士平
封面设计：傅瑞学
责任校对：赵琳爽
责任印制：杨　艳

出版发行：清华大学出版社
　　网　　址：http://www.tup.com.cn，http://www.wqbook.com
　　地　　址：北京清华大学学研大厦 A 座　　**邮　　编**：100084
　　社 总 机：010-62770175　　**邮　　购**：010-62786544
　　投稿与读者服务：010-62776969，c-service@tup.tsinghua.edu.cn
　　质量反馈：010-62772015，zhiliang@tup.tsinghua.edu.cn
印 装 者：三河市铭诚印务有限公司
经　　销：全国新华书店
开　　本：170mm×230mm　　**印　　张**：19　　**字　　数**：241 千字
版　　次：2018 年 8 月第 1 版　　**印　　次**：2018 年 8 月第 1 次印刷
定　　价：58.00 元

产品编号：071473-01

前　言

营业税改征增值税(以下简称“营改增”)是根据我国经济社会发展新形势,从深化改革的总体部署出发做出的重要决策。这项改革的实施,有助于消除长期以来我国对货物和劳务分别征收增值税与营业税所产生的重复征税问题,为健全财税制度、深化产业分工、加快现代服务业发展、促进产业和消费升级营造良好的税收环境,对于推动我国经济健康协调发展必将产生深远的影响。

经国务院批准,自2016年5月1日起,在全国范围内全面推开营改增试点,建筑业、房地产业、金融业、生活服务业等全部营业税纳税人纳入试点范围,由缴纳营业税改为缴纳增值税。为便于纳税人学习营业税改征增值税的相关政策和实务操作,特编写《营业税改征增值税政策与实务》一书,供纳税人、税务工作人员、学生等学习参考。

本书由哈尔滨金融学院姚旭教授、荣红霞副教授共同完成,其中,姚旭教授负责完成第1章和第2章,荣红霞副教授负责完成第3章～第5章。本书由姚旭教授拟定全书的总体原则、体例规范并对全书进行统纂定稿。

本书涵盖了营业税改征增值税的理论基础、营业税改征增值税的框架结构、政策法规、相关行业的会计业务处理仿真案例、增值税纳税申报仿真案例,并附上全面推开营业税改征增值税试点的通知、实施办法和过渡政策的相关规定等文件全文。

本书写作过程中，参照国家最新出台的税收法规，税收政策更新至2017年7月1日前，密切结合了税收征纳实务工作，吸收了税务系统一线工作者的宝贵建议，清华大学出版社的编辑也给予了很大支持并提出不少有见地的建议，借此机会向他们表示衷心的感谢。

由于作者水平所限，书中疏漏和不足之处实属难免，敬请各位专家和读者提出宝贵意见。

作　者

2017年5月

目 录

第1章

营业税改征增值税的理论基础

1.1 增值税与营业税的发展历程

1.1.1 国外增值税的发展历程

法国于1917年产生了近代意义的累积税，其征税范围涉及货物销售和服务，法国人将这种累积税称为营业税。由于传统意义的营业税（累积税）具有重叠征税的性质，其弊端逐渐被人们所认识，法国在1917年至1954年间的30多年里曾进行过多次重大的营业税税制改革，改革的动因包含有多重因素。第一，有的营业税因税率过低而无法形成有效的财政收入；第二，有的营业税因在单一环节课征而偷漏税过于严重，产生多重负面影响；第三，由于营业税的重叠征税性质，在相当程度上鼓励了企业的兼并与一体化，以减少流转环节，在这个过程中中小企业逐渐处于弱势地位，形成社会制度的不公平；第四，重叠征税的税种对出口货物的退税不易处理。传统营业税的弊端可以说是世界范围内实行营业税国家的共性问题，因此在20世纪20年代已有学者在研究营业税的改进并提出增值税的概念。

美国耶鲁大学经济学教授亚当斯（Adams TS）是提出增值税概念的第一人，他于1917年在国家税务学会《营业税》（*The Taxation of Business*）

报告中首先提出了对增值额征税的概念，指出对营业毛利课税比对利润课税的公司所得额好得多，这一营业毛利相当于工资薪金、租金、利息和利润之和，即相当于增值额。1954 年，时任法国税务总局局长助理的莫里斯·洛雷(Laure M)积极推动法国增值税制的制定与实施，并取得了成功，他被誉为“增值税之父”。

法国于 1954 年开始实行的增值税，征税范围极广，并建立了一套比较完善的税收征管制度，对工业生产、批发、零售环节，农业和提供劳务服务实行广泛征收，基本上覆盖所有的经济领域(包括农业、工业、建筑业、商业、服务业等领域)的所有应税交易行为。法国的增值税制度对于纳税人购入的固定资产价值中所含增值税税金允许一次性扣除，实行的是消费性增值税。增值税在法国的率先使用取得了良好的效果，其表现出的税基宽广、税率简化、易征易管，税负相对公平、税收成本相对较低、促进商品生产与流通等优势，使得增值税得以在其他国家广泛推广。

1967 年，欧洲经济共同体理事会(European Economic Community，EEC)签署指令，全面推广增值税，用以代替原有的流转税体系，用一个共同的税收体系来连接欧共体成员国。理事会也期望新的税收体系能促进对外贸易，克服过去复杂的流转税体系在实践中造成的阻碍。

德国于 1968 年 1 月 1 日正式推行增值税制，取代多年实行的一直延伸至零售环节征税的“阶梯式”的销售税。经过近 30 年的不断改进与完善，德国的增值税是仅次于个人所得税的第二大主体税种。

德国实行全面型增值税，规定增值税纳税人为从事商品销售和提供劳务的企业主以及从事进口活动的任何人。劳务征收范围包括劳务的自我供应和私人使用、除土地外的其他不动产出租业务、代理商从事的劳务以及部分金融活动、出租契约、建筑活动、运输活动等。

英国于 1940 年实行购买税，1966 年开始对不征收购买税的劳务征收特别就业税。20 世纪 70 年代，西欧各国都普遍推行了增值税。根据

《罗马条约》第 99 条的规定，欧洲经济共同体的各成员国的商品课税制度应保持基本的协调，因此，英国于 1972 年 7 月 27 日，通过了实行增值税制度的财政法案，1973 年 4 月 1 日开始实施增值税，以取代购买税和特别就业税。1973 年改革了商品课税制度，将购买税和特别就业税调整合并为增值税。英国实行的是消费型增值税，即对纳税人购入的所有物品或劳务所含的增值税予以扣除。增值税纳税人为从事商品销售和提供劳务的企业主以及从事进口活动的所有人。除政府通过税法特案规定免征增值税的交易项目外，企业主从事任何销售商品和提供劳务的活动，都要缴纳增值税。至于从事进口活动，不论是企业主还是非企业主，除特殊规定外，都有就进口行为缴纳增值税的义务。增值税成为英国间接税中一个最主要的税种，收入通常占全部间接税收入的 50%～60%。

东盟国家中引入增值税的一个成功范例是印度尼西亚。印度尼西亚把对间接税改革的重点放在了改革销售税上，规定增值税在最后的消费阶段征收，除个别情况外，国内消费的商品几乎没有免税和低税率的待遇。自 2004 年起，印度尼西亚分阶段对所有商品征收增值税、奢侈品消费税和进口关税。增值税改革不仅大大增加了政府的财政收入，而且还增强了税收制度的公平性，提高了效率，税收的中性作用得到加强，国内原来重复课税的问题得到了缓解，同时增值税并未对物价造成明显的影响，在一定程度上保证了贫困阶层的利益。

韩国是亚洲国家中实施增值税比较成功的国家之一。在实行增值税体系之前，韩国有一套非常复杂的间接税系统，包括 11 种间接税，如营业税、商品税、纺织品税、许可税等。1971 年，韩国在制订的长期税制改革计划中决定引进增值税。为实施增值税，韩国实行纳税登记制度，对所有纳税人进行税务登记，并给每个纳税人确定税务编码，同时统一了交易凭证和税金书，建立了计算机系统。财政部和国税厅利用各种宣传媒体向广大民众宣讲增值税法，并派员到全国各地巡回讲解，基层税务署还召集纳税人进行纳税辅导。经过近6年的准备，1976年12月22日，财政部颁布增值税新规，将8种不同的间接税简化成增值税，并于1977年7月1日开始在少数行业施行，直至1994年1月1日开始全面施行。

韩国实施的是消费型增值税，其增值税税制的法律体系包括法律、总统令和财政部令，此外还有税务总局指引和税务总局执行规范。增值税法经过30多年的发展和不断完善，目前，税法中包含35个条款，总统令中包含88个条款，财政部令中包含28个条款，此外还有6个附件和24个表单，可以说是世界上增值税法律、法规最为细致的国家之一。

1.1.2 我国增值税的发展历程

我国于1979年开始对开征增值税的可行性进行调研，试点首先在湖北省襄樊市进行，1980年开始相继在上海、柳州、长沙、株洲、青岛、沈阳、西安等城市试点。试点的范围包括机器机械、农业机具两个行业和部分日用机械产品。1981年，财政部向国家提出改革工商税制的设想，将当时征收的工商税划分为产品税、增值税、营业税和盐税四个税种。同年，国务院批准了这个设想，决定建立增值税制度。1984年，第六届全国人大常委会第七次会议授权国务院颁布《中华人民共和国增值税暂行条例(草案)》，于1984年10月1日开始实施。《中华人民共和国增值税暂行条例(草案)》规定，增值税的征税范围包括机器机械及其零配件、机动船舶、轴承、农业机具及其零配件、钢坯、钢材、自行车、缝纫机、电风扇、印染绸缎及其他印染机织丝织品、西药等。这一阶段的增值税的税率档次过多，征税范围并不包括全部产品和所有环节，只是引进了增值税计税方法，并非真正意义上的增值税。

自1986年起，根据实际情况，我国陆续将部分产品纳入增值税征收范围。1989年，对工业企业的工业性加工、转售原材料等原来征收营业税的项目也相继改征增值税，使增值税的征收范围逐步扩大到大部分工业产品。

1993 年年底，中国工商税制进行了较为彻底的全面改革，同年 12 月 13 日发布了《中华人民共和国增值税暂行条例》，自 1994 年 1 月 1 日起，增值税的征税范围包括销售货物，加工、修理修配劳务和进口货物，因不允许一般纳税人扣除固定资产的进项税额，故称"生产型增值税"。

2004 年，我国开始实行由生产型增值税向消费型增值税的转型试点。自 2004 年 7 月 1 日起，东北地区的辽宁省（含大连市）、吉林省和黑龙江省实行扩大增值税抵扣范围政策的试点，试点行业包括装备制造业、石油化工业、冶金业、船舶制造业、汽车制造业、军品生产企业、高新技术产品生产企业、农产品加工业产品生产为主（产品年销售额占全部销售额 50%以上）的增值税一般纳税人。试点企业发生的购进固定资产、用于自制固定资产的购进货物或应税劳务、通过融资租赁方式取得的固定资产、为固定资产所支付的运输费用等的进项税额准予按规定抵扣。

2007 年 5 月，财政部、国家税务总局印发《中部地区扩大增值税抵扣范围暂行办法》，规定自 2007 年 7 月 1 日起，增值税抵扣范围的改革由东北三省一市扩大到中部地区 26 个老工业基地城市中从事装备制造业、石油化工业、冶金业、汽车制造业、农产品加工业、采掘业、电力业、高新技术产业为主的增值税一般纳税人。

2008 年 7 月，财政部、国家税务总局印发《内蒙古东部地区扩大增值税抵扣范围暂行办法》，自 7 月 1 日起，东北老工业基地扩大增值税抵扣范围试点政策适用于内蒙古东部地区，试点范围包括内蒙古东部地区五盟市的从事装备制造业、石油化工业、冶金业、船舶制造业、汽车制造业、高新技术产业、军品工业和农产品加工业生产取得的年销售额占其同期全部销售额 50%及以上的纳税人。与此同时，财政部、国家税务总局发布《汶川地震受灾严重地区扩大增值税抵扣范围暂行办法》，将汶川地震受灾严重地区纳入增值税转型试点范围，具体包括极重灾区 10 个县市和重灾区41个县区。

2008年3月,时任国务院总理温家宝在政府工作报告中提出,2008年要“继续推进增值税转型改革试点,研究制定在全国范围内实施方案”。2008年11月5日,国务院修订《增值税暂行条例》,决定自2009年1月1日起,在全国范围内实施增值税转型改革,至此,我国增值税制度全面实现了由生产型向消费型的转型。

自2012年1月1日开始,根据《营业税改征增值税试点方案》,我国开始营业税改征增值税试点,营业税改征增值税的工作全面开启。

1.1.3 营业税的发展历程

营业税的征收由来已久,欧洲中世纪政府对营业商户每年征收一定金额始准营业,称为许可金。后因许可金不论营业商户营业规模之大小均无区别,负担不均,1791年法国改许可金为营业税,依据其营业额大小征收。其后,各国相继仿效。

在我国,明代的门摊、课铁,清代的铺间房税等,都属营业税性质,只是没有明确命名为营业税。对于现有营业税的名称,始创于民国三年(1914年),其实名为特种营业执照税,订有《特种营业执照税条例》,课税范围包括皮货、洋服、珠宝古玩、饭庄酒馆业等十三个行业。税率分为等级计算,按营业收入额分为三等十三级,税率由一元起至一千元为止,每年分两次征收。1928年,南京国民政府颁布《营业税办法大纲》,我国正式出现营业税这一名称,并于1931年修改制定《营业税法》,实施以来,成效显著。

中华人民共和国成立后,中央人民政府于1950年公布《工商业税暂行条例》规定,凡在中国境内的工商营利事业,均应按营业额于营业行为所在地缴纳营业税。

1958年税制改革时,将当时实行的货物税、商业流通税、印花税以及工商业税中的营业税部分，合并为工商统一税。

1973 年全国试行工商税，将原来对工商业征收的工商统一税及其附加、城市房地产税、盐税、车船使用牌照税和屠宰税合并工商税。

为了适应经济发展的要求，改变税制过于简单的状况，充分发挥不同税种的特定作用，1984 年第二步利改税，我国首次颁布《营业税条例（草案）》，将工商税中的商业和服务业等行业划分出来，单独征收营业税。

1993 年根据社会主义市场经济体制改革的要求，我国进行了大规模的税制改革，以建立规范的税制为基本目标，将商品流通和加工、修理修配行业改征增值税，12 月 13 日国务院发布《中华人民共和国营业税暂行条例》，自 1994 年 1 月 1 日起施行。自此，将营业税的课税范围限定为提供应税劳务、转让无形资产和销售不动产，适用范围扩大到内外资企业，统一、规范的营业税制度从此建立起来。

自 2012 年 1 月 1 日开始，我国开始营业税改征增值税试点，营业税改征增值税的工作全面开启，2016 年 3 月 23 日，财政部、国家税务总局发布《关于全面推开营业税改征增值税试点的通知》，规定自 2016 年 5 月 1 日起，在全国范围内全面推开营业税改征增值税试点，建筑业、房地产业、金融业、生活服务业等全部营业税纳税人纳入试点范围，由缴纳营业税改为缴纳增值税，这意味着营业税全面退出了我国的税收舞台。

1.2　增值税与营业税的比较分析

1.2.1　增值税的类型

增值税分为生产型增值税、收入型增值税和消费型增值税三种。

1. 生产型增值税

生产型增值税是指在征收增值税时，不允许将外购固定资产的已纳税额进行扣除。就整个社会而言，其课税依据既包括消费资料又包括生产资料，所以它的课税范围与国民生产总值相同，故称为生产型增值税。在这种类型的增值税下，其税基范围超过了增值额概念的范围，相当于将固定资产转移的价值又作为新价值进行征税。同时，由于纳税人外购资本品部分已缴纳的税额得不到抵扣，这部分税额便资本化为固定资产价值的一部分，并分期转移到货物的价值中去，该货物的销项税额中还包含一部分购进环节的增值税。货物流转次数越多，对已征税款的重复征税也就越严重。目前，这种类型的增值税为极少数国家使用，如印度尼西亚。生产型增值税对资本有机构成低的行业、企业和劳动密集型生产有利，可以保证财政收入，但是对固定资产存在重复征税，不利于投资，因此属于一种过渡性的增值税类型。

2. 收入型增值税

收入型增值税是指在征收增值税时，只允许扣除相当于当其外购的固定资产折旧部分的已纳税额。就整个社会而言，其课税依据相当于国民收入，同时，按照西方早期经济学家的生产三要素理论，其税基相当于纳税人的工资、利息、租金和利润之和，与纳税人分配给各生产要素的收入总额相同，故称收入型增值税。收入型增值税的税基与增值额概念范围正好吻合，从理论上而言，属于一种标准的增值税。虽然收入型增值税考虑到固定资产的价值的损耗与转移是分期进行的，其税基正完全符合了增值税的概念，但其价值转移不能获得任何凭证，其增值税要依据会计账簿中提取的固定资产折旧额来进行抵扣，不能很好地利用增值税专用发票的交叉稽核功能，具有一定的主观性和随意性。而且外购固定资产价款是以计提折旧的方式分期转入产品价值的，且转入部分没有合法的外购凭证，凭票扣税的计算方法较为困难，征税成本大。因此，采用的国家较少，目前阿根廷、摩洛哥等少数国家使用该方法。

3. 消费型增值税

消费型增值税是指在征收增值税时，允许将纳税期内外购的固定资产已纳税额一次性给予扣除，即纳税企业用于生产的全部外购生产资料都不课征增值税。就整个国民经济而言，作为增值税依据的部分仅限于消费资料的价值部分，国民所得用于储蓄或投资的部分则不予课税，故称为消费型增值税。在消费型增值税的情况下，固定资产购进的当期，显然会使得增值税税基小于理论上的增值税，但由于这种情况最适宜采用规范的发票扣税法，而发票扣税法能对每笔交易的税额进行计算，故该种计税方法在法律上和技术上都远较其他方法优越，是一种先进而规范的增值税类型，为欧盟及许多发达国家和发展中国家所采用。

1.2.2　增值税与营业税征收方式的比较

从征收方式看，营业税是价内税，增值税是价外税。

价内税是税金包含在价格之中，作为价格的组成部分的税种。价内税由销售方承担税款，销售方取得的货款就是其销售款，而税款包含在销售款中并从中扣除。价内税将税金设计在价格之内，成为国家直接调节产品利润水平和价格水平的工具。但在实行自由价格的条件下，由于价格要灵活，而税收则在一定时期内应保持稳定，把相对固定的流转税含在价格内，会使价格税收产生相互牵制的作用，双方难以灵活调节。所以实行自由价格的国家一般不选择价内税的模式，而选择价外税模式。

价外税是指税金不包含在价格之中，价税分列的税种。价外税是由购买方承担税款，销售方取得的货款包括销售款和税款两部分，即货款为销售款和税款之和。价外税将税金从价格中分离出来，税金不再是企业纯收入的组成部分，其税负由消费者负担，是对消费者在国民收入初次分配中已得份额的扣除，属于再分配。价外税的这种特质，使得税收从国民收入初次分配中分离出来，恢复了税收作为国民收入再分配手段的本来面目。

营业税作为价内税，税款由销售方承担，销售方取得货款中包括销售款和税款两部分，企业按照含税销售价格乘以适用税率计算得出营业税额，营业税额作为营业税金及附加成为销售收入的抵减项，对销售利润有直接的影响。

增值税作为价外税，税款由购买方承担，销售方取得的货款包括销售款和税款两部分。由于税款等于销售款乘以适用税率，因此，税款为不含税价格与适用税率的乘积，增值税额对企业的销售利润没有直接的影响。

价外税简化计征手续，计税时只要依据购货发票上注明的已纳税额，按照规定的扣除项目扣除已征税额即可，因此价外税使企业核算成本大大降低，为现代市场经济国家所广泛采用。

1.2.3 增值税与营业税会计核算的比较

在价内税的模式下，销售价格内含有销售税金，因此纳税人企业取得的收入包含收入、税金和利润三个部分。企业在缴纳营业税的情况下，会计核算时需要设置“营业税金及附加”“应交税费”等记录税金的会计科目。企业销售产品和提供劳务取得收入时，会计核算为借记“银行存款”“应收账款”等科目，贷记“主营业务收入”等科目。由于税金包含在价格中，因此营业税的具体数额不能单独体现，需要根据销售收入，按照税法规定的相应税率，计算其乘积得出，在会计核算时，借记“营业税金及附加”等科目，贷记“应交税费——应交营业税”科目。

在价外税的模式下，销售价格内不含销售税金，因此纳税人取得收入只包含收入和利润两个部分。企业在缴纳增值税的情况下，会计核算时需要设置“应交税费——应交增值税（进项税额）”“应交税费——应交增值税（销项税额）”“应交税费——应交增值税（已交税金）”等具体核算增值税的进项税额、销项税额等项目的会计科目。由于企业购进货物或劳务时，会计核算为借记“材料采购”“应交税费——应交增值税（进项税额）”等科目，贷记“银行存款”等科目；企业销售产品和提供劳务取得收入时，会计核算为借记“银行存款”“应收账款”等科目，贷记“主营业务收入”等科目，同时贷记“应交税费——应交增值税（销项税额）”科目。在价外税模式下，由于价款与税金分别列示，因此企业购进或取得销售收入时，可以直接计算出增值税的进项税额和销项税额，期末，以销项税额减去进项税额，计算出当期应缴纳的增值税额，会计核算更为简单、直接。

1.2.4　增值税与营业税发票使用的比较

由于营业税是价内税，销售额中不能直接体现营业税的具体数额，因此企业在销售的时候开具的销售发票中不反映该项销售所包含的营业税的数额，需要在会计期期末，汇总全部销售额，按照税法规定的适用税率计算出企业当期应该缴纳的营业税额。

增值税是价外税，对于一般纳税人而言，销售价格与增值税款分别列示，因此，一般纳税人在取得销售收入时，其开具的增值税专用发票中，销售额和增值税额分别填列，会计期期末，企业根据发票中填列的增值税的销项税额和进项税额分别进行汇总，按照销项税额和进项税额的差额得出企业当期应该缴纳的增值税额。

1.3　营业税改征增值税的背景因素

1.3.1　营业税改征增值税的必要性

自 1994 年税收制度改革以来，我国一直实行营业税和增值税并存的税收体制。营业税的征税范围包括服务业和不动产、无形资产转让，增值税的征税范围涵盖营业税征税范围以外的所有的工商企业的生产、销售业务，但两税并存存在很多的问题。

营业税本身存在严重的制度缺陷。营业税是按照营业收入全额征税，对于存在多环节服务性营业收入的企业来讲，必然导致重复征税。例如，航运物流业的航运物流收入一般涵盖运输、装卸、仓储、保险等业务收入，在取得综合航运物流收入的航运物流企业将取得的业务收入转包给其他单位时，在承接转承包业务企业按承接转包收入全额征税后，航运物流企业还需按全额征税，而不是按航运物流收入减去转包支出之后的差额征税。

对于部分既有涉及增值税业务又有涉及营业税业务的企业，在两税并存的情况下，使增值税抵扣中断。例如，对于处于产业流程中间环节的服务企业，由于服务企业征收营业税，导致其从上游企业外购的货物和服务不能进行抵扣，同时也导致其为下游企业提供的服务不能开具增值税专用发票，使下游企业在接受其服务时无法进行增值税的抵扣，抵扣中断使得税收的抵扣链条不完整。

营业税不利于现代服务业的持续、健康发展。由于税收是影响产品和企业利润，影响行业和产业投资回报的重要直接标量因素，也是影响并决定企业投资决策和产业发展的重要间接变量因素，税负的变动自然影响企业投资方向和产业发展变化。如果说在实行服务营业税和产品增值税改革初期，两者税负比较接近，在其他条件相同时，由市场所决定的企业投资选择在工商企业还是在服务业，在税收面前是无差异的。随着服务业应税幅度提高而投资回报降低，企业自然会转向选择增加工商业投资，而降低服务业投资，从而影响了服务经济的成长，以及服务业的平衡协调发展。

1.3.2 营业税改征增值税的现实意义

营业税改征增值税是我国税收制度改革的一个重要里程碑，具有重要的现实意义。

1. 营业税改征增值税有利于完善现有税制

营业税和增值税并行破坏了增值税的抵扣链条，影响了增值税正常发挥其税收中性调节的作用。营业税改征增值税完成后，增值税将覆盖所有货物和服务的全部环节，重复征税的税制安排将成为历史。税收中性原则得以更好体现，从而使我国整个税制体系更趋完善，更加符合市场经济的发展要求，打通二三产业的增值税抵扣链条，促进社会分工协作，提高市场效率。

2. 营业税改征增值税有利于充分发挥市场对资源配置的基础性作用

税收制度是市场经济的基本经济制度，随着增值税制度的统一和规范，税收中性特点更加显著，将减少或消除税制因素对市场主体行为的影响，更好地发挥市场对资源配置的基础性作用，减轻企业负担，优化税收环境，增强企业活力，促进企业改进经营方式、提高管理水平，这将有利于企业的长远发展，提高经济增长的质量和效益。

3. 营业税改征增值税有利于促进经济发展方式的转变

营业税改征增值税不仅是完善税制的重要措施，从经济社会发展角度看，营改增还有利于促进经济结构调整和发展方式的转变，有利于促进服务业特别是现代服务业的发展，有利于促进制造业主辅分离和转型升级，从而推动经济结构的调整和优化。由于营业税改征增值税消除了营业税和增值税两税并存而产生的重复征税弊端，为制造业主辅分离和转型升级，以及服务业特别是现代服务业的发展提供了必要的制度性条件，将进一步优化产业结构，推动服务业从工业中分离出来，促进前端研发设计和后端营销服务的发展，更好地为工业发展服务。营业税改征增值税不仅能使服务业受益，还能使上下游企业受益，深化分工协作，有利于服务业与工业高度分工，以及深度融合发展，形成完善的产业配套体系，推动工业转型升级。

4. 营业税改征增值税有利于财政体制的建设

当前我国改革已进入攻坚阶段，营改增不仅仅是营业税和增值税两个税种之间的简单转换，而且是财政体制改革的一项重大举措，是继内外资企业所得税合并、增值税转型、成品油价税费改革之后，我国财税制度的又一重要改革和制度创新。按照试点方案，在试点期间，作为地方主体税种的营业税最终将被完全取代，这就要求加快地方税体系间的步伐，按照中央和地方财力与事权相匹配的原则，推进财政体制改革，使之更能适应市场经济的要求。因此，实施营业税改征增值税不仅有利于进一步规范和简化我国的税制，也有利于财政体制的建设。

第2章

营业税改征增值税的框架结构

2.1 营业税改征增值税的试点历程

2.1.1 个别地区部分行业试点阶段

2011年11月16日,财政部、国家税务总局联合发布了《营业税改征增值税试点方案》,决定于2012年1月1日开始营业税改征增值税试点,并将根据试点情况及时完善方案,择机扩大试点范围。考虑到服务业发展状况、财政承受能力、征管基础条件等因素,先期选择经济辐射效应明显、改革示范作用较强的地区开展试点。同时,试点地区先在交通运输业、部分现代服务业等生产性服务业开展试点,逐步推广至其他行业。条件成熟时,可选择部分行业在全国范围内进行全行业试点。

同一天,发布了《关于在上海市开展交通运输业和部分现代服务业营业税改征增值税试点》的通知,通知明确在上海市开展交通运输业和部分现代服务业营业税改征增值税试点。试点行业包括交通运输业和现代服务业,交通运输业的范围包括陆路交通、水陆交通、航空运输和管道运输服务。现代服务业包括研发和技术服务、信息技术服务、文化创意服务、物流辅助服务、有形动产租赁服务、鉴证咨询服务。为顺利推进试点工作,根据《营业税改征增值税试点方案》,制定了《交通运输业和部分现代服务业营业税改征增值税试点实施办法》《交通运输业和部分现代服务业营业税改征增值税试点有关事项的规定》和《交通运输业和部分现代服务业营业税改征增值税试点过渡政策的规定》。

随后陆续出台了《关于上海市营业税改征增值税试点增值税一般纳税人资格认定有关事项的公告》《关于营业税改征增值税试点有关税收征收管理问题的公告》《营业税改征增值税试点地区适用增值税零税率应税服务免抵退税管理办法(暂行)》《营业税改征增值税试点期间航空运输企业增值税征收管理暂行办法》《关于上海市开展营业税改征增值税试点有关预算管理问题的通知》《营业税改征增值税试点期间航空运输企业增值税征收管理暂行办法》《营业税改征增值税试点有关企业会计处理规定》。这些规定,明确了营业税改征增值税期间纳税人资格认定、税收征管、免抵退税、预算管理、会计核算等具体操作规范,保证了上海市在交通运输业和部分现代服务业顺利推进营业税改征增值税的工作。

2.1.2 少数地区部分行业试点阶段

2012 年 7 月 31 日,财政部、国家税务总局发布《关于在北京等 8 省市开展交通运输业和部分现代服务业营业税改征增值税试点的通知》。通知指出,扩大营业税改征增值税的范围,将交通运输业和部分现代服务业营业税改征增值税试点范围,由上海市分批扩大至北京市、天津市、江苏省、安徽省、浙江省(含宁波市)、福建省(含厦门市)、湖北省、广东省(含深圳市)8 个省(直辖市)。试点地区自 2012 年 8 月 1 日开始面向社会组织实施试点工作,北京市应当于 2012 年 9 月 1 日完成新旧税制转换。江苏省、安徽省应当于 2012 年 10 月 1 日完成新旧税制转换。福建省、广东省应当于 2012 年 11 月 1 日完成新旧税制转换。天津市、浙江省、湖北省应当于 2012 年 12 月 1 日完成新旧税制转换。

试点地区自新旧税制转换之日起,适用《交通运输业和部分现代服务业营业税改征增值税试点实施办法》《交通运输业和部分现代服务业营业税改征增值税试点有关事项的规定》《交通运输业和部分现代服务业营业税改征增值税试点过渡政策的规定》《财政部、国家税务总局关于应税服务适用增值税零税率和免税政策的通知》《总机构试点纳税人增值税计算缴纳暂行办法》《财政部、国家税务总局关于交通运输业和部分现代服务业营业税改征增值税试点若干税收政策的通知》《财政部、国家税务总局关于交通运输业和部分现代服务业营业税改征增值税试点若干税收政策的补充通知》等文件，使试点地区试点行业的营业税改征增值税工作有明确的法规、制度依据。

2.1.3 全国范围部分行业试点阶段

2013 年 5 月 24 日，财政部、国家税务总局发布《关于在全国开展交通运输业和部分现代服务业营业税改征增值税试点税收政策的通知》，规定自 2013 年 8 月 1 日起，在全国范围内开展交通运输业和部分现代服务业营改增试点。并陆续出台了《关于交通运输业和部分现代服务业营业税改征增值税试点增值税一般纳税人资格认定有关事项的公告》《关于营业税改征增值税总分机构试点纳税人增值税纳税申报有关事项的公告》《关于在全国开展营业税改征增值税试点有关征收管理问题的公告》《营业税改征增值税跨境应税服务增值税免税管理办法（试行）》《航空运输企业增值税征收管理暂行办法》《关于营业税改征增值税试点增值税一般纳税人资格认定有关事项的公告》。这些规定对在全国范围内的交通运输业和部分现代服务业进行营业税改征增值税的具体工作进行了详细的规范。

2013 年 12 月 12 日，财政部、国家税务总局发布了《关于将铁路运输和邮政业纳入营业税改征增值税试点的通知》，要求自 2014 年 1 月 1 日起，在全国范围内开展铁路运输和邮政业营改增试点。同时，发布了《关于做好铁路运输和邮政服务业营业税改征增值税试点工作的通知》《关于铁路运输和邮政业营业税改征增值税发票及税控系统使用问题的公告》《邮政企业增值税征收管理暂行办法》《铁路运输企业增值税征收管理暂行办法》《关于铁路运输和邮政业营业税改征增值税后纳税申报有关事项的公告》等规定，对在铁路运输和邮政业开展营业税改征增值税工作进行了规范，保证试点范围扩大工作顺利推进。

2013 年 8 月 1 日，交通运输业和部分现代服务业"营改增"试点在全国范围内推开。同时，广播影视作品的制作、播映、发行等，也开始纳入试点。

2014 年 1 月 1 日，铁路运输和邮政服务业纳入"营改增"试点，至此交通运输业已全部纳入营业税改征增值税范围。

2.1.4 全国范围全行业施行阶段

2016 年 3 月 5 日，李克强总理在政府工作报告中明确提出 2016 年全面实施营业税改征增值税。2016 年 3 月 18 日，国务院总理李克强主持召开国务院常务会议，部署全面推开营业税改征增值税试点，进一步减轻企业税负。

2016 年 3 月 23 日，财政部、国家税务总局发布《关于全面推开营业税改征增值税试点的通知》，规定在全国范围内全面推开营业税改征增值税试点，建筑业、房地产业、金融业、生活服务业等全部营业税纳税人纳入试点范围，由缴纳营业税改为缴纳增值税。

2016 年 3 月 24 日，财政部、国家税务总局向社会公布了《营业税改征增值税试点实施办法》《营业税改征增值税试点有关事项的规定》《营业税改征增值税试点过渡政策的规定》和《跨境应税行为适用增值税零税率和免税政策的规定》。2016 年 4 月 29 日，国务院发布《关于做好全面推开营改增试点工作的通知》，规定自 2016 年 5 月 1 日起，营业税改征增值税试点全面推开。

2016 年 4 月 30 日，国务院发布了《全面推开营改增试点后调整中央与地方增值税收入划分过渡方案》《关于全面推开营业税改征增值税试点后增值税纳税申报有关事项的公告》《关于全面推开营业税改征增值税试点有关税收征收管理事项的公告》《关于营业税改征增值税试点有关文化事业建设费政策及征收管理问题的通知》《关于印发全面推开营改增试点后调整中央与地方增值税收入划分过渡方案的通知》《关于明确营改增试点若干征管问题的公告》《关于营业税改征增值税部分试点纳税人增值税纳税申报有关事项调整的公告》，上述一系列文件对营业税改征增值税的全面实施做出了详细的规定。

2.2　营业税改征增值税的政策效应

2.2.1　营业税改征增值税的基本原则

建立健全有利于科学发展的税收制度，促进经济结构调整，支持现代服务业发展是营业税改征增值税的指导思想，其具体的原则如下。

(1) 统筹设计、分步实施。正确处理改革、发展、稳定的关系，统筹兼顾经济社会发展要求，结合全面推行改革需要和当前实际，科学设计，稳步推进。

(2) 规范税制、合理负担。在保证增值税规范运行的前提下，根据财政承受能力和不同行业发展特点，合理设置税制要素，改革试点行业总体税负不增加或略有下降，基本消除重复征税。

(3) 全面协调、平稳过渡。妥善处理试点前后增值税与营业税政策的衔接、试点纳税人与非试点纳税人税制的协调，建立健全适应第三产业发展的增值税管理体系，确保改革试点有序运行。

2.2.2 营业税改征增值税试点效果

营业税改征增值税的直接政策效应是减税降负，助企业增效，添市场活力。根据财政部和国家税务总局的数据显示，2012 年全年共有 102.8 万户试点纳税人由缴纳营业税改为缴纳增值税，2012 年试点地区共为企业直接减税 426.3 亿元，12 省市平均减税面达 95%。其中，以中小企业为主体的小规模纳税人力度更大，平均减税幅度达到 40%。

2014 年新加入试点的铁路运输业及邮政业分别减税 8 亿元和 4 亿元。

截至 2015 年年底，营业税改征增值税已累计实现减税 6 412 亿元，全国营改增试点纳税人达到 592 万户。

根据毕马威会计师事务所从客户那里了解到的情况，在营业税改征增值税的“1+6”行业中，交通运输服务中部分陆路运输和内河航运企业的税负增加较为明显，物流服务、动产租赁服务的税负稍有增加，其他的试点行业，包括研发和技术服务、信息技术服务、文化创意服务、咨询服务以及小规模纳税人的税负都是减少的。而在税负增加的行业中，差异最大的是交通运输业，而从细分来看，航空运输是大幅度减税的，水路运输是基本平衡的，只有陆路运输和试点初期税负增加较为明显。

据统计，2016 年 5 月至 11 月，四大新纳入试点行业累计减税 1 105 亿元，税负下降 14.7%。1 月至 11 月营改增减税 4 234 亿元。考虑到城建税及教育费附加和个人二手房减税因素，1 月至 11 月营改增带来的整体减税已达到 4 699 亿元，全年减税 5 000 亿元的目标将能实现。

自 2016 年 5 月 1 日全面推开营业税改征增值税试点以来，四大新增试点行业的新办户数逐月稳步增加，截至 11 月 30 日，四大行业试点纳税人共计 1 069 万户，比 5 月初的 1 011 万户增加了 58 万户。

据统计，2016 年 5 月至 11 月，四大行业累计实现增值税应纳税额

6 409 亿元，与应缴纳营业税相比，减税 1 105 亿元，税负下降 14.7%。其中，建筑业减税 65 亿元，税负下降 3.75%；房地产业减税 111 亿元，税负下降 7.9%；金融业减税 367 亿元，税负下降 14.72%；生活服务业减税 562 亿元，税负下降 29.85%。

营业税改征增值税带来的一系列"外溢效应"。营业税改征增值税促进了专业化分工协作，一些研发、设计、营销等内部服务环节从企业主业剥离出来后，更加专注于提供某类型服务，成为效率更高、专业更强的创新主体，催生了新技术、新产业、新业态和新商业模式，为实施创新驱动发展战略和推动大众创业、万众创新拓展更为广阔的空间，也为民营经济和小微企业营造更为宽松的发展环境。

财政部副部长张少春在讲话中指出，"通过打通二三产业增值税抵扣链条，制造业企业外购服务支付的增值税可以抵扣，激发了制造业采购服务的积极性，实现了制造业和服务业的融合发展、互促共进，加快了新旧动能接续转换。同时，税收制度和管理方式的进一步成熟完善，有助于优化资源配置、维护市场统一、促进社会公平，推进国家治理体系和治理能力现代化。"营业税改征增值税还是"放管服"改革的重要内容，有利于降低制度性交易成本，增强企业经营自主性。

营业税改征增值税不仅是一项重大税收制度改革，而且是一项重大财税体制改革，还是一项重大管理机制的改革，营业税改征增值税全面推开带来十分深刻的长远效应。国家税务总局局长王军表示，"随着时间的推移，将会促进政府与企业、中央与地方分配关系的进一步改善，将会促进市场秩序和运行机制的进一步规范，将会促进企业治理、税收治理、财政治理、经济社会治理等水平的进一步提升，为中国经济社会发展、为实体企业和服务业的发展增添更多的活力和更大的动能。"

2017 年一季度税收收入增长较快，从不同行业的税收结构来看，一季度第二产业税收收入增长 15.7%，反映实体经济情况好转，第三产业税收收入占比达到55.7%，显示经济结构不断优化。其中，现代服务业税收增长强劲，显示经济结构转型进一步取得成效：一季度第三产业税收收入占比超过第二产业11.6个百分点，尤其是现代服务业中互联网服务、信息技术服务等信息产业蓬勃发展，税收收入分别增长61.4%和42.1%。

与此同时，第二产业税收增长加快，表明实体经济情况好转。一季度第二产业税收收入比2016年全年增幅提高16.4个百分点，其中高端装备制造业税收继续较快增长，通用设备、汽车、通信设备制造业税收收入分别增长24.1%、18.9%和17.1%。这反映市场环境趋好，供求关系改善，实体经济情况好转。

数据还显示，重点区域税收增势较好，体现国家战略实施效果明显：一季度，京津冀地区税收收入增长17.1%，比全国平均增幅高5.3个百分点，长江经济带11个省市中有7个省市增幅高于全国平均水平，其中互联网服务、软件和信息技术行业税收收入分别增长44.8%和56.6%。

除直接减税效应外，营改增还带来了促进经济结构调整、激发创新创业活力、推动财税体制改革、规范市场运行秩序等多重积极效应。

营业税改征增值税完善了税收制度，加强了税收管理和纳税服务，守信纳税人占比逐年提高，70.9万户企业成A级纳税人。从2014年至2016年，我国A级纳税人数量分别为65.3万户、70.2万户和70.9万户，占比分别为7.65%、7.9%和8.04%，呈逐年递增态势。

第3章

营业税改征增值税政策法规

3.1 营业税改征增值税基本法规

3.1.1 营业税改征增值税纳税人和扣缴义务人

1. 纳税人

在中华人民共和国境内(以下简称境内)销售服务、无形资产或者不动产(以下简称应税行为)的单位和个人,为增值税纳税人,缴纳增值税。

单位,是指企业、行政单位、事业单位、军事单位、社会团体及其他单位。个人,是指个体工商户和其他个人。

单位以承包、承租、挂靠方式经营的,承包人、承租人、挂靠人(以下统称承包人)以发包人、出租人、被挂靠人(以下统称发包人)名义对外经营并由发包人承担相关法律责任的,以该发包人为纳税人。否则,以承包人为纳税人。

2. 扣缴义务人

中华人民共和国境外(以下简称境外)单位或者个人在境内发生应税行为,在境内未设有经营机构的,以购买方为增值税扣缴义务人。财政部和国家税务总局另有规定的除外。

两个或者两个以上的纳税人,经财政部和国家税务总局批准可以视为一个纳税人合并纳税。具体办法由财政部和国家税务总局另行制定。

纳税人应当按照国家统一的会计制度进行增值税会计核算。

3. 两类纳税人的认定及管理

营业税改征增值税纳税人分为一般纳税人和小规模纳税人，增值税纳税人的分类，具体见表 3-1 所示。

表 3-1 增值税纳税人的分类

纳税人	从事货物生产或者提供应税劳务的纳税人，以及以从事货物生产或者提供应税劳务为主，并兼营货物批发或者零售的纳税人	批发或零售的纳税人	销售应税服务、无形资产和不动产的纳税人
小规模纳税人	年应税销售额≤50 万元	年应税销售额 ≤80 万元	年应税销售额≤500 万元
一般纳税人	年应税销售额＞50 万元	年应税销售额 ＞80 万元	年应税销售额＞500 万元

1）小规模纳税人

纳税人分为一般纳税人和小规模纳税人。应税行为的年应征增值税销售额(以下简称年应税销售额)超过财政部和国家税务总局规定标准的纳税人为一般纳税人，未超过规定标准的纳税人为小规模纳税人。

年应税销售额超过规定标准的其他个人不属于一般纳税人。年应税销售额超过规定标准但不经常发生应税行为的单位和个体工商户可选择按照小规模纳税人纳税。

年应税销售额未超过规定标准的纳税人，会计核算健全，能够提供准确税务资料的，可以向主管税务机关办理一般纳税人资格登记，成为一般纳税人。会计核算健全，是指能够按照国家统一的会计制度规定设置账簿，根据合法、有效凭证核算。

符合一般纳税人条件的纳税人应当向主管税务机关办理一般纳税人资格登记。具体登记办法由国家税务总局制定。

除国家税务总局另有规定外，一经登记为一般纳税人后，不得转为小规模纳税人。

2）增值税一般纳税人

应税服务行为的年应征增值税销售额(以下简称年应税销售额)超过财政部和国家税务总局规定应税货物及劳务的销售额与应税服务的销售额,应分别按各自标准判断是否符合一般纳税人认定的条件。试点前已经取得一般纳税人资格的纳税人,如果其兼营应税服务,则不需重新申请认定。

年应税销售额未超过规定标准的纳税人,会计核算健全,能够提供准确税务资料的以及新开业的纳税人,可以向主管税务机关办理一般纳税人资格登记,成为一般纳税人。

(1) 应税服务的年应征增值税销售额(以下简称应税服务年销售额)超过 500 万元(含本数)的纳税人为一般纳税人,未超过的纳税人为小规模纳税人。

(2) 应税服务年销售额超过 500 万元(含本数)的其他个人不属于一般纳税人;非企业性单位、不经常提供应税服务的企业和个体工商户可选择按照小规模纳税人纳税。

【例 3-1】 某纳税人税改前连续不超过 12 个月的经营期内累计交通运输业应税全部收入为 560 万元,支付给合作运输方的运费为 80 万元。

【案例分析】

税改前应纳营业税＝(560－80)×3%＝14.4(万元)

税改后应税服务年销售额＝560÷(1＋3%)

＝543.69(万元)＞500(万元)

该纳税人符合一般纳税人条件。

(3) 小规模纳税人会计核算健全,能够提供准确税务资料的,可以向主管税务机关申请一般纳税人资格认定,成为一般纳税人。

会计核算健全,是指能够按照国家统一的会计制度规定设置账簿,根据合法、有效凭证核算。

特别提示

一经认定为一般纳税人后,不得转为小规模纳税人。

3）不认定为一般纳税人的范围

超标小规模纳税人属于非企业性单位、不经常提供应税服务的企业和个体工商户可选择按照小规模纳税人纳税,可以申请不认定一般纳税人。

4. 申请一般纳税人资格的程序

(1) 申请。递交《增值税纳税人申请认定表》。

(2) 受理。返还《文书受理回执单》。

(3) 审批。

(4) 告知。发放《税务事项通知书》。

5. 一般纳税人辅导期管理

试点纳税人取得一般纳税人资格后,发生增值税偷税、骗取退税和虚开增值税扣税凭证等行为的,主管税务机关可以对其实行不少于 6 个月的纳税辅导期管理。

3.1.2 营业税改征增值税征税范围

应税行为的具体范围,包括如下几个方面。

1. 销售服务

销售服务,是指提供交通运输服务、邮政服务、电信服务、建筑服务、金融服务、现代服务、生活服务。

1）交通运输服务

交通运输服务,是指利用运输工具将货物或者旅客送达目的地,使其空间位置得到转移的业务活动。包括陆路运输服务、水路运输服务、航空运输服务和管道运输服务。

(1) 陆路运输服务，是指通过陆路(地上或者地下)运送货物或者旅客的运输业务活动，包括铁路运输服务和其他陆路运输服务。

铁路运输服务，是指通过铁路运送货物或者旅客的运输业务活动。

其他陆路运输服务，是指铁路运输以外的陆路运输业务活动。包括公路运输、缆车运输、索道运输、地铁运输、城市轻轨运输等。

出租车公司向使用本公司自有出租车的出租车司机收取的管理费用，按照陆路运输服务缴纳增值税。

(2) 水路运输服务，是指通过江、河、湖、川等天然、人工水道或者海洋航道运送货物或者旅客的运输业务活动。

水路运输的程租、期租业务，属于水路运输服务。

程租业务，是指运输企业为租船人完成某一特定航次的运输任务并收取租赁费的业务。

期租业务，是指运输企业将配备有操作人员的船舶承租给他人使用一定期限，承租期内听候承租方调遣，不论是否经营，均按天向承租方收取租赁费，发生的固定费用均由船东负担的业务。

(3) 航空运输服务，是指通过空中航线运送货物或者旅客的运输业务活动。

航空运输的湿租业务，属于航空运输服务。

湿租业务，是指航空运输企业将配备有机组人员的飞机承租给他人使用一定期限，承租期内听候承租方调遣，不论是否经营，均按一定标准向承租方收取租赁费，发生的固定费用均由承租方承担的业务。

航天运输服务，按照航空运输服务缴纳增值税。

航天运输服务，是指利用火箭等载体将卫星、空间探测器等空间飞行器发射到空间轨道的业务活动。

(4) 管道运输服务，是指通过管道设施输送气体、液体、固体物质的运输业务活动。

无运输工具承运业务，按照交通运输服务缴纳增值税。

无运输工具承运业务，是指经营者以承运人身份与托运人签订运输服务合同，收取运费并承担承运人责任，然后委托实际承运人完成运输服务的经营活动。

2）邮政服务

邮政服务，是指中国邮政集团公司及其所属邮政企业提供邮件寄递、邮政汇兑和机要通信等邮政基本服务的业务活动。包括邮政普遍服务、邮政特殊服务和其他邮政服务。

（1）邮政普遍服务，是指函件、包裹等邮件寄递，以及邮票发行、报刊发行和邮政汇兑等业务活动。

函件，是指信函、印刷品、邮资封片卡、无名址函件和邮政小包等。

包裹，是指按照封装上的名址递送给特定个人或者单位的独立封装的物品，其重量不超过50千克，任何一边的尺寸不超过150厘米，长、宽、高合计不超过300厘米。

（2）邮政特殊服务，是指义务兵平常信函、机要通信、盲人读物和革命烈士遗物的寄递等业务活动。

（3）其他邮政服务，是指邮册等邮品销售、邮政代理等业务活动。

3）电信服务

电信服务，是指利用有线、无线的电磁系统或者光电系统等各种通信网络资源，提供语音通话服务，传送、发射、接收或者应用图像、短信等电子数据和信息的业务活动。包括基础电信服务和增值电信服务。

（1）基础电信服务，是指利用固网、移动网、卫星、互联网，提供语音通话服务的业务活动，以及出租或者出售带宽、波长等网络元素的业务活动。

（2）增值电信服务，是指利用固网、移动网、卫星、互联网、有线电视网络，提供短信和彩信服务、电子数据和信息的传输及应用服务、互联网接入服务等业务活动。

卫星电视信号落地转接服务，按照增值电信服务缴纳增值税。

4）建筑服务

建筑服务，是指各类建筑物、构筑物及其附属设施的建造、修缮、装饰，线路、管道、设备、设施等的安装以及其他工程作业的业务活动。包括工程服务、安装服务、修缮服务、装饰服务和其他建筑服务。

（1）工程服务，是指新建、改建各种建筑物、构筑物的工程作业，包括与建筑物相连的各种设备或者支柱、操作平台的安装或者装设工程作业，以及各种窑炉和金属结构工程作业。

（2）安装服务，是指生产设备、动力设备、起重设备、运输设备、传动设备、医疗实验设备以及其他各种设备、设施的装配、安置工程作业，包括与被安装设备相连的工作台、梯子、栏杆的装设工程作业，以及被安装设备的绝缘、防腐、保温、油漆等工程作业。

固定电话、有线电视、宽带、水、电、燃气、暖气等经营者向用户收取的安装费、初装费、开户费、扩容费以及类似收费，按照安装服务缴纳增值税。

（3）修缮服务，是指对建筑物、构筑物进行修补、加固、养护、改善，使之恢复原来的使用价值或者延长其使用期限的工程作业。

（4）装饰服务，是指对建筑物、构筑物进行修饰装修，使之美观或者具有特定用途的工程作业。

（5）其他建筑服务，是指上列工程作业之外的各种工程作业服务，如钻井（打井）、拆除建筑物或者构筑物、平整土地、园林绿化、疏浚（不包括航道疏浚）、建筑物平移、搭脚手架、爆破、矿山穿孔、表面附着物（包括岩层、土层、沙层等）剥离和清理等工程作业。

5）金融服务

金融服务，是指经营金融保险的业务活动。包括贷款服务、直接收费金融服务、保险服务和金融商品转让。

（1）贷款服务，是指将资金贷与他人使用而取得利息收入的业务活动。

各种占用、拆借资金取得的收入，包括金融商品持有期间（含到期）利息（保本收益、报酬、资金占用费、补偿金等）收入、信用卡透支利息收入、买入返售金融商品利息收入、融资融券收取的利息收入，以及融资性售后回租、押汇、罚息、票据贴现、转贷等业务取得的利息及利息性质的收入，按照贷款服务缴纳增值税。

融资性售后回租，是指承租方以融资为目的，将资产出售给从事融资性售后回租业务的企业后，从事融资性售后回租业务的企业将该资产出租给承租方的业务活动。

以货币资金投资收取的固定利润或者保底利润，按照贷款服务缴纳增值税。

（2）直接收费金融服务，是指为货币资金融通及其他金融业务提供相关服务并且收取费用的业务活动。包括提供货币兑换、账户管理、电子银行、信用卡、信用证、财务担保、资产管理、信托管理、基金管理、金融交易场所（平台）管理、资金结算、资金清算、金融支付等服务。

（3）保险服务，是指投保人根据合同约定，向保险人支付保险费，保险人对于合同约定的可能发生的事故因其发生所造成的财产损失承担赔偿保险金责任，或者当被保险人死亡、伤残、疾病或者达到合同约定的年龄、期限等条件时承担给付保险金责任的商业保险行为。包括人身保险服务和财产保险服务。

人身保险服务，是指以人的寿命和身体为保险标的的保险业务活动。

财产保险服务，是指以财产及其有关利益为保险标的的保险业务活动。

(4) 金融商品转让，是指转让外汇、有价证券、非货物期货和其他金融商品所有权的业务活动。

其他金融商品转让包括基金、信托、理财产品等各类资产管理产品和各种金融衍生品的转让。

6) 现代服务

现代服务，是指围绕制造业、文化产业、现代物流产业等提供技术性、知识性服务的业务活动。包括研发和技术服务、信息技术服务、文化创意服务、物流辅助服务、租赁服务、鉴证咨询服务、广播影视服务、商务辅助服务和其他现代服务。

(1) 研发和技术服务，包括研发服务、合同能源管理服务、工程勘察勘探服务、专业技术服务。

研发服务，也称技术开发服务，是指就新技术、新产品、新工艺或者新材料及其系统进行研究与试验开发的业务活动。

合同能源管理服务，是指节能服务公司与用能单位以契约形式约定节能目标，节能服务公司提供必要的服务，用能单位以节能效果支付节能服务公司投入及其合理报酬的业务活动。

工程勘察勘探服务，是指在采矿、工程施工前后，对地形、地质构造、地下资源蕴藏情况进行实地调查的业务活动。

专业技术服务，是指气象服务、地震服务、海洋服务、测绘服务、城市规划、环境与生态监测服务等专项技术服务。

(2) 信息技术服务，是指利用计算机、通信网络等技术对信息进行生产、收集、处理、加工、存储、运输、检索和利用，并提供信息服务的业务活动。包括软件服务、电路设计及测试服务、信息系统服务、业务流程管理服务和信息系统增值服务。

软件服务，是指提供软件开发服务、软件维护服务、软件测试服务的业务活动。

电路设计及测试服务，是指提供集成电路和电子电路产品设计、测试及相关技术支持服务的业务活动。

信息系统服务，是指提供信息系统集成、网络管理、网站内容维护、桌面管理与维护、信息系统应用、基础信息技术管理平台整合、信息技术基础设施管理、数据中心、托管中心、信息安全服务、在线杀毒、虚拟主机等业务活动。包括网站对非自有的网络游戏提供的网络运营服务。

业务流程管理服务，是指依托信息技术提供的人力资源管理、财务经济管理、审计管理、税务管理、物流信息管理、经营信息管理和呼叫中心等服务的活动。

信息系统增值服务，是指利用信息系统资源为用户附加提供的信息技术服务。包括数据处理、分析和整合、数据库管理、数据备份、数据存储、容灾服务、电子商务平台等。

(3) 文化创意服务，包括设计服务、知识产权服务、广告服务和会议展览服务。

设计服务，是指把计划、规划、设想通过文字、语言、图画、声音、视觉等形式传递出来的业务活动。包括工业设计、内部管理设计、业务运作设计、供应链设计、造型设计、服装设计、环境设计、平面设计、包装设计、动漫设计、网游设计、展示设计、网站设计、机械设计、工程设计、广告设计、创意策划、文印晒图等。

知识产权服务，是指处理知识产权事务的业务活动。包括对专利、商标、著作权、软件、集成电路布图设计的登记、鉴定、评估、认证、检索服务。

广告服务，是指利用图书、报纸、杂志、广播、电视、电影、幻灯、路牌、招贴、橱窗、霓虹灯、灯箱、互联网等各种形式为客户的商品、经营服务项目、文体节目或者通告、声明等委托事项进行宣传和提供相关服务的业务活动。包括广告代理和广告的发布、播映、宣传、展示等。

会议展览服务，是指为商品流通、促销、展示、经贸洽谈、民间交流、企业沟通、国际往来等举办或者组织安排的各类展览和会议的业务活动。

（4）物流辅助服务，包括航空服务、港口码头服务、货运客运场站服务、打捞救助服务、装卸搬运服务、仓储服务和收派服务。

航空服务，包括航空地面服务和通用航空服务。航空地面服务，是指航空公司、飞机场、民航管理局、航站等向在境内航行或者在境内机场停留的境内外飞机或者其他飞行器提供的导航等劳务性地面服务的业务活动。包括旅客安全检查服务、停机坪管理服务、机场候机厅管理服务、飞机清洗消毒服务、空中飞行管理服务、飞机起降服务、飞行通信服务、地面信号服务、飞机安全服务、飞机跑道管理服务、空中交通管理服务等。

通用航空服务，是指为专业工作提供飞行服务的业务活动，包括航空摄影、航空培训、航空测量、航空勘探、航空护林、航空吊挂播撒、航空降雨、航空气象探测、航空海洋监测、航空科学实验等。

港口码头服务，是指港务船舶调度服务、船舶通信服务、航道管理服务、航道疏浚服务、灯塔管理服务、航标管理服务、船舶引航服务、理货服务、系解缆服务、停泊和移泊服务、海上船舶溢油清除服务、水上交通管理服务、船只专业清洗消毒检测服务和防止船只漏油服务等为船只提供服务的业务活动。

港口设施经营人收取的港口设施保安费按照港口码头服务缴纳增值税。

货运客运场站服务，是指货运客运场站提供货物配载服务、运输组织服务、中转换乘服务、车辆调度服务、票务服务、货物打包整理、铁路线路使用服务、加挂铁路客车服务、铁路行包专列发送服务、铁路到达和中转服务、铁路车辆编解服务、车辆挂运服务、铁路接触网服务、铁路机车牵引服务等业务活动。

打捞救助服务，是指提供船舶人员救助、船舶财产救助、水上救助和沉船沉物打捞服务的业务活动。

装卸搬运服务，是指使用装卸搬运工具或者人力、畜力将货物在运输工具之间、装卸现场之间或者运输工具与装卸现场之间进行装卸和搬运的业务活动。

仓储服务，是指利用仓库、货场或者其他场所代客储放、保管货物的业务活动。

收派服务，是指接受寄件人委托，在承诺的时限内完成函件和包裹的收件、分拣、派送服务的业务活动。

收件服务，是指从寄件人收取函件和包裹，并运送到服务提供方同城的集散中心的业务活动。

分拣服务，是指服务提供方在其集散中心对函件和包裹进行归类、分发的业务活动。

派送服务，是指服务提供方从其集散中心将函件和包裹送达同城的收件人的业务活动。

（5）租赁服务，包括融资租赁服务和经营租赁服务。

融资租赁服务，是指具有融资性质和所有权转移特点的租赁活动。即出租人根据承租人所要求的规格、型号、性能等条件购入有形动产或者不动产租赁给承租人，合同期内租赁物所有权属于出租人，承租人只拥有使用权，合同期满付清租金后，承租人有权按照残值购入租赁物，以拥有其所有权。不论出租人是否将租赁物销售给承租人，均属于融资租赁。

按照标的物的不同，融资租赁服务可分为有形动产融资租赁服务和不动产融资租赁服务。

融资性售后回租不按照本税目缴纳增值税。

经营租赁服务，是指在约定时间内将有形动产或者不动产转让他人使用且租赁物所有权不变更的业务活动。

按照标的物的不同，经营租赁服务可分为有形动产经营租赁服务和不动产经营租赁服务。

将建筑物、构筑物等不动产或者飞机、车辆等有形动产的广告位出租给其他单位或者个人用于发布广告，按照经营租赁服务缴纳增值税。

车辆停放服务、道路通行服务（包括过路费、过桥费、过闸费等）等按照不动产经营租赁服务缴纳增值税。

水路运输的光租业务、航空运输的干租业务，属于经营租赁。

光租业务，是指运输企业将船舶在约定的时间内出租给他人使用，不配备操作人员，不承担运输过程中发生的各项费用，只收取固定租赁费的业务活动。

干租业务，是指航空运输企业将飞机在约定的时间内出租给他人使用，不配备机组人员，不承担运输过程中发生的各项费用，只收取固定租赁费的业务活动。

（6）鉴证咨询服务，包括认证服务、鉴证服务和咨询服务。

认证服务，是指具有专业资质的单位利用检测、检验、计量等技术，证明产品、服务、管理体系符合相关技术规范、相关技术规范的强制性要求或者标准的业务活动。

鉴证服务，是指具有专业资质的单位受托对相关事项进行鉴证，发表具有证明力的意见的业务活动。包括会计鉴证、税务鉴证、法律鉴证、职业技能鉴定、工程造价鉴证、工程监理、资产评估、环境评估、房地产土地评估、建筑图纸审核、医疗事故鉴定等。

咨询服务，是指提供信息、建议、策划、顾问等服务的活动。包括金融、软件、技术、财务、税收、法律、内部管理、业务运作、流程管理、健康等方面的咨询。

翻译服务和市场调查服务按照咨询服务缴纳增值税。

（7）广播影视服务，包括广播影视节目（作品）的制作服务、发行服务和播映（含放映，下同）服务。

广播影视节目(作品)制作服务,是指进行专题(特别节目)、专栏、综艺、体育、动画片、广播剧、电视剧、电影等广播影视节目和作品制作的服务。具体包括与广播影视节目和作品相关的策划、采编、拍摄、录音、音视频文字图片素材制作、场景布置、后期的剪辑、翻译(编译)、字幕制作、片头、片尾、片花制作、特效制作、影片修复、编目和确权等业务活动。

广播影视节目(作品)发行服务,是指以分账、买断、委托等方式,向影院、电台、电视台、网站等单位和个人发行广播影视节目(作品)以及转让体育赛事等活动的报道及播映权的业务活动。

广播影视节目(作品)播映服务,是指在影院、剧院、录像厅及其他场所播映广播影视节目(作品),以及通过电台、电视台、卫星通信、互联网、有线电视等无线或者有线装置播映广播影视节目(作品)的业务活动。

(8) 商务辅助服务,包括企业管理服务、经纪代理服务、人力资源服务、安全保护服务。

企业管理服务,是指提供总部管理、投资与资产管理、市场管理、物业管理、日常综合管理等服务的业务活动。

经纪代理服务,是指各类经纪、中介、代理服务。包括金融代理、知识产权代理、货物运输代理、代理报关、法律代理、房地产中介、职业中介、婚姻中介、代理记账、拍卖等。

货物运输代理服务,是指接受货物收货人、发货人、船舶所有人、船舶承租人或者船舶经营人的委托,以委托人的名义,为委托人办理货物运输、装卸、仓储和船舶进出港口、引航、靠泊等相关手续的业务活动。

代理报关服务,是指接受进出口货物的收、发货人委托,代为办理报关手续的业务活动。

人力资源服务,是指提供公共就业、劳务派遣、人才委托招聘、劳动力外包等服务的业务活动。

安全保护服务,是指提供保护人身安全和财产安全,维护社会治安等的业务活动。包括场所住宅保安、特种保安、安全系统监控以及其他安保服务。

(9) 其他现代服务,是指除研发和技术服务、信息技术服务、文化创意服务、物流辅助服务、租赁服务、鉴证咨询服务、广播影视服务和商务辅助服务以外的现代服务。

7) 生活服务

生活服务,是指为满足城乡居民日常生活需求提供的各类服务活动。包括文化体育服务、教育医疗服务、旅游娱乐服务、餐饮住宿服务、居民日常服务和其他生活服务。

(1) 文化体育服务,包括文化服务和体育服务。

文化服务,是指为满足社会公众文化生活需求提供的各种服务。包括文艺创作、文艺表演、文化比赛,图书馆的图书和资料借阅,档案馆的档案管理,文物及非物质遗产保护,组织举办宗教活动、科技活动、文化活动,提供游览场所。

体育服务,是指组织举办体育比赛、体育表演、体育活动,以及提供体育训练、体育指导、体育管理的业务活动。

(2) 教育医疗服务,包括教育服务和医疗服务。

教育服务,是指提供学历教育服务、非学历教育服务、教育辅助服务的业务活动。

学历教育服务,是指根据教育行政管理部门确定或者认可的招生和教学计划组织教学,并颁发相应学历证书的业务活动。包括初等教育、初级中等教育、高级中等教育、高等教育等。

非学历教育服务,包括学前教育、各类培训、演讲、讲座、报告会等。

教育辅助服务,包括教育测评、考试、招生等服务。

医疗服务,是指提供医学检查、诊断、治疗、康复、预防、保健、接生、计划生育、防疫服务等方面的服务,以及与这些服务有关的提供药品、医用材料器具、救护车、病房住宿和伙食的业务。

(3) 旅游娱乐服务,是指为娱乐活动同时提供场所和服务的业务。

具体包括歌厅、舞厅、夜总会、酒吧、台球、高尔夫球、保龄球、游艺(包括射击、狩猎、跑马、游戏机、蹦极、卡丁车、热气球、动力伞、射箭、飞镖)。

(4) 餐饮住宿服务,包括餐饮服务和住宿服务。

餐饮服务,是指通过同时提供饮食和饮食场所的方式为消费者提供饮食消费服务的业务活动。

住宿服务,是指提供住宿场所及配套服务等的活动。包括宾馆、旅馆、旅社、度假村和其他经营性住宿场所提供的住宿服务。

(5) 居民日常服务,是指主要为满足居民个人及其家庭日常生活需求提供的服务,包括市容市政管理、家政、婚庆、养老、殡葬、照料和护理、救助救济、美容美发、按摩、桑拿、氧吧、足疗、沐浴、洗染、摄影扩印等服务。

(6) 其他生活服务,是指除文化体育服务、教育医疗服务、旅游娱乐服务、餐饮住宿服务和居民日常服务之外的生活服务。

2. 销售无形资产

销售无形资产,是指转让无形资产所有权或者使用权的业务活动。无形资产,是指不具实物形态,但能带来经济利益的资产,包括技术、商标、著作权、商誉、自然资源使用权和其他权益性无形资产。

技术,包括专利技术和非专利技术。

自然资源使用权,包括土地使用权、海域使用权、探矿权、采矿权、取水权和其他自然资源使用权。

其他权益性无形资产,包括基础设施资产经营权、公共事业特许权、配额、经营权(包括特许经营权、连锁经营权、其他经营权)、经销权、分销权、代理权、会员权、席位权、网络游戏虚拟道具、域名、名称权、肖像权、冠名权、转会费等。

3. 销售不动产

销售不动产，是指转让不动产所有权的业务活动。不动产，是指不能移动或者移动后会引起性质、形状改变的财产，包括建筑物、构筑物等。

建筑物，包括住宅、商业营业用房、办公楼等可供居住、工作或者进行其他活动的建造物。

构筑物，包括道路、桥梁、隧道、水坝等建造物。

转让建筑物有限产权或者永久使用权的，转让在建的建筑物或者构筑物所有权的，以及在转让建筑物或者构筑物时一并转让其所占土地的使用权的，按照销售不动产缴纳增值税。

4. 例外情况

销售服务、无形资产或者不动产，是指有偿提供服务、有偿转让无形资产或者不动产，但属于下列非经营活动的情形除外。

(1) 行政单位收取的同时满足以下条件的政府性基金或者行政事业性收费。

① 由国务院或者财政部批准设立的政府性基金，由国务院或者省级人民政府及其财政、价格主管部门批准设立的行政事业性收费。

② 收取时开具省级以上(含省级)财政部门监(印)制的财政票据。

③ 所收款项全额上缴财政。

(2) 单位或者个体工商户聘用的员工为本单位或者雇主提供取得工资的服务。

(3) 单位或者个体工商户为聘用的员工提供服务。

(4) 财政部和国家税务总局规定的其他情形。

有偿，是指取得货币、货物或者其他经济利益。

(5) 在境内销售服务、无形资产或者不动产，是指：

① 服务(租赁不动产除外)或者无形资产(自然资源使用权除外)的销售方或者购买方在境内；

② 所销售或者租赁的不动产在境内；

③ 所销售自然资源使用权的自然资源在境内；

④ 财政部和国家税务总局规定的其他情形。

(6) 下列情形不属于在境内销售服务或者无形资产：

① 境外单位或者个人向境内单位或者个人销售完全在境外发生的服务。

② 境外单位或者个人向境内单位或者个人销售完全在境外使用的无形资产。

③ 境外单位或者个人向境内单位或者个人出租完全在境外使用的有形动产。

④ 财政部和国家税务总局规定的其他情形。

(7) 下列情形视同销售服务、无形资产或者不动产：

① 单位或者个体工商户向其他单位或者个人无偿提供服务，但用于公益事业或者以社会公众为对象的除外。

② 单位或者个人向其他单位或者个人无偿转让无形资产或者不动产，但用于公益事业或者以社会公众为对象的除外。

③ 财政部和国家税务总局规定的其他情形。

3.1.3 营业税改征增值税率

营业税改征增值税后相关税率调整如下。

(1) 纳税人发生应税行为，除第 2 项、第 3 项、第 4 项规定外，税率为 6%。

(2) 提供交通运输、邮政、基础电信、建筑、不动产租赁服务，销售不动产，转让土地使用权，税率为 11%。

(3) 提供有形动产租赁服务，税率为 17%。

(4) 境内单位和个人发生的跨境应税行为，税率为零。具体范围由财政部和国家税务总局另行规定。

增值税征收率为3%，财政部和国家税务总局另有规定的除外。

3.1.4　营业税改征增值税税收优惠

1. 下列项目免征增值税

(1) 托儿所、幼儿园提供的保育和教育服务。托儿所、幼儿园，是指经县级以上教育部门审批成立、取得办园许可证的实施0～6岁学前教育的机构，包括公立和民办的托儿所、幼儿园、学前班、幼儿班、保育院、幼儿院。

公立托儿所、幼儿园免征增值税的收入，是指在省级财政部门和价格主管部门审核报省级人民政府批准的收费标准以内收取的教育费、保育费。

民办托儿所、幼儿园免征增值税的收入，是指在报经当地有关部门备案并公示的收费标准范围内收取的教育费、保育费。

超过规定收费标准的收费，以开办实验班、特色班和兴趣班等为由另外收取的费用以及与幼儿入园挂钩的赞助费、支教费等超过规定范围的收入，不属于免征增值税的收入。

(2) 养老机构提供的养老服务。养老机构，是指依照民政部《养老机构设立许可办法》(民政部令第48号)设立并依法办理登记的为老年人提供集中居住和照料服务的各类养老机构；养老服务，是指上述养老机构按照民政部《养老机构管理办法》(民政部令第49号)的规定，为收住的老年人提供的生活照料、康复护理、精神慰藉、文化娱乐等服务。

(3) 残疾人福利机构提供的育养服务。

(4) 婚姻介绍服务。

(5) 殡葬服务。

殡葬服务，是指收费标准由各地价格主管部门会同有关部门核定，或者实行政府指导价管理的遗体接运(含抬尸、消毒)、遗体整容、遗体防腐、存放(含冷藏)、火化、骨灰寄存、吊唁设施设备租赁、墓穴租赁及管理等服务。

(6) 残疾人员本人为社会提供的服务。

(7) 医疗机构提供的医疗服务。医疗机构,是指依据国务院《医疗机构管理条例》(国务院令第149号)及卫生部《医疗机构管理条例实施细则》(卫生部令第35号)的规定,经登记取得《医疗机构执业许可证》的机构,以及军队、武警部队各级各类医疗机构。具体包括各级各类医院、门诊部(所)、社区卫生服务中心(站)、急救中心(站)、城乡卫生院、护理院(所)、疗养院、临床检验中心,各级政府及有关部门举办的卫生防疫站(疾病控制中心)、各种专科疾病防治站(所),各级政府举办的妇幼保健所(站)、母婴保健机构、儿童保健机构,各级政府举办的血站(血液中心)等医疗机构。

本项所称的医疗服务,是指医疗机构按照不高于地(市)级以上价格主管部门会同同级卫生主管部门及其他相关部门制定的医疗服务指导价格(包括政府指导价和按照规定由供需双方协商确定的价格等)为就医者提供《全国医疗服务价格项目规范》所列的各项服务,以及医疗机构向社会提供卫生防疫、卫生检疫的服务。

(8) 从事学历教育的学校提供的教育服务。

① 学历教育,是指受教育者经过国家教育考试或者国家规定的其他入学方式,进入国家有关部门批准的学校或者其他教育机构学习,获得国家承认的学历证书的教育形式,具体如下。

初等教育:普通小学、成人小学。

初级中等教育:普通初中、职业初中、成人初中。

高级中等教育:普通高中、成人高中和中等职业学校(包括普通中专、成人中专、职业高中、技工学校)。

高等教育：普通本专科、成人本专科、网络本专科、研究生（博士、硕士）、高等教育自学考试、高等教育学历文凭考试。

② 从事学历教育的学校。

普通学校。

经地（市）级以上人民政府或者同级政府的教育行政部门批准成立、国家承认其学员学历的各类学校。

经省级及以上人力资源社会保障行政部门批准成立的技工学校、高级技工学校。

经省级人民政府批准成立的技师学院。

上述学校均包括符合规定的从事学历教育的民办学校，但不包括职业培训机构等国家不承认学历的教育机构。

③ 提供教育服务免征增值税的收入，是指对列入规定招生计划的在籍学生提供学历教育服务取得的收入，具体包括：经有关部门审核批准并按规定标准收取的学费、住宿费、课本费、作业本费、考试报名费收入，以及学校食堂提供餐饮服务取得的伙食费收入。除此之外的收入，包括学校以各种名义收取的赞助费、择校费等，不属于免征增值税的范围。

学校食堂是指依照《学校食堂与学生集体用餐卫生管理规定》（教育部令第14号）管理的学校食堂。

（9）学生勤工俭学提供的服务。

（10）农业机耕、排灌、病虫害防治、植物保护、农牧保险以及相关技术培训业务，家禽、牲畜、水生动物的配种和疾病防治。

农业机耕，是指在农业、林业、牧业中使用农业机械进行耕作（包括耕耘、种植、收割、脱粒、植物保护等）的业务；排灌，是指对农田进行灌溉或者排涝的业务；病虫害防治，是指从事农业、林业、牧业、渔业的病虫害测报和防治的业务；农牧保险，是指为种植业、养殖业、牧业种植和饲养的动植物提供保险的业务；相关技术培训，是指与农业机耕、排灌、病虫害防治、植物保护业务相关以及为使农民获得农牧保险知识的技术培训业务；家禽、牲畜、水生动物的配种和疾病防治业务的免税范围，包括与该项服务有关的提供药品和医疗用具的业务。

（11）纪念馆、博物馆、文化馆、文物保护单位管理机构、美术馆、展览馆、书画院、图书馆在自己的场所提供文化体育服务取得的第一道门票收入。

（12）寺院、宫观、清真寺和教堂举办文化、宗教活动的门票收入。

（13）行政单位之外的其他单位收取的符合《试点实施办法》第十条规定条件的政府性基金和行政事业性收费。

（14）个人转让著作权。

（15）个人销售自建自用住房。

（16）2018 年 12 月 31 日前，公共租赁住房经营管理单位出租公共租赁住房。公共租赁住房，是指纳入省、自治区、直辖市、计划单列市人民政府及新疆生产建设兵团批准的公共租赁住房发展规划和年度计划，并按照《关于加快发展公共租赁住房的指导意见》（建保〔2010〕87 号）和市、县人民政府制定的具体管理办法进行管理的公共租赁住房。

（17）台湾航运公司、航空公司从事海峡两岸海上直航、空中直航业务在大陆取得的运输收入。

台湾航运公司，是指取得交通运输部颁发的"台湾海峡两岸间水路运输许可证"且该许可证上注明的公司登记地址在台湾地区的航运公司。

台湾航空公司，是指取得中国民用航空局颁发的"经营许可"或者依据《海峡两岸空运协议》和《海峡两岸空运补充协议》规定，批准经营两岸旅客、货物和邮件不定期（包机）运输业务，且公司登记地址在台湾地区的航空公司。

（18）纳税人提供的直接或者间接国际货物运输代理服务。

① 纳税人提供直接或者间接国际货物运输代理服务，向委托方收取

的全部国际货物运输代理服务收入，以及向国际运输承运人支付的国际运输费用，必须通过金融机构进行结算。

② 纳税人为大陆与香港、澳门、台湾地区之间的货物运输提供的货物运输代理服务参照国际货物运输代理服务有关规定执行。

③ 委托方索取发票的，纳税人应当就国际货物运输代理服务收入向委托方全额开具增值税普通发票。

(19) 以下利息收入。

① 2016 年 12 月 31 日前，金融机构农户小额贷款。

小额贷款，是指单笔且该农户贷款余额总额在 10 万元(含本数)以下的贷款。

所称农户，是指长期(一年以上)居住在乡镇(不包括城关镇)行政管理区域内的住户，还包括长期居住在城关镇所辖行政村范围内的住户和户口不在本地而在本地居住一年以上的住户，国有农场的职工和农村个体工商户。位于乡镇(不包括城关镇)行政管理区域内和在城关镇所辖行政村范围内的国有经济的机关、团体、学校、企事业单位的集体户；有本地户口，但举家外出谋生一年以上的住户，无论是否保留承包耕地均不属于农户。农户以户为统计单位，既可以从事农业生产经营，也可以从事非农业生产经营。农户贷款的判定应以贷款发放时的承贷主体是否属于农户为准。

② 国家助学贷款。

③ 国债、地方政府债。

④ 人民银行对金融机构的贷款。

⑤ 住房公积金管理中心用住房公积金在指定的委托银行发放的个人住房贷款。

⑥ 外汇管理部门在从事国家外汇储备经营过程中，委托金融机构发放的外汇贷款。

⑦ 统借统还业务中，企业集团或企业集团中的核心企业以及集团所属财务公司按不高于支付给金融机构的借款利率水平或者支付的债券票面利率水平，向企业集团或者集团内下属单位收取的利息。

统借方向资金使用单位收取的利息，高于支付给金融机构借款利率水平或者支付的债券票面利率水平的，应全额缴纳增值税。

统借统还业务是指：

企业集团或者企业集团中的核心企业向金融机构借款或对外发行债券取得资金后，将所借资金分拨给下属单位（包括独立核算单位和非独立核算单位，下同），并向下属单位收取用于归还金融机构或债券购买方本息的业务。

企业集团向金融机构借款或对外发行债券取得资金后，由集团所属财务公司与企业集团或者集团内下属单位签订统借统还贷款合同并分拨资金，并向企业集团或者集团内下属单位收取本息，再转付企业集团，由企业集团统一归还金融机构或债券购买方的业务。

（20）被撤销金融机构以货物、不动产、无形资产、有价证券、票据等财产清偿债务。

被撤销金融机构，是指经人民银行、银监会依法决定撤销的金融机构及其分设于各地的分支机构，包括被依法撤销的商业银行、信托投资公司、财务公司、金融租赁公司、城市信用社和农村信用社。除另有规定外，被撤销金融机构所属、附属企业，不享受被撤销金融机构增值税免税政策。

（21）保险公司开办的一年期以上人身保险产品取得的保费收入。

一年期以上人身保险，是指保险期间为一年期及以上返还本利的人寿保险、养老年金保险，以及保险期间为一年期及以上的健康保险。

人寿保险，是指以人的寿命为保险标的的人身保险。

养老年金保险，是指以养老保障为目的，以被保险人生存为给付保险金条件，并按约定的时间间隔分期给付生存保险金的人身保险。养老年金保险应当同时符合下列条件。

① 保险合同约定给付被保险人生存保险金的年龄不得小于国家规定的退休年龄。

② 相邻两次给付的时间间隔不得超过一年。

健康保险，是指以因健康原因导致损失为给付保险金条件的人身保险。

上述免税政策实行备案管理，具体备案管理办法按照《国家税务总局关于一年期以上返还性人身保险产品免征营业税审批事项取消后有关管理问题的公告》（国家税务总局公告 2015 年第 65 号）规定执行。

（22）下列金融商品转让收入。

① 合格境外投资者（QFII）委托境内公司在我国从事证券买卖业务。

② 香港市场投资者（包括单位和个人）通过沪港通买卖上海证券交易所上市 A 股。

③ 对香港市场投资者（包括单位和个人）通过基金互认买卖内地基金份额。

④ 证券投资基金（封闭式证券投资基金，开放式证券投资基金）管理人运用基金买卖股票、债券。

⑤ 个人从事金融商品转让业务。

（23）金融同业往来利息收入。

① 金融机构与人民银行所发生的资金往来业务。包括人民银行对一般金融机构贷款，以及人民银行对商业银行的再贴现等。

② 银行联行往来业务。同一银行系统内部不同行、处之间所发生的资金账务往来业务。

③ 金融机构间的资金往来业务。是指经人民银行批准，进入全国银行间同业拆借市场的金融机构之间通过全国统一的同业拆借网络进行的

短期(一年以下含一年)无担保资金融通行为。

④ 金融机构之间开展的转贴现业务。

金融机构：是指银行(包括人民银行、商业银行、政策性银行)；信用合作社；证券公司；金融租赁公司、证券基金管理公司、财务公司、信托投资公司、证券投资基金；保险公司；其他经人民银行、银监会、证监会、保监会批准成立且经营金融保险业务的机构等。

(24) 同时符合下列条件的担保机构从事中小企业信用担保或者再担保业务取得的收入(不含信用评级、咨询、培训等收入)3 年内免征增值税。

① 已取得监管部门颁发的融资性担保机构经营许可证，依法登记注册为企(事)业法人，实收资本超过 2 000 万元。

② 平均年担保费率不超过银行同期贷款基准利率的 50%。平均年担保费率＝本期担保费收入÷(期初担保余额＋本期增加担保金额)×100%。

③ 连续合规经营 2 年以上，资金主要用于担保业务，具备健全的内部管理制度和为中小企业提供担保的能力，经营业绩突出，对受保项目具有完善的事前评估、事中监控、事后追偿与处置机制。

④ 为中小企业提供的累计担保贷款额占其两年累计担保业务总额的 80%以上，单笔 800 万元以下的累计担保贷款额占其累计担保业务总额的 50%以上。

⑤ 对单个受保企业提供的担保余额不超过担保机构实收资本总额的 10%，且平均单笔担保责任金额最多不超过 3 000 万元人民币。

⑥ 担保责任余额不低于其净资产的 3 倍，且代偿率不超过 2%。

担保机构免征增值税政策采取备案管理方式。符合条件的担保机构应到所在地县(市)主管税务机关和同级中小企业管理部门履行规定的备案手续，自完成备案手续之日起，享受 3 年免征增值税政策。3 年免税期满后，符合条件的担保机构可按规定程序办理备案手续后继续享受该项政策。

具体备案管理办法按照《国家税务总局关于中小企业信用担保机构免征营业税审批事项取消后有关管理问题的公告》(国家税务总局公告 2015 年第 69 号)规定执行，其中税务机关的备案管理部门统一调整为县(市)级国家税务局。

(25) 国家商品储备管理单位及其直属企业承担商品储备任务，从中央或者地方财政取得的利息补贴收入和价差补贴收入。

国家商品储备管理单位及其直属企业，是指接受中央、省、市、县四级政府有关部门(或者政府指定管理单位)委托，承担粮(含大豆)、食用油、棉、糖、肉、盐(限于中央储备)等 6 种商品储备任务，并按有关政策收储、销售上述 6 种储备商品，取得财政储备经费或者补贴的商品储备企业。利息补贴收入，是指国家商品储备管理单位及其直属企业因承担上述商品储备任务从金融机构贷款，并从中央或者地方财政取得的用于偿还贷款利息的贴息收入。价差补贴收入包括销售价差补贴收入和轮换价差补贴收入。销售价差补贴收入，是指按照中央或者地方政府指令销售上述储备商品时，由于销售收入小于库存成本而从中央或者地方财政获得的全额价差补贴收入。轮换价差补贴收入，是指根据要求定期组织政策性储备商品轮换而从中央或者地方财政取得的商品新陈品质价差补贴收入。

(26) 纳税人提供技术转让、技术开发和与之相关的技术咨询、技术服务。

① 技术转让、技术开发，是指《销售服务、无形资产、不动产注释》中“转让技术”“研发服务”范围内的业务活动。技术咨询，是指就特定技术项目提供可行性论证、技术预测、专题技术调查、分析评价报告等业务活动。

与技术转让、技术开发相关的技术咨询、技术服务，是指转让方（或者受托方）根据技术转让或者开发合同的规定，为帮助受让方（或者委托方）掌握所转让（或者委托开发）的技术，而提供的技术咨询、技术服务业务，且这部分技术咨询、技术服务的价款与技术转让或者技术开发的价款应当在同一张发票上开具。

② 备案程序。试点纳税人申请免征增值税时，须持技术转让、开发的书面合同，到纳税人所在地省级科技主管部门进行认定，并持有关的书面合同和科技主管部门审核意见证明文件报主管税务机关备查。

(27) 同时符合下列条件的合同能源管理服务。

① 节能服务公司实施合同能源管理项目相关技术，应当符合国家质量监督检验检疫总局和国家标准化管理委员会发布的《合同能源管理技术通则》(GB/T 24915—2010)规定的技术要求。

② 节能服务公司与用能企业签订节能效益分享型合同，其合同格式和内容，符合《中华人民共和国合同法》和《合同能源管理技术通则》(GB/T 24915—2010)等规定。

(28) 2017 年 12 月 31 日前，科普单位的门票收入，以及县级及以上党政部门和科协开展科普活动的门票收入。

科普单位，是指科技馆、自然博物馆，对公众开放的天文馆（站、台）、气象台（站）、地震台（站），以及高等院校、科研机构对公众开放的科普基地。

科普活动，是指利用各种传媒以浅显的让公众易于理解、接受和参与的方式，向普通大众介绍自然科学和社会科学知识，推广科学技术的应用，倡导科学方法，传播科学思想，弘扬科学精神的活动。

(29) 政府举办的从事学历教育的高等、中等和初等学校（不含下属单位），举办进修班、培训班取得的全部归该学校所有的收入。

全部归该学校所有，是指举办进修班、培训班取得的全部收入进入该学校统一账户，并纳入预算全额上缴财政专户管理，同时由该学校对有关票据进行统一管理和开具。

举办进修班、培训班取得的收入进入该学校下属部门自行开设账户的，不予免征增值税。

(30) 政府举办的职业学校设立的主要为在校学生提供实习场所，并由学校出资自办、由学校负责经营管理、经营收入归学校所有的企业，从事《销售服务、无形资产或者不动产注释》中“现代服务”(不含融资租赁服务、广告服务和其他现代服务)、“生活服务”(不含文化体育服务、其他生活服务和桑拿、氧吧)业务活动取得的收入。

(31) 家政服务企业由员工制家政服务员提供家政服务取得的收入。

家政服务企业，是指在企业营业执照的规定经营范围中包括家政服务内容的企业。

员工制家政服务员，是指同时符合下列 3 个条件的家政服务员。

① 依法与家政服务企业签订半年及半年以上的劳动合同或者服务协议，且在该企业实际上岗工作。

② 家政服务企业为其按月足额缴纳了企业所在地人民政府根据国家政策规定的基本养老保险、基本医疗保险、工伤保险、失业保险等社会保险。对已享受新型农村养老保险和新型农村合作医疗等社会保险或者下岗职工原单位继续为其缴纳社会保险的家政服务员，如果本人书面提出不再缴纳企业所在地人民政府根据国家政策规定的相应的社会保险，并出具其所在乡镇或者原单位开具的已缴纳相关保险的证明，可视同家政服务企业已为其按月足额缴纳了相应的社会保险。

③ 家政服务企业通过金融机构向其实际支付不低于企业所在地适用的经省级人民政府批准的最低工资标准的工资。

(32) 福利彩票、体育彩票的发行收入。

(33) 军队空余房产租赁收入。

（34）为了配合国家住房制度改革，企业、行政事业单位按房改成本价、标准价出售住房取得的收入。

（35）将土地使用权转让给农业生产者用于农业生产。

（36）涉及家庭财产分割的个人无偿转让不动产、土地使用权。

家庭财产分割，包括下列情形：离婚财产分割；无偿赠与配偶、父母、子女、祖父母、外祖父母、孙子女、外孙子女、兄弟姐妹；无偿赠与对其承担直接抚养或者赡养义务的抚养人或者赡养人；房屋产权所有人死亡，法定继承人、遗嘱继承人或者受遗赠人依法取得房屋产权。

（37）土地所有者出让土地使用权和土地使用者将土地使用权归还给土地所有者。

（38）县级以上地方人民政府或自然资源行政主管部门出让、转让或收回自然资源使用权（不含土地使用权）。

（39）随军家属就业。

① 为安置随军家属就业而新开办的企业，自领取税务登记证之日起，其提供的应税服务 3 年内免征增值税。

享受税收优惠政策的企业，随军家属必须占企业总人数的 60%（含）以上，并有军（含）以上政治和后勤机关出具的证明。

② 从事个体经营的随军家属，自办理税务登记事项之日起，其提供的应税服务 3 年内免征增值税。

随军家属必须有师以上政治机关出具的可以表明其身份的证明。

按照上述规定，每一名随军家属可以享受一次免税政策。

（40）军队转业干部就业。

① 从事个体经营的军队转业干部，自领取税务登记证之日起，其提供的应税服务 3 年内免征增值税。

② 为安置自主择业的军队转业干部就业而新开办的企业，凡安置自主择业的军队转业干部占企业总人数 60%（含）以上的，自领取税务登记

证之日起，其提供的应税服务 3 年内免征增值税。

享受上述优惠政策的自主择业的军队转业干部必须持有师以上部队颁发的转业证件。

2. 增值税即征即退

(1) 一般纳税人提供管道运输服务，对其增值税实际税负超过 3%的部分实行增值税即征即退政策。

(2) 经人民银行、银监会或者商务部批准从事融资租赁业务的试点纳税人中的一般纳税人，提供有形动产融资租赁服务和有形动产融资性售后回租服务，对其增值税实际税负超过 3%的部分实行增值税即征即退政策。商务部授权的省级商务主管部门和国家经济技术开发区批准的从事融资租赁业务和融资性售后回租业务的试点纳税人中的一般纳税人，2016 年 5 月 1 日后实收资本达到 1.7 亿元的，从达到标准的当月起按照上述规定执行；2016 年 5 月 1 日后实收资本未达到 1.7 亿元但注册资本达到 1.7 亿元的，在 2016 年 7 月 31 日前仍可按照上述规定执行，2016 年 8 月 1 日后开展的有形动产融资租赁业务和有形动产融资性售后回租业务不得按照上述规定执行。

(3) 增值税即征即退规定所称增值税实际税负，是指纳税人当期提供应税服务实际缴纳的增值税额占纳税人当期提供应税服务取得的全部价款和价外费用的比例。

3. 扣减增值税规定

1) 退役士兵创业就业

(1) 对自主就业退役士兵从事个体经营的，在 3 年内按每户每年 8 000 元为限额依次扣减其当年实际应缴纳的增值税、城市维护建设税、教育费附加、地方教育附加和个人所得税。限额标准最高可上浮 20%，各省、自治区、直辖市人民政府可根据本地区实际情况在此幅度内确定具体限额标准，并报财政部和国家税务总局备案。

纳税人年度应缴纳税款小于上述扣减限额的，以其实际缴纳的税款为限；大于上述扣减限额的，应以上述扣减限额为限。纳税人的实际经营期不足一年的，应当以实际月份换算其减免税限额。换算公式为：

减免税限额＝年度减免税限额÷12×实际经营月数

纳税人在享受税收优惠政策的当月，持《中国人民解放军义务兵退出现役证》或《中国人民解放军士官退出现役证》以及税务机关要求的相关材料向主管税务机关备案。

(2) 对商贸企业、服务型企业、劳动就业服务企业中的加工型企业和街道社区具有加工性质的小型企业实体，在新增加的岗位中，当年新招用自主就业退役士兵，与其签订1年以上期限劳动合同并依法缴纳社会保险费的，在3年内按实际招用人数予以定额依次扣减增值税、城市维护建设税、教育费附加、地方教育附加和企业所得税优惠。定额标准为每人每年4 000元，最高可上浮50%，各省、自治区、直辖市人民政府可根据本地区实际情况在此幅度内确定具体定额标准，并报财政部和国家税务总局备案。

扣减增值税规定所称服务型企业是指从事《销售服务、无形资产、不动产注释》中“不动产租赁服务”“商务辅助服务”(不含货物运输代理和代理报关服务)、“生活服务”(不含文化体育服务)范围内业务活动的企业以及按照《民办非企业单位登记管理暂行条例》(国务院令第251号)登记成立的民办非企业单位。

纳税人按企业招用人数和签订的劳动合同时间核定企业减免税总额，在核定减免税总额内每月依次扣减增值税、城市维护建设税、教育费附加和地方教育附加。纳税人实际应缴纳的增值税、城市维护建设税、教育费附加和地方教育附加小于核定减免税总额的，以实际应缴纳的增值税、城市维护建设税、教育费附加和地方教育附加为限；实际应缴纳的增值税、城市维护建设税、教育费附加和地方教育附加大于核定减免税总额的，以核定减免税总额为限。

纳税年度终了，如果企业实际减免的增值税、城市维护建设税、教育费附加和地方教育附加小于核定的减免税总额，企业在企业所得税汇算清缴时扣减企业所得税。当年扣减不足的，不再结转以后年度扣减。

计算公式为：

企业减免税总额＝∑每名自主就业退役士兵本年度在本企业工作月份÷12×定额标准

企业自招用自主就业退役士兵的次月起享受税收优惠政策，并于享受税收优惠政策的当月，持下列材料向主管税务机关备案。

① 新招用自主就业退役士兵的持《中国人民解放军义务兵退出现役证》或《中国人民解放军士官退出现役证》。

② 企业与新招用自主就业退役士兵签订的劳动合同（副本），企业为职工缴纳的社会保险费记录。

③ 自主就业退役士兵本年度在企业工作时间表。

④ 主管税务机关要求的其他相关材料。

（3）上述所称自主就业退役士兵是指依照《退役士兵安置条例》（国务院、中央军委令第 608 号）的规定退出现役并按自主就业方式安置的退役士兵。

（4）上述税收优惠政策的执行期限为 2016 年 5 月 1 日至 2016 年 12 月 31 日，纳税人在 2016 年 12 月 31 日未享受满 3 年的，可继续享受至 3 年期满为止。

按照《财政部、国家税务总局、民政部关于调整完善扶持自主就业退役士兵创业就业有关税收政策的通知》（财税〔2014〕42 号）规定享受营业税优惠政策的纳税人，自 2016 年 5 月 1 日起按照上述规定享受增值税优惠政策，在 2016 年 12 月 31 日未享受满 3 年的，可继续享受至 3 年期满为止。

《财政部、国家税务总局关于将铁路运输和邮政业纳入营业税改征增值税试点的通知》(财税〔2013〕106 号)中城镇退役士兵就业免征增值税政策,自 2014 年 7 月 1 日起停止执行。在 2014 年 6 月 30 日未享受满 3 年的,可继续享受至 3 年期满为止。

4. 重点群体创业就业

(1) 对持《就业创业证》(注明"自主创业税收政策"或"毕业年度内自主创业税收政策")或 2015 年 1 月 27 日前取得的《就业失业登记证》(注明"自主创业税收政策"或附着《高校毕业生自主创业证》)的人员从事个体经营的,在 3 年内按每户每年 8 000 元为限额依次扣减其当年实际应缴纳的增值税、城市维护建设税、教育费附加、地方教育附加和个人所得税。限额标准最高可上浮 20%,各省、自治区、直辖市人民政府可根据本地区实际情况在此幅度内确定具体限额标准,并报财政部和国家税务总局备案。

纳税人年度应缴纳税款小于上述扣减限额的,以其实际缴纳的税款为限;大于上述扣减限额的,应以上述扣减限额为限。

上述人员是指:

① 在人力资源和社会保障部门公共就业服务机构登记失业半年以上的人员。

② 零就业家庭、享受城市居民最低生活保障家庭劳动年龄内的登记失业人员。

③ 毕业年度内高校毕业生。高校毕业生是指实施高等学历教育的普通高等学校、成人高等学校毕业的学生;毕业年度是指毕业所在自然年,即 1 月 1 日至 12 月 31 日。

(2) 对商贸企业、服务型企业、劳动就业服务企业中的加工型企业和街道社区具有加工性质的小型企业实体,在新增加的岗位中,当年新招用在人力资源和社会保障部门公共就业服务机构登记失业半年以上且持

《就业创业证》或 2015 年 1 月 27 日前取得的《就业失业登记证》(注明“企业吸纳税收政策”)人员，与其签订 1 年以上期限劳动合同并依法缴纳社会保险费的，在 3 年内按实际招用人数予以定额依次扣减增值税、城市维护建设税、教育费附加、地方教育附加和企业所得税优惠。定额标准为每人每年 4 000 元，最高可上浮 30%，各省、自治区、直辖市人民政府可根据本地区实际情况在此幅度内确定具体定额标准，并报财政部和国家税务总局备案。

按上述标准计算的税收扣减额应在企业当年实际应缴纳的增值税、城市维护建设税、教育费附加、地方教育附加和企业所得税税额中扣减，当年扣减不足的，不得结转下年使用。

营业税改征增值税税收优惠相关规定所称服务型企业是指从事《销售服务、无形资产、不动产注释》中“不动产租赁服务”“商务辅助服务”(不含货物运输代理和代理报关服务)、“生活服务”(不含文化体育服务)范围内业务活动的企业以及按照《民办非企业单位登记管理暂行条例》(国务院令第 251 号)登记成立的民办非企业单位。

(3) 享受上述优惠政策的人员按以下规定申领《就业创业证》。

① 按照《就业服务与就业管理规定》(劳动和社会保障部令 2007 年第 28 号)第六十三条的规定，在法定劳动年龄内，有劳动能力，有就业要求，处于无业状态的城镇常住人员，在公共就业服务机构进行失业登记，申领《就业创业证》。其中，农村进城务工人员和其他非本地户籍人员在常住地稳定就业满 6 个月的，失业后可以在常住地登记。

② 零就业家庭凭社区出具的证明，城镇低保家庭凭低保证明，在公共就业服务机构登记失业，申领《就业创业证》。

③ 毕业年度内高校毕业生在校期间凭学生证向公共就业服务机构按规定申领《就业创业证》，或委托所在高校就业指导中心向公共就业服务机构按规定代为其申领《就业创业证》；毕业年度内高校毕业生离校后

直接向公共就业服务机构按规定申领《就业创业证》。

④ 上述人员申领相关凭证后，由就业和创业地人力资源和社会保障部门对人员范围、就业失业状态、已享受政策情况进行核实，在《就业创业证》上注明“自主创业税收政策”“毕业年度内自主创业税收政策”或“企业吸纳税收政策”字样，同时符合自主创业和企业吸纳税收政策条件的，可同时加注；主管税务机关在《就业创业证》上加盖戳记，注明减免税所属时间。

(4) 上述税收优惠政策的执行期限为 2016 年 5 月 1 日至 2016 年 12 月 31 日，纳税人在 2016 年 12 月 31 日未享受满 3 年的，可继续享受至 3 年期满为止。

按照《财政部、国家税务总局、人力资源和社会保障部关于继续实施支持和促进重点群体创业就业有关税收政策的通知》(财税〔2014〕39 号)规定享受营业税优惠政策的纳税人，自 2016 年 5 月 1 日起按照上述规定享受增值税优惠政策，在 2016 年 12 月 31 日未享受满 3 年的，可继续享受至 3 年期满为止。

《财政部、国家税务总局关于将铁路运输和邮政业纳入营业税改征增值税试点的通知》(财税〔2013〕106 号)中失业人员就业增值税优惠政策，自 2014 年 1 月 1 日起停止执行。在 2013 年 12 月 31 日未享受满 3 年的，可继续享受至 3 年期满为止。

(5) 金融企业发放贷款后，自结息日起 90 天内发生的应收未收利息按现行规定缴纳增值税，自结息日起 90 天后发生的应收未收利息暂不缴纳增值税，待实际收到利息时按规定缴纳增值税。

上述所称金融企业，是指银行(包括国有、集体、股份制、合资、外资银行以及其他所有制形式的银行)、城市信用社、农村信用社、信托投资公司、财务公司。

(6) 个人将购买不足 2 年的住房对外销售的，按照 5%的征收率全额缴纳增值税;个人将购买 2 年以上(含 2 年)的住房对外销售的,免征增值税。上述政策适用于北京市、上海市、广州市和深圳市之外的地区。

个人将购买不足 2 年的住房对外销售的,按照 5%的征收率全额缴纳增值税;个人将购买 2 年以上(含 2 年)的非普通住房对外销售的,以销售收入减去购买住房价款后的差额按照 5%的征收率缴纳增值税;个人将购买 2 年以上(含 2 年)的普通住房对外销售的,免征增值税。上述政策仅适用于北京市、上海市、广州市和深圳市。

办理免税的具体程序、购买房屋的时间、开具发票、非购买形式取得住房行为及其他相关税收管理规定,按照《国务院办公厅转发建设部等部门关于做好稳定住房价格工作意见的通知》(国办发〔2005〕26 号)和《国家税务总局、财政部、建设部关于加强房地产税收管理的通知》(国税发〔2005〕89 号)及《国家税务总局关于房地产税收政策执行中几个具体问题的通知》(国税发〔2005〕172 号)的有关规定执行。

(7) 上述增值税优惠政策除已规定期限的项目和第五条政策外,其他均在营业税改征增值税试点期间执行。如果试点纳税人在纳入营业税改征增值税试点之日前已经按照有关政策规定享受了营业税税收优惠,在剩余税收优惠政策期限内,按照本规定享受有关增值税优惠。

3.1.5 营业税改征增值税征收管理

1. 增值税纳税义务、扣缴义务发生时间

(1) 纳税人发生应税行为并收讫销售款项或者取得索取销售款项凭据的当天;先开具发票的,为开具发票的当天。

收讫销售款项,是指纳税人销售服务、无形资产、不动产过程中或者完成后收到款项。

取得索取销售款项凭据的当天,是指书面合同确定的付款日期;未签订书面合同或者书面合同未确定付款日期的,为服务、无形资产转让完成的当天或者不动产权属变更的当天。

(2) 纳税人提供建筑服务、租赁服务采取预收款方式的,其纳税义务发生时间为收到预收款的当天。

(3) 纳税人从事金融商品转让的,为金融商品所有权转移的当天。

(4) 纳税人发生本办法第十四条规定情形的,其纳税义务发生时间为服务、无形资产转让完成的当天或者不动产权属变更的当天。

(5) 增值税扣缴义务发生时间为纳税人增值税纳税义务发生的当天。

2. 增值税纳税地点

(1) 固定业户应当向其机构所在地或者居住地主管税务机关申报纳税。总机构和分支机构不在同一县(市)的,应当分别向各自所在地的主管税务机关申报纳税;经财政部和国家税务总局或者其授权的财政和税务机关批准,可以由总机构汇总向总机构所在地的主管税务机关申报纳税。

(2) 非固定业户当向应税行为发生地主管税务机关申报纳税;未申报纳税的,由其机构所在地或者居住地主管税务机关补征税款。

(3) 其他个人提供建筑服务,销售或者租赁不动产,转让自然资源使用权,应向建筑服务发生地、不动产所在地、自然资源所在地主管税务机关申报纳税。

(4) 扣缴义务人应当向其机构所在地或者居住地主管税务机关申报缴纳扣缴的税款。

3. 增值税的纳税期限

增值税的纳税期限分别为 1 日、3 日、5 日、10 日、15 日、1 个月或者 1 个季度。纳税人的具体纳税期限,由主管税务机关根据纳税人应纳税额的大小分别核定。以 1 个季度为纳税期限的规定适用于小规模纳税人、银行、财务公司、信托投资公司、信用社,以及财政部和国家税务总局规定的其他纳税人。不能按照固定期限纳税的，可以按次纳税。

纳税人以 1 个月或者 1 个季度为 1 个纳税期的，自期满之日起 15 日内申报纳税；以 1 日、3 日、5 日、10 日或者 15 日为 1 个纳税期的，自期满之日起 5 日内预缴税款，于次月 1 日起 15 日内申报纳税并结清上月应纳税款。

扣缴义务人解缴税款的期限，按照前两款规定执行。

4. 税收减免的处理

(1) 纳税人发生应税行为适用免税、减税规定的，可以放弃免税、减税，依照本办法的规定缴纳增值税。放弃免税、减税后，36 个月内不得再申请免税、减税。

纳税人发生应税行为同时适用免税和零税率规定的，纳税人可以选择适用免税或者零税率。

(2) 个人发生应税行为的销售额未达到增值税起征点的，免征增值税；达到起征点的，全额计算缴纳增值税。

增值税起征点不适用于登记为一般纳税人的个体工商户。

5. 增值税起征点幅度

(1) 按期纳税的，为月销售额 5 000～20 000 元(含本数)。

(2) 按次纳税的，为每次(日)销售额 300～500 元(含本数)。

起征点的调整由财政部和国家税务总局规定。省、自治区、直辖市财政厅(局)和国家税务局应当在规定的幅度内，根据实际情况确定本地区适用的起征点，并报财政部和国家税务总局备案。

对增值税小规模纳税人中月销售额未达到 2 万元的企业或非企业性单位，免征增值税。2017 年 12 月 31 日前，对月销售额 2 万元(含本数)至 3 万元的增值税小规模纳税人，免征增值税。

6. 具体征收管理规定

营业税改征的增值税，由国家税务局负责征收。纳税人销售取得的不动产和其他个人出租不动产的增值税，国家税务局暂委托地方税务局代为征收。

(1) 纳税人发生适用零税率的应税行为，应当按期向主管税务机关申报办理退(免)税，具体办法由财政部和国家税务总局制定。

(2) 纳税人发生应税行为，应当向索取增值税专用发票的购买方开具增值税专用发票，并在增值税专用发票上分别注明销售额和销项税额。

纳税人增值税的征收管理，按照本办法和《中华人民共和国税收征收管理法》及现行增值税征收管理有关规定执行。

7. 纳税人转让不动产增值税征收管理暂行办法

(1) 根据《财政部、国家税务总局关于全面推开营业税改征增值税试点的通知》(财税〔2016〕36 号)及现行增值税有关规定，制定本办法。

(2) 纳税人转让其取得的不动产，适用本办法。

本办法所称取得的不动产，包括以直接购买、接受捐赠、接受投资入股、自建以及抵债等各种形式取得的不动产。

房地产开发企业销售自行开发的房地产项目不适用本办法。

(3) 一般纳税人转让其取得的不动产，按照以下规定缴纳增值税。

① 一般纳税人转让其 2016 年 4 月 30 日前取得(不含自建)的不动产，可以选择适用简易计税方法计税，以取得的全部价款和价外费用扣除不动产购置原价或者取得不动产时的作价后的余额为销售额，按照 5%的征收率计算应纳税额。纳税人应按照上述计税方法向不动产所在地主管地税机关预缴税款，向机构所在地主管国税机关申报纳税。

② 一般纳税人转让其 2016 年 4 月 30 日前自建的不动产，可以选择适用简易计税方法计税，以取得的全部价款和价外费用为销售额，按照 5%的征收率计算应纳税额。纳税人应按照上述计税方法向不动产所在地主管地税机关预缴税款，向机构所在地主管国税机关申报纳税。

③ 一般纳税人转让其 2016 年 4 月 30 日前取得(不含自建)的不动

产，选择适用一般计税方法计税的，以取得的全部价款和价外费用为销售额计算应纳税额。纳税人应以取得的全部价款和价外费用扣除不动产购置原价或者取得不动产时的作价后的余额，按照 5％的预征率向不动产所在地主管地税机关预缴税款，向机构所在地主管国税机关申报纳税。

④ 一般纳税人转让其 2016 年 4 月 30 日前自建的不动产，选择适用一般计税方法计税的，以取得的全部价款和价外费用为销售额计算应纳税额。纳税人应以取得的全部价款和价外费用，按照 5％的预征率向不动产所在地主管地税机关预缴税款，向机构所在地主管国税机关申报纳税。

⑤ 一般纳税人转让其 2016 年 5 月 1 日后取得（不含自建）的不动产，适用一般计税方法，以取得的全部价款和价外费用为销售额计算应纳税额。纳税人应以取得的全部价款和价外费用扣除不动产购置原价或者取得不动产时的作价后的余额，按照 5％的预征率向不动产所在地主管地税机关预缴税款，向机构所在地主管国税机关申报纳税。

⑥ 一般纳税人转让其 2016 年 5 月 1 日后自建的不动产，适用一般计税方法，以取得的全部价款和价外费用为销售额计算应纳税额。纳税人应以取得的全部价款和价外费用，按照 5％的预征率向不动产所在地主管地税机关预缴税款，向机构所在地主管国税机关申报纳税。

（4）小规模纳税人转让其取得的不动产，除个人转让其购买的住房外，按照以下规定缴纳增值税。

① 小规模纳税人转让其取得（不含自建）的不动产，以取得的全部价款和价外费用扣除不动产购置原价或者取得不动产时的作价后的余额为销售额，按照 5％的征收率计算应纳税额。

② 小规模纳税人转让其自建的不动产，以取得的全部价款和价外费用为销售额，按照 5％的征收率计算应纳税额。

除其他个人之外的小规模纳税人，应按照本条规定的计税方法向不动产所在地主管地税机关预缴税款，向机构所在地主管国税机关申报纳税；其他个人按照本条规定的计税方法向不动产所在地主管地税机关申报纳税。

(5) 个人转让其购买的住房，按照以下规定缴纳增值税。

① 个人转让其购买的住房，按照有关规定全额缴纳增值税的，以取得的全部价款和价外费用为销售额，按照5%的征收率计算应纳税额。

② 个人转让其购买的住房，按照有关规定差额缴纳增值税的，以取得的全部价款和价外费用扣除购买住房价款后的余额为销售额，按照5%的征收率计算应纳税额。

个体工商户应按照本条规定的计税方法向住房所在地主管地税机关预缴税款，向机构所在地主管国税机关申报纳税；其他个人应按照本条规定的计税方法向住房所在地主管地税机关申报纳税。

(6) 其他个人以外的纳税人转让其取得的不动产，区分以下情形计算应向不动产所在地主管地税机关预缴的税款。

① 以转让不动产取得的全部价款和价外费用作为预缴税款计算依据的，计算公式为：

$$应预缴税款=全部价款和价外费用\div(1+5\%)\times5\%$$

② 以转让不动产取得的全部价款和价外费用扣除不动产购置原价或者取得不动产时的作价后的余额作为预缴税款计算依据的，计算公式为：

$$\begin{aligned}应预缴税款 =&(全部价款和价外费用\\&-不动产购置原价或者取得不动产时的作价)\\&\div(1+5\%)\times5\%\end{aligned}$$

(7) 其他个人转让其取得的不动产，按照本办法第六条规定的计算方法计算应纳税额并向不动产所在地主管地税机关申报纳税。

(8) 动产时的作价的，应当取得符合法律、行政法规和国家税务总局规定的合法有效凭证。否则，不得扣除。

上述凭证是指：税务部门监制的发票；法院判决书、裁定书、调解书，以及仲裁裁决书、公证债权文书；国家税务总局规定的其他凭证。

(9) 纳税人转让其取得的不动产，向不动产所在地主管地税机关预缴的增值税税款，可以在当期增值税应纳税额中抵减，抵减不完的，结转下期继续抵减。

纳税人以预缴税款抵减应纳税额，应以完税凭证作为合法有效凭证。

(10) 小规模纳税人转让其取得的不动产，不能自行开具增值税发票的，可向不动产所在地主管地税机关申请代开。

(11) 纳税人向其他个人转让其取得的不动产，不得开具或申请代开增值税专用发票。

(12) 纳税人转让不动产，按照本办法规定应向不动产所在地主管地税机关预缴税款而自应当预缴之月起超过 6 个月没有预缴税款的，由机构所在地主管国税机关按照《中华人民共和国税收征收管理法》及相关规定进行处理。

纳税人转让不动产，未按照本办法规定缴纳税款的，由主管税务机关按照《中华人民共和国税收征收管理法》及相关规定进行处理。

8. 跨县(市、区)提供建筑服务增值税征收管理暂行办法

国家税务总局制定了《跨县(市、区)提供建筑服务增值税征收管理暂行办法》，自 2016 年 5 月 1 日起施行。

(1) 根据《财政部、国家税务总局关于全面推开营业税改征增值税试点的通知》(财税〔2016〕36 号)及现行增值税有关规定，制定本办法。

(2) 本办法所称跨县(市、区)提供建筑服务，是指单位和个体工商户(以下简称纳税人)在其机构所在地以外的县(市、区)提供建筑服务。

纳税人在同一直辖市、计划单列市范围内跨县(市、区)提供建筑服务的，由直辖市、计划单列市国家税务局决定是否适用本办法。

其他个人跨县(市、区)提供建筑服务,不适用本办法。

(3) 纳税人跨县(市、区)提供建筑服务,应按照财税〔2016〕36 号文件规定的纳税义务发生时间和计税方法,向建筑服务发生地主管国税机关预缴税款,向机构所在地主管国税机关申报纳税。

《建筑工程施工许可证》未注明合同开工日期,但建筑工程承包合同注明的开工日期在 2016 年 4 月 30 日前的建筑工程项目,属于财税〔2016〕36 号文件规定的可以选择简易计税方法计税的建筑工程老项目。

(4) 纳税人跨县(市、区)提供建筑服务,按照以下规定预缴税款。

① 一般纳税人跨县(市、区)提供建筑服务,适用一般计税方法计税的,以取得的全部价款和价外费用扣除支付的分包款后的余额,按照 2% 的预征率计算应预缴税款。

② 一般纳税人跨县(市、区)提供建筑服务,选择适用简易计税方法计税的,以取得的全部价款和价外费用扣除支付的分包款后的余额,按照 3%的征收率计算应预缴税款。

③ 小规模纳税人跨县(市、区)提供建筑服务,以取得的全部价款和价外费用扣除支付的分包款后的余额,按照 3% 的征收率计算应预缴税款。

(5) 纳税人跨县(市、区)提供建筑服务,按照以下公式计算应预缴税款。

① 适用一般计税方法计税的:

应预缴税款=(全部价款和价外费用－支付的分包款)÷(1＋11%)×2%

② 适用简易计税方法计税的:

应预缴税款=(全部价款和价外费用－支付的分包款)÷(1＋3%)×3%

纳税人取得的全部价款和价外费用扣除支付的分包款后的余额为负数的,可结转下次预缴税款时继续扣除。

纳税人应按照工程项目分别计算应预缴税款,分别预缴。

(6) 纳税人按照上述规定从取得的全部价款和价外费用中扣除支付的分包款，应当取得符合法律、行政法规和国家税务总局规定的合法有效凭证，否则不得扣除。

上述凭证是指：

① 从分包方取得的2016年4月30日前开具的建筑业营业税发票。

上述建筑业营业税发票在2016年6月30日前可作为预缴税款的扣除凭证。

② 从分包方取得的2016年5月1日后开具的，备注栏注明建筑服务发生地所在县(市、区)、项目名称的增值税发票。

③ 国家税务总局规定的其他凭证。

(7) 纳税人跨县(市、区)提供建筑服务，在向建筑服务发生地主管国税机关预缴税款时，须提交以下资料。

①《增值税预缴税款表》。

② 与发包方签订的建筑合同原件及复印件。

③ 与分包方签订的分包合同原件及复印件。

④ 从分包方取得的发票原件及复印件。

(8) 纳税人跨县(市、区)提供建筑服务，向建筑服务发生地主管国税机关预缴的增值税税款，可以在当期增值税应纳税额中抵减，抵减不完的，结转下期继续抵减。

纳税人以预缴税款抵减应纳税额，应以完税凭证作为合法有效凭证。

(9) 小规模纳税人跨县(市、区)提供建筑服务，不能自行开具增值税发票的，可向建筑服务发生地主管国税机关按照其取得的全部价款和价外费用申请代开增值税发票。

(10) 对跨县(市、区)提供的建筑服务，纳税人应自行建立预缴税款台账，区分不同县(市、区)和项目逐笔登记全部收入、支付的分包款、已扣除的分包款、扣除分包款的发票号码、已预缴税款以及预缴税款的完税凭证号码等相关内容，留存备查。

（11）纳税人跨县（市、区）提供建筑服务预缴税款时间，按照财税〔2016〕36号文件规定的纳税义务发生时间和纳税期限执行。

（12）纳税人跨县（市、区）提供建筑服务，按照本办法应向建筑服务发生地主管国税机关预缴税款而自应当预缴之月起超过6个月没有预缴税款的，由机构所在地主管国税机关按照《中华人民共和国税收征收管理法》及相关规定进行处理。

纳税人跨县（市、区）提供建筑服务，未按照本办法缴纳税款的，由机构所在地主管国税机关按照《中华人民共和国税收征收管理法》及相关规定进行处理。

9. 纳税人提供不动产经营租赁服务增值税征收管理暂行办法

国家税务总局制定了《纳税人提供不动产经营租赁服务增值税征收管理暂行办法》，自2016年5月1日起施行。

（1）根据《财政部、国家税务总局关于全面推开营业税改征增值税试点的通知》（财税〔2016〕36号）及现行增值税有关规定，制定本办法。

（2）纳税人以经营租赁方式出租其取得的不动产（以下简称出租不动产），适用本办法。

取得的不动产，包括以直接购买、接受捐赠、接受投资入股、自建以及抵债等各种形式取得的不动产。

纳税人提供道路通行服务不适用本办法。

（3）一般纳税人出租不动产，按照以下规定缴纳增值税。

① 一般纳税人出租其2016年4月30日前取得的不动产，可以选择适用简易计税方法，按照5%的征收率计算应纳税额。

不动产所在地与机构所在地不在同一县（市、区）的，纳税人应按照上述计税方法向不动产所在地主管国税机关预缴税款，向机构所在地主管国税机关申报纳税。

不动产所在地与机构所在地在同一县(市、区)的,纳税人向机构所在地主管国税机关申报纳税。

② 一般纳税人出租其2016年5月1日后取得的不动产,适用一般计税方法计税。

不动产所在地与机构所在地不在同一县(市、区)的,纳税人应按照3%的预征率向不动产所在地主管国税机关预缴税款,向机构所在地主管国税机关申报纳税。

不动产所在地与机构所在地在同一县(市、区)的,纳税人应向机构所在地主管国税机关申报纳税。

一般纳税人出租其2016年4月30日前取得的不动产适用一般计税方法计税的,按照上述规定执行。

(4) 小规模纳税人出租不动产,按照以下规定缴纳增值税。

① 单位和个体工商户出租不动产(不含个体工商户出租住房),按照5%的征收率计算应纳税额。个体工商户出租住房,按照5%的征收率减按1.5%计算应纳税额。

不动产所在地与机构所在地不在同一县(市、区)的,纳税人应按照上述计税方法向不动产所在地主管国税机关预缴税款,向机构所在地主管国税机关申报纳税。

不动产所在地与机构所在地在同一县(市、区)的,纳税人应向机构所在地主管国税机关申报纳税。

② 其他个人出租不动产(不含住房),按照5%的征收率计算应纳税额,向不动产所在地主管地税机关申报纳税。其他个人出租住房,按照5%的征收率减按1.5%计算应纳税额,向不动产所在地主管地税机关申报纳税。

(5) 纳税人出租的不动产所在地与其机构所在地在同一直辖市或计划单列市但不在同一县(市、区)的,由直辖市或计划单列市国家税务局决定是否在不动产所在地预缴税款。

(6) 纳税人出租不动产，按照本办法规定需要预缴税款的，应在取得租金的次月纳税申报期或不动产所在地主管国税机关核定的纳税期限预缴税款。

(7) 预缴税款的计算。

① 纳税人出租不动产适用一般计税方法计税的，按照以下公式计算应预缴税款。

$$应预缴税款=含税销售额\div(1+11\%)\times 3\%$$

② 纳税人出租不动产适用简易计税方法计税的，除个人出租住房外，按照以下公式计算应预缴税款。

$$应预缴税款=含税销售额\div(1+5\%)\times 5\%$$

③ 个体工商户出租住房，按照以下公式计算应预缴税款。

$$应预缴税款=含税销售额\div(1+5\%)\times 1.5\%$$

(8) 其他个人出租不动产，按照以下公式计算应纳税款。

① 出租住房：

$$应纳税款=含税销售额\div(1+5\%)\times 1.5\%$$

② 出租非住房：

$$应纳税款=含税销售额\div(1+5\%)\times 5\%$$

(9) 单位和个体工商户出租不动产，按照本办法规定向不动产所在地主管国税机关预缴税款时，应填写《增值税预缴税款表》。

(10) 单位和个体工商户出租不动产，向不动产所在地主管国税机关预缴的增值税款，可以在当期增值税应纳税额中抵减，抵减不完的，结转下期继续抵减。

纳税人以预缴税款抵减应纳税额，应以完税凭证作为合法有效凭证。

(11) 小规模纳税人中的单位和个体工商户出租不动产，不能自行开具增值税发票的，可向不动产所在地主管国税机关申请代开增值税发票。

其他个人出租不动产，可向不动产所在地主管地税机关申请代开增值税发票。

(12) 纳税人向其他个人出租不动产，不得开具或申请代开增值税专用发票。

(13) 纳税人出租不动产，按照本办法规定应向不动产所在地主管国税机关预缴税款而自应当预缴之月起超过6个月没有预缴税款的，由机构所在地主管国税机关按照《中华人民共和国税收征收管理法》及相关规定进行处理。

纳税人出租不动产，未按照本办法规定缴纳税款的，由主管税务机关按照《中华人民共和国税收征收管理法》及相关规定进行处理。

3.2 增值税专用发票的管理

3.2.1 增值税专用发票领购使用范围

增值税专用发票只限于增值税一般纳税人领购使用，增值税小规模纳税人和非增值税纳税人不得领购使用。一般纳税人有下列情形之一者，不得领购使用增值税专用发票。

(1) 会计核算不健全，不能向税务机关准确提供增值税销项税额、进项税额、应纳税额数据及其他有关增值税税务资料的。上列其他有关增值税税务资料的内容，由省、自治区、直辖市和计划单列市国家税务总局确定。

(2) 有《税收征收管理》规定的税收违法行为，拒不接受税务机关处理的。

(3) 有以下行为之一，经税务机关责令限期改正而仍未改正者。

虚开增值税专业发票；私自印制专用发票；向税务机关以外的单位和个人买取专用发票；借用他人专用发票；未按规定的要求开具专用发票；

未按规定保管专用发票和专用设备;未按规定申请办理防伪税控系统变更发行;未按规定接受税务机关的检查。

(4) 有上述情形的,如已领购专业发票,主管税务机关应暂扣其结存的专用发票和IC卡。

(5) 有下列情形之一的,属于未按规定保管专用发票和专用设备。

① 未设专人保管专用发票和专用设备。

② 未按税务机关要求存放专用发票和专用设备。

③ 未将认证相符的专用发票抵扣联、《认证结果通知书》和《认证结果清单》装订成册。

④ 未经税务机关查验,擅自销毁专用发票基本联次。

3.2.2 增值税专用发票的开具范围

一般纳税人销售货物、提供加工修理修配劳务、销售服务、无形资产或不动产时向购买方开具专用发票。增值税专用发票的开具范围受两个因素限制:一是销售项目是否能够开具增值税专用发票;二是购货方能否使用增值税专用发票抵扣税款。

商业企业一般纳税人零售的烟、酒、食品、服装、鞋帽(不包括劳保专用部分)、化妆品等消费品不得开具专用发票。

增值税小规模纳税人(以下简称小规模纳税人)需要开具专用发票的,可向主管税务机关申请代开。

销售免税货物不得开具专用发票,法律、法规及国家税务总局另有规定的除外。

3.2.3 增值税专用发票的使用

1. 增值税专用发票的限额管理

一般纳税人应通过增值税防伪税控系统(以下简称防伪税控系统)使

用专用发票。使用,包括领购、开具、缴销、认证纸质专用发票及其相应的数据电文。

本规定所称防伪税控系统,是指经国务院同意推行的,使用专用设备和通用设备、运用数字密码和电子存储技术管理专用发票的计算机管理系统。

本规定所称专用设备,是指金税卡、IC卡、读卡器和其他设备。

本规定所称通用设备,是指计算机、打印机、扫描器具和其他设备。

专用发票实行最高开票限额管理。最高开票限额,是指单份专用发票开具的销售额合计数不得达到的上限额度。

最高开票限额由一般纳税人申请,税务机关依法审批。最高开票限额为10万元及以下的,由区县级税务机关审批;最高开票限额为100万元的,由地市级税务机关审批;最高开票限额为1 000万元及以上的,由省级税务机关审批。防伪税控系统的具体发行工作由区县级税务机关负责。

税务机关审批最高开票限额应进行实地核查。批准使用最高开票限额为10万元及以下的,由区县级税务机关派人实地核查;批准使用最高开票限额为100万元的,由地市级税务机关派人实地核查;批准使用最高开票限额为1 000万元及以上的,由地市级税务机关派人实地核查后将核查资料报省级税务机关审核。

一般纳税人申请最高开票限额时,需填报《最高开票限额申请表》。

2. 增值税专业发票的初始发行

一般纳税人领购专用设备后,凭《最高开票限额申请表》和《发票领购簿》到主管税务机关办理初始发行。初始发行,是指主管税务机关将一般纳税人的下列信息载入空白金税卡和IC卡的行为:企业名称;税务登记代码;开票限额;购票限量;购票人员姓名、密码;开票机数量;国家税务总局规定的其他信息。

一般纳税人发生税务登记代码信息变化，应向主管税务机关申请注销发行。发生其他项信息变化的，应向主管税务机关申请变更发行。

一般纳税人凭《发票领购簿》、IC卡和经办人身份证明领购专用发票。

3.2.4 增值税专用发票的作废及红字专用发票的开具

1. 增值税专用发票的作废

一般纳税人在开具专用发票当月，发生销货退回、开票有误等情形，收到退回的发票联、抵扣联符合作废条件的，按作废处理；开具时发现有误的，可即时作废。

作废专用发票须在防伪税控系统中将相应的数据电文按“作废”处理，在纸质专用发票（含未打印的专用发票）各联次上注明“作废”字样，全联次留存。

2. 红字专用发票的开具

一般纳税人取得专用发票后，发生销货退回、开票有误等情形但不符合作废条件的，或者因销货部分退回及发生销售折让的，购买方应向主管税务机关填报《开具红字增值税专用发票申请单》（以下简称《申请单》）。《申请单》所对应的蓝字专用发票应经税务机关认证。

经认证结果为“认证相符”并且已经抵扣增值税进项税额的，一般纳税人在填报《申请单》时不填写相对应的蓝字专用发票信息。

经认证结果为“纳税人识别号认证不符”“专用发票代码、号码认证不符”的，一般纳税人在填报《申请单》时应填写相对应的蓝字专用发票信息。

《申请单》一式两联：第一联由购买方留存；第二联由购买方主管税务机关留存。

《申请单》应加盖一般纳税人财务专用章。

主管税务机关对一般纳税人填报的《申请单》进行审核后，出具《开具红字增值税专用发票通知单》(以下简称《通知单》)。《通知单》应与《申请单》一一对应。

《通知单》一式三联：第一联由购买方主管税务机关留存；第二联由购买方送交销售方留存；第三联由购买方留存。

《通知单》应加盖主管税务机关印章。

《通知单》应按月依次装订成册，并比照专用发票保管规定管理。

购买方必须暂依《通知单》所列增值税税额从当期进项税额中转出，未抵扣增值税进项税额的可列入当期进项税额，待取得销售方开具的红字专用发票后，与留存的《通知单》一并作为记账凭证。经认证结果为“无法认证”“纳税人识别号认证不符”购买方不列入进项税额，不作进项税额转出。

销售方凭购买方提供的《通知单》开具红字专用发票，在防伪税控系统中以销项负数开具。

红字专用发票应与《通知单》一一对应。

同时具有下列情形的，为规定所称作废条件。

(1) 收到退回的发票联、抵扣联时间未超过销售方开票当月。

(2) 销售方未抄税并且未记账。

(3) 购买方未认证或者认证结果为“纳税人识别号认证不符”“专用发票代码、号码认证不符”。

3.2.5　增值税专用发票的抄报税

抄税，是报税前用IC卡或者IC卡和软盘抄取开票数据电文。

一般纳税人开具专用发票应在增值税纳税申报期内向主管税务机关报税，在申报所属月份内可分次向主管税务机关报税。

报税，是纳税人持IC卡或者IC卡和软盘向税务机关报送开票数据电文。

3.2.6 增值税专用发票的开具要求

增值税专用发票由基本联次或者基本联次附加其他联次构成，基本联次为三联：发票联、抵扣联和记账联。发票联，作为购买方核算采购成本和增值税进项税额的记账凭证；抵扣联，作为购买方报送主管税务机关认证和留存备查的凭证；记账联，作为销售方核算销售收入和增值税销项税额的记账凭证。其他联次用途，由一般纳税人自行确定。

增值税专用发票基本内容包括：购销双方纳税人名称、纳税人识别号、纳税人地址、电话；开户行及账号、销售货物或应税劳务和服务名称、规格型号、单位、数量；不包括增值税在内的单位售价及金额；增值税税率、税额；发票填开日期、发票号码、密码区。

增值税专用发票的示样如图 3-1 所示。

3301171130　浙江增值税专用发票　N010000015　3301171130　N0 10000015

开票日期：2017年7月19日

购买方	名称：跨跃印刷有限公司 纳税人识别号：440199999003389 地址、电话：龙金大道双桂村 开户行及账号：88245879879789	密码区					
货物或应税劳务、服务名称	规格型号	单位	数量	单价	金额	税率	税额
计算机		台	100	2564.1026	256410.26	17%	43589.74
合计					¥ 256410.26		¥ 43589.74
价税合计（大写）	叁拾万元整				（小写）¥ 300000		
销售方	名称：浙江衡信教育科技有限公司 纳税人识别号：913301086970589658 地址、电话：杭州市滨江区南环路3738号税友大厦 开户行及账号：789789789789789	备注					

收款人：　复核：董方　开票人：李丽　销售方：章

第三联：发票联　购买方记账凭证

图 3-1　增值税专用发票（发票联）

专用发票应按下列要求开具：①项目齐全，与实际交易相符；②字迹清楚，不得压线、错格；③发票联和抵扣联加盖财务专用章或者发票专用章；④按照增值税纳税义务的发生时间开具。

对不符合上列要求的专用发票，购买方有权拒收。

一般纳税人销售货物或者提供应税劳务可汇总开具专用发票。汇总开具专用发票的，同时使用防伪税控系统开具的《销售货物或者提供应税劳务清单》，并加盖财务专用章或者发票专用章。

3.2.7 增值税专用发票的缴销

专用发票的缴销，是指主管税务机关在纸质专用发票监制章处按“V”字剪角作废，同时作废相应的专用发票数据电文。被缴销的纸质专用发票应退还纳税人。

3.2.8 增值税专用发票丢失的管理

使用发票的单位和个人应当妥善保管发票。发生发票丢失情形时，应当于发现发票丢失当日书面报告税务机关，并登报声明作废。

一般纳税人丢失已开具专用发票的发票联和抵扣联，如果丢失前已认证相符的，购买方凭销售方提供的相应专用发票记账联复印件及销售方所在地主管税务机关出具的《丢失增值税专用发票已报税证明单》，经购买方主管税务机关审核同意后，可作为增值税进项税额的抵扣凭证；如果丢失前未认证的，购买方凭销售方提供的相应专用发票记账联复印件到主管税务机关进行认证，认证相符的凭该专用发票记账联复印件及销售方所在地主管税务机关出具的《丢失增值税专用发票已报税证明单》，经购买方主管税务机关审核同意后，可作为增值税进项税额的抵扣凭证。一般纳税人丢失已开具专用发票的抵扣联，如果丢失前已认证相符的，可使用专用发票发票联复印件留存备查；如果丢失前未认证的，可使用专用发票发票联到主管税务机关认证，专用发票发票联复印件留存备查。

一般纳税人丢失已开具专用发票的发票联，可将专用发票抵扣联作为记账凭证，专用发票抵扣联复印件留存备查。

按照上述规定"如果丢失前未认证的，购买方凭销售方提供的相应专用发票记账联复印件到主管税务机关进行认证，认证相符的凭该专用发票记账联复印件及销售方所在地主管税务机关出具的《丢失增值税专用发票已报税证明单》，经购买方主管税务机关审核同意后，可作为增值税进项税额的抵扣凭证"进行处理，不会受到处罚。

3.3 营业税改征增值税应纳税额计算

3.3.1 营业税改征增值税小规模纳税人应纳税额计算

1. 简易计税方法应纳税额的计算

简易计税方法的应纳税额，是指按照销售额和增值税征收率计算的增值税额，不得抵扣进项税额。

小规模纳税人发生应税行为适用简易计税方法计税。

纳税人适用简易计税方法计税的，因销售折让、中止或者退回而退还给购买方的销售额，应当从当期销售额中扣减。扣减当期销售额后仍有余额造成多缴的税款，可以从以后的应纳税额中扣减。

特别提示

简易计税方法的适用对象，既包括小规模纳税人销售货物、提供应税劳务或应税服务，也包括一般纳税人的特殊销售或提供特定应税服务。

特别提示

这里销售额的含义与一般计税方法中销售额的含义一样，均是不含增值税的销售额。简易计税方法与一般计税方法的基本计税差异主要有两点：一方面一般计税方法计算价税分离时使用的是税率，简易计税方法使用征收率计算价税分离。另一方面，一般计税方法用销售额计算的是销项税额，简易计税方法用销售额计算的是应纳税额。

根据《营业税改征增值税》的规定，一般纳税人应该按照一般计税方法计算缴纳增值税，但是下列情形属于可在两种方法中选择的范畴。

(1) 试点纳税人中的一般纳税人提供的公共交通运输服务，可以选择按照简易计税方法计算缴纳增值税。公共交通运输服务，包括轮客渡、公交客运、轨道交通(含地铁、城市轻轨)、出租车、长途客运、班车。其中，班车，是指按固定路线、固定时间运营并在固定站点停靠的运送旅客的陆路运输。

(2) 试点纳税人中的一般纳税人，以该地区试点实施之日前购进或者自制的有形动产为标的物提供的经营租赁服务，试点期间可以选择适用简易计税方法计算缴纳增值税。

(3) 自本地区试点实施之日起至 2017 年 12 月 31 日，被认定为动漫企业的试点纳税人中的一般纳税人，为开发动漫产品提供的动漫脚本编撰、形象设计、背景设计、动画设计、分镜、动画制作、摄制、描线、上色、画面合成、配音、配乐、音效合成、剪辑、字幕制作、压缩转码(面向网络动漫、手机动漫格式适配)服务，以及在境内转让动漫版权(包括动漫品牌、形象或者内容的授权及再授权)，可以选择按照简易计税方法计算缴纳增值税。

(4) 试点纳税人中的一般纳税人提供的电影放映服务、仓储服务、装卸搬运服务和收派服务，可以选择按照简易计税办法计算缴纳增值税。

(5) 试点纳税人中的一般纳税人兼有销售货物、提供应税劳务的，凡未规定可以选择按照简易计税方法计算缴纳增值税的，其全部销售额应一并按照一般计税方法计算缴纳增值税。

2. 一般规定

根据《财政部、国家税务总局关于全面推开营业税改征增值税试点的通知》(财税〔2016〕36号)规定，小规模纳税人发生应税行为适用简易计税方法计税。简易计税方法的应纳税额，是指按照销售额和增值税征收率计算的增值税额，不得抵扣进项税额。

应纳税额计算公式：

$$应纳税额 = 销售额 \times 征收率$$

简易计税方法的销售额不包括其应纳税额，纳税人采用销售额和应纳税额合并定价方法的，按照下列公式计算销售额：

$$销售额 = 含税销售额 \div (1 + 征收率)$$

【例3-2】 某市A企业为增值税小规模纳税人，2016年5月销售取得含税收入103万元，其适用的增值税征收率为3%，按照应纳税款计算公式，该纳税人本月应纳税额为103÷(1+3%)×3%=3(万元)。

特别提示

小规模纳税人销售货物、应税行为或提供劳务也不得自行开具专用发票，但可以申请主管税务机关代开发票。主管税务机关为小规模纳税人(包括小规模纳税人中的企业、企业性单位及其他小规模纳税人)代开专用发票。应在专用发票"单价"栏和"金额"栏分别填写不含增值税的单价和销售额，因此，其应纳税额按销售额依照征收率计算。

3. 特殊规定

(1) 小规模纳税人因销货退回或折让退还给购货方的销售额，应从发生销货退回或折让当期的销售中扣减。扣减当期销售额后余额造成多缴的税款，可以从以后的应纳税额中扣减。

(2) 自 2004 年 12 月 1 日起，增值税小规模纳税人购置税控收款机，经主管税务机关审核批准后，可凭购进税控收款机取得的增值税专用发票，按照发票上注明的增值税税额，抵免当期应纳增值税。或者按照购进税控收款机取得的普通发票上注明的价款，依下列公式计算可以抵免的增值税税额：

可以抵免的增值税税额＝价款÷(1＋17%)×17%

当期应纳税额不足抵免的，未抵免的部分可在下期继续抵免。

(3) 小规模纳税人销售其取得(不含自建)的不动产(不含个体工商户销售购买的住房和其他个人销售不动产)，应以取得的全部价款和价外费用减去该项不动产购置原价或者取得不动产时的作价后的余额为销售额，按照 5%征收率计算应纳税额。

(4) 小规模纳税人销售其自建的不动产，应以取得的全部价款和价外费用为销售额，按照 5%征收率计算应纳税额。

【例 3-3】 某饭店为增值税小规模纳税人，2016 年 5 月提供餐饮服务取得含税收入 10.5 万元，同时将 2012 年 2 月购进的不动产对外销售，取得销售收入 125 万元，该不动产购置原价为 98 万元。计算该饭店当月应纳的增值税额。

【案例分析】

提供餐饮服务应纳的增值税额＝10.5÷(1＋3%)×3%＝0.31(万元)

不动产对外销售应纳的增值税额＝(125－98)÷(1＋5%)×5%

＝1.29(万元)

3.3.2　营业税改征增值税一般纳税人应纳税额计算

1. 销项税额的计算

销项税额是指纳税人销售货物或提供应税劳务和应税服务，按照销售额和规定的税率计算并向购买方收取的增值税额。其计算公式为：

销项税额=(不含税)销售额×增值税税率

1) 计算销项税额的时间限定

计算销项税额的时间应根据不同的销售方式和结算方式确定。

(1) 采取直接收款方式销售货物,不论货物是否发出,均为收到销售额或取得索取销售额的凭据,并将提货单交给买方的当天。

采取直接收款方式销售货物,已将货物移送对方并暂估销售收入入账,但既未取得销售款或取得索取销售款凭据也未开具销售发票的,其增值税纳税义务发生时间为取得销售款或取得索取销售款凭据的当天;先开具发票的,为开具发票的当天。

(2) 采取托收承付和委托收款结算方式销售货物的,为发出货物并办妥收款手续的当天。

(3) 采取赊销和分期收款结算方式销售货物的,为合同规定收款日期的当天。

(4) 采取预收货款方式销售货物的,为货物发出的当天。

(5) 委托其他纳税人代销货物的,为收到代销单位销售的代销清单的当天。收到代销清单前已收到全部或部分销货款的,其计算时间为收到全部或部分销货款的当天;对于发出代销商品超过 180 天仍未收到代销清单及货款的,视同销售实现,计算时间为满 180 天的当天。

(6) 销售应税劳务,为提供劳务同时收讫价款或取得索取收款凭据的当天。

(7) 纳税人发生按规定视同销售货物的行为(将货物交付他人代销、销售代销货物除外),为货物移送的当天。

(8) 进口货物,为报关进口的当天。

(9) 纳税人提供应税服务的纳税义务发生时间为提供应税服务并收讫销售款项或者取得索取销售款项凭据的当天;先开具发票的,为开具发票的当天。

(10) 纳税人提供建筑服务、租赁服务采取预收款方式的,其纳税义务发生时间为收到预收款的当天。

(11) 纳税人发生视同销售服务、无形资产、不动产的,其纳税义务发生时间为服务、无形资产转让完成的当天或者不动产权属变更的当天。

(12) 纳税人从事金融商品转让的,为金融商品所有权转移的当天。

(13) 增值税扣缴义务发生时间为纳税人增值税纳税义务发生的当天。

2) 一般销售方式下的销售额确认

销售额,是指纳税人发生应税行为取得的全部价款和价外费用,财政部和国家税务总局另有规定的除外。价外费用,是指价外收取的各种性质的收费,但不包括以下项目。

(1) 代为收取并符合本办法第十条规定的政府性基金或者行政事业性收费。

(2) 以委托方名义开具发票代委托方收取的款项。

销售额以人民币计算。纳税人按照人民币以外的货币结算销售额的,应当折合成人民币计算,折合率可以选择销售额发生的当天或者当月 1 日的人民币汇率中间价。纳税人应当在事先确定采用何种折合率,确定后 12 个月内不得变更。

纳税人兼营销售货物、劳务、服务、无形资产或者不动产,适用不同税率或者征收率的,应当分别核算适用不同税率或者征收率的销售额;未分别核算的,从高适用税率。

一项销售行为如果既涉及服务又涉及货物,为混合销售。从事货物的生产、批发或者零售的单位和个体工商户的混合销售行为,按照销售货物缴纳增值税;其他单位和个体工商户的混合销售行为,按照销售服务缴纳增值税。

本条所称从事货物的生产、批发或者零售的单位和个体工商户,包括以从事货物的生产、批发或者零售为主，并兼营销售服务的单位和个体工商户在内。

纳税人兼营免税、减税项目的，应当分别核算免税、减税项目的销售额；未分别核算的，不得免税、减税。

纳税人发生应税行为，开具增值税专用发票后，发生开票有误或者销售折让、中止、退回等情形的，应当按照国家税务总局的规定开具红字增值税专用发票；未按照规定开具红字增值税专用发票的，不得按照规定扣减销项税额或者销售额。增值税的销售额为纳税人销售货物、提供应税劳务、应税服务、销售无形资产、不动产从购买方所收取的全部价款和价外费用，但是不包括收取的销项税额。价外费用一般是在价款外收取的手续费、补贴、基金、集资费、返还利润、奖励金、违约金(延期付款利息)、包装费、包装物租金、储备费、优质费、运输装卸费、代收款项、代垫款项及其他各种性质的价外收费。价外费用均为含税销售额，无论会计上如何核算，应并入销售额计算应纳的增值税，但下列项目不包括在内。

① 向购买方收取的销项税额。

② 受托加工应缴消费税的消费品所代收代缴的消费税。

③ 承运部门的运费发票开给购货方，并由纳税人将该项发票转交给购货方的代垫运费。

3）含税销售额的换算

为符合增值税作为价外税的要求，纳税人在填写购销货物及纳税凭证、会计处理时，应分项记录不含税的销售额、销项税额和进项税额。因此，纳税人销售货物、提供应税劳务、应税服务、销售无形资产、不动产采用销售额和销项税额合并定价方法的，应按下列公式将含税销售额换算为不含税的销售额：

不含税销售额＝含税销售额÷(1＋税率)

公式中的税率为纳税人销售货物、提供应税劳务、应税服务、销售无形资产、不动产按《增值税暂行条例》和"营业税改征增值税"中规定所适用的税率。

4）特殊销售方式下的销售额确认

（1）折扣方式销售。折扣方式销售是指销货方在纳税人销售货物、提供应税劳务、应税服务、销售无形资产、不动产，因购货方购货数量较大等原因而给予购货方的价格优惠。由于折扣是在实现销售的同时发生的，因此，税法规定，如果销售额和折扣额在同一张发票上分别注明的，可按折扣后的销售额征收增值税；如果将折扣额另开发票（红字发票），不论其在财务上如何处理，均不得从销售额中减除折扣额。

折扣销售仅限于货物价格的折扣，如果销货者将自产、委托加工或购买的货物用于实物折扣的，则该实物款额不能从货物销售额中减除，应按"视同销售货物"中的"无偿赠送他人"征收增值税。

（2）以旧换新方式销售。以旧换新方式销售是指纳税人在销售新货物时，有偿收回同类旧货物的行为。税法规定，采取以旧换新方式销售货物的，应按新货物的同期销售价格确定销售额，不得减除旧货物的回收价格。

（3）还本方式销售。还本方式销售是纳税人在销售货物后，到一定期限由销售方一次或分次退还给购货方全部或部分价款。税法规定，纳税人采取还本方式销售货物的，以实际收到的全部收入确定销售额，不得从销售额中减除还本支出。

（4）以物易物方式销售。以物易物方式销售是指购销双方不是以货币结算，而是以同等价格的货物相互结算，实现货物购销的一种方式。税法规定，以物易物的双方都应作购销处理，以各自发出的货物核算销售额并计算销项税额；以各自收到的货物按规定核算购货额并计算进项税额，但须取得增值税专用发票或其他合法票据。

（5）包装物押金是否计入销售额。纳税人为销售货物而出租、出借包装物收取的押金，单独记账核算的，时间在1年以内的，不并入销售额征税。但对因逾期未收回包装物不再退还的押金，应并入销售额，按所包装货物的适用税率征税。“逾期”是指按合同约定实际逾期或以1年为限，对收取1年以上的押金，无论是否退还均应并入销售额征税。

对销售除啤酒、黄酒外的其他酒类产品而收取的包装物押金，无论是否返还以及会计上如何核算，均应并入销售额征税。

（6）“营业税改征增值税”销售额的确定。

① 贷款服务，以提供贷款服务取得的全部利息及利息性质的收入为销售额。

② 直接收费金融服务，以提供直接收费金融服务收取的手续费、佣金、酬金、管理费、服务费、经手费、开户费、过户费、结算费、转托管费等各类费用为销售额。

③ 金融商品转让，按照卖出价扣除买入价后的余额为销售额。

转让金融商品出现的正负差，按盈亏相抵后的余额为销售额。若相抵后出现负差，可结转下一纳税期与下期转让金融商品销售额相抵，但年末时仍出现负差的，不得转入下一个会计年度。

金融商品的买入价，可以选择按照加权平均法或者移动加权平均法进行核算，选择后36个月内不得变更。

金融商品转让，不得开具增值税专用发票。

④ 经纪代理服务，以取得的全部价款和价外费用，扣除向委托方收取并代为支付的政府性基金或者行政事业性收费后的余额为销售额。向委托方收取的政府性基金或者行政事业性收费，不得开具增值税专用发票。

⑤ 航空运输企业的销售额，不包括代收的机场建设费和代售其他航空运输企业客票而代收转付的价款。

⑥ 试点纳税人中的一般纳税人（以下简称一般纳税人）提供客运场

站服务，以其取得的全部价款和价外费用，扣除支付给承运方运费后的余额为销售额。

⑦ 试点纳税人提供旅游服务，可以选择以取得的全部价款和价外费用，扣除向旅游服务购买方收取并支付给其他单位或者个人的住宿费、餐饮费、交通费、签证费、门票费和支付给其他接团旅游企业的旅游费用后的余额为销售额。选择上述办法计算销售额的试点纳税人，向旅游服务购买方收取并支付的上述费用，不得开具增值税专用发票，可以开具普通发票。

⑧ 试点纳税人提供建筑服务适用简易计税方法的，以取得的全部价款和价外费用扣除支付的分包款后的余额为销售额。

⑨ 房地产开发企业中的一般纳税人销售其开发的房地产项目（选择简易计税方法的房地产老项目除外），以取得的全部价款和价外费用，扣除受让土地时向政府部门支付的土地价款后的余额为销售额。

⑩ 个人出租住房，应按照5%的征收率减按1.5%计算应纳税额。

（7）视同销售货物行为销售额的确定。视同销售行为中某些行为不是以货币形式反映出来的，因此会出现无销售额的现象。因此，税法规定，对视同销售征税而无销售额的按下列顺序确定销售额：按纳税人当月同类货物的平均销售价格确定；按纳税人最近时期同类货物的平均销售价格确定；按组成计税价格确定。

组成计税价格的公式为：

$$组成计税价格=成本\times(1+成本利润率)$$

如果该货物是征收消费税的，在组成计税价格中还应考虑消费税。

$$组成计税价格=成本\times(1+成本利润率)+消费税税额$$

或：

$$组成计税价格=成本\times(1+成本利润率)\div(1-消费税税率)$$

公式中的成本，指销售自产货物的为实际生产成本，销售外购货物的为实际采购成本。成本利润率由国家税务总局确定(现行成本利润率为10%),但属于从价定率征收消费税的货物,按消费税税法中规定的计算。

"营业税改征增值税"也规定,纳税人发生应税行为价格明显偏低或者偏高且不具有合理商业目的的,或者发生视同销售行为而无销售额的,主管税务机关有权按照下列顺序确定销售额。

① 按照纳税人最近时期销售同类服务、无形资产或者不动产的平均价格确定。

② 按照其他纳税人最近时期销售同类服务、无形资产或者不动产的平均价格确定。

③ 按照组成计税价格确定。组成计税价格的公式如下。

组成计税价格=成本×(1+成本利润率)

成本利润率由国家税务总局确定。

不具有合理商业目的,是指以谋取税收利益为主要目的,通过人为安排,减少、免除、推迟缴纳增值税税款,或者增加退还增值税税款。

2. 进项税额的确认与计算

1) 准予从销项税额中抵扣的进项税额

根据《增值税暂行条例》和"营业税改征增值税"的规定,准予从销项税额中抵扣的进项税额,限于下列增值税扣税凭证上注明的增值税税额和按规定的扣除率计算的进项税额。

原增值税一般纳税人购进服务、无形资产或者不动产,取得的增值税专用发票上注明的增值税额为进项税额,准予从销项税额中抵扣。

(1) 从销售方取得的增值税专用发票(含税控机动车销售统一发票,下同)上注明的增值税额。

(2) 从海关取得的海关进口增值税专用缴款书上注明的增值税额。

(3) 自 2017 年 7 月 1 日起购进农产品,除取得增值税专用发票或者海关进口增值税专用缴款书外,按照农产品收购发票或者销售发票上注明的农产品买价和11%的扣除率计算的进项税额。计算公式为：

$$可抵扣进项税额=农业产品买价\times 11\%$$

买价，是指纳税人购进农产品在农产品收购发票或者销售发票上注明的价款和按照规定缴纳的烟叶税。

购进农产品，按照《农产品增值税进项税额核定扣除试点实施办法》抵扣进项税额的除外。

（4）从境外单位或者个人购进服务、无形资产或者不动产，自税务机关或者扣缴义务人取得的解缴税款的完税凭证上注明的增值税额。

2）不得从销项税额中抵扣的进项税额

根据《增值税暂行条例》和“营业税改征增值税”的规定，下列项目的进项税额不得从销项税额中抵扣。

（1）用于简易计税方法计税项目、免征增值税项目、集体福利或者个人消费的购进货物、加工修理修配劳务、服务、无形资产和不动产。其中涉及的固定资产、无形资产、不动产，仅指专用于上述项目的固定资产、无形资产（不包括其他权益性无形资产）、不动产。纳税人的交际应酬消费属于个人消费。

（2）非正常损失的购进货物，以及相关的加工修理修配劳务和交通运输服务。

（3）非正常损失的在产品、产成品所耗用的购进货物（不包括固定资产）、加工修理修配劳务和交通运输服务。

（4）非正常损失的不动产，以及该不动产所耗用的购进货物、设计服务和建筑服务。

（5）非正常损失的不动产在建工程所耗用的购进货物、设计服务和建筑服务。纳税人新建、改建、扩建、修缮、装饰不动产，均属于不动产在建工程。

（6）购进的旅客运输服务、贷款服务、餐饮服务、居民日常服务和娱乐服务。

(7) 财政部和国家税务总局规定的其他情形。

非正常损失,是指因管理不善造成货物被盗、丢失、霉烂变质,以及因违反法律法规造成货物或者不动产被依法没收、销毁、拆除的情形。

(4)和(5)项所称货物,是指构成不动产实体的材料和设备,包括建筑装饰材料和给排水、采暖、卫生、通风、照明、通信、煤气、消防、中央空调、电梯、电气、智能化楼宇设备及配套设施。

不动产、无形资产的具体范围,按照本办法所附的《销售服务、无形资产或者不动产注释》执行。

固定资产,是指使用期限超过12个月的机器、机械、运输工具以及其他与生产经营有关的设备、工具、器具等有形动产。

非正常损失,是指因管理不善造成货物被盗、丢失、霉烂变质,以及因违反法律法规造成货物或者不动产被依法没收、销毁、拆除的情形。

特别提示

增值税遵循征扣税一致原则,征多少抵扣多少,未征税或免税则不抵扣。随着营业税改征增值税的全面实施,"非增值税应税项目"已不存在。旅客运输服务、贷款服务、餐饮服务、居民日常服务和娱乐服务,进项税额不得抵扣。

纳税人取得的增值税扣税凭证不符合法律、行政法规或者国家税务总局有关规定的,其进项税额不得从销项税额中抵扣。

增值税扣税凭证,是指增值税专用发票、海关进口增值税专用缴款书、农产品收购发票、农产品销售发票和完税凭证。

纳税人凭完税凭证抵扣进项税额的,应当具备书面合同、付款证明和境外单位的对账单或者发票。资料不全的,其进项税额不得从销项税额中抵扣。

适用一般计税方法的纳税人，兼营简易计税方法计税项目、免征增值税项目而无法划分不得抵扣的进项税额，按照下列公式计算不得抵扣的进项税额：

不得抵扣的进项税额＝当期无法划分的全部进项税额
×（当期简易计税方法计税项目销售额
＋免征增值税项目销售额）÷当期全部销售额

主管税务机关可以按照上述公式依据年度数据对不得抵扣的进项税额进行清算。

已抵扣进项税额的购进货物（不含固定资产）、劳务、服务，发生《营业税改征增值税试点实施办法》第二十七条规定情形（简易计税方法计税项目、免征增值税项目除外）的，应当将该进项税额从当期进项税额中扣减；无法确定该进项税额的，按照当期实际成本计算应扣减的进项税额。

已抵扣进项税额的固定资产、无形资产或者不动产，发生《营业税改征增值税试点实施办法》第二十七条规定情形的，按照下列公式计算不得抵扣的进项税额：

不得抵扣的进项税额＝固定资产、无形资产或者不动产净值×适用税率

固定资产、无形资产或者不动产净值，是指纳税人根据财务会计制度计提折旧或摊销后的余额。

纳税人适用一般计税方法计税的，因销售折让、中止或者退回而退还给购买方的增值税额，应当从当期的销项税额中扣减；因销售折让、中止或者退回而收回的增值税额，应当从当期的进项税额中扣减。

有下列情形之一者，应当按照销售额和增值税税率计算应纳税额，不得抵扣进项税额，也不得使用增值税专用发票。

（1）一般纳税人会计核算不健全，或者不能够提供准确税务资料的。

（2）应当办理一般纳税人资格登记而未办理的。

3）进项税额分期抵扣

（1）背景和目的。经国务院批准，自2016年5月1日起，增值税一般纳税人取得的不动产和不动产在建工程，其进项税额分2年从销项税额中抵扣。为便于征纳双方执行，国家税务总局发布了《不动产进项税额分期抵扣管理暂行办法》，对不动产和不动产在建工程的进项税额分期抵扣问题进行了明确。

（2）适用范围。本公告明确的不动产分年抵扣办法，适用于增值税一般纳税人2016年5月1日后取得并在会计制度上按固定资产核算的不动产，以及2016年5月1日后发生的不动产在建工程。房地产开发企业自行开发的房地产项目，融资租入的不动产，在施工现场修建的临时建筑物、构筑物，其进项税额抵扣不适用本公告的规定。

（3）主要内容如下。

① 根据《财政部、国家税务总局关于全面推开营业税改征增值税试点的通知》（财税〔2016〕36号）及现行增值税有关规定，制定本办法。

② 增值税一般纳税人（以下简称纳税人）2016年5月1日后取得并在会计制度上按固定资产核算的不动产，以及2016年5月1日后发生的不动产在建工程，其进项税额应按照本办法有关规定分2年从销项税额中抵扣，第一年抵扣比例为60％，第二年抵扣比例为40％。

取得的不动产，包括以直接购买、接受捐赠、接受投资入股以及抵债等各种形式取得的不动产。

纳税人新建、改建、扩建、修缮、装饰不动产，属于不动产在建工程。

房地产开发企业自行开发的房地产项目，融资租入的不动产，以及在施工现场修建的临时建筑物、构筑物，其进项税额不适用上述分2年抵扣的规定。

③ 纳税人2016年5月1日后购进货物和设计服务、建筑服务，用于新建不动产，或者用于改建、扩建、修缮、装饰不动产并增加不动产原值超

过 50%的，其进项税额依照本办法有关规定分 2 年从销项税额中抵扣。

不动产原值，是指取得不动产时的购置原价或作价。

上述分 2 年从销项税额中抵扣的购进货物，是指构成不动产实体的材料和设备，包括建筑装饰材料和给排水、采暖、卫生、通风、照明、通信、煤气、消防、中央空调、电梯、电气、智能化楼宇设备及配套设施。

④ 纳税人按照本办法规定从销项税额中抵扣进项税额，应取得 2016 年 5 月 1 日后开具的合法有效的增值税扣税凭证。

上述进项税额中，60%的部分于取得扣税凭证的当期从销项税额中抵扣；40%的部分为待抵扣进项税额，于取得扣税凭证的当月起第 13 个月从销项税额中抵扣。

【例 3-4】 某增值税一般纳税人，2016 年 6 月购进办公大楼一幢用于办公使用，取得增值税专用发票注明税额为 1 000 万元，且于当月认证相符，计入"固定资产"科目，从 7 月计提折旧。

【案例分析】

该纳税人取得的不动产属于 2016 年 5 月 1 日后取得并在会计制度上按固定资产核算的不动产，其进项税额 1 000 万元的 60%，即 600 万元应在 2016 年 6 月申报抵扣，40%的部分 400 万元应在取得扣税凭证的当月起第 13 个月(2017 年 6 月)申报抵扣。

⑤ 购进时已全额抵扣进项税额的货物和服务，转用于不动产在建工程的，其已抵扣进项税额的 40%部分，应于转用的当期从进项税额中扣减，计入待抵扣进项税额，并于转用的当月起第 13 个月从销项税额中抵扣。

【例 3-5】 某公司是从事建筑材料批发业务的增值税一般纳税人，2016 年 5 月购进一批装饰材料，取得增值税专用发票并认证相符，专用发票注明进项税额 100 万元，12 月购进装饰材料的 40%用于该公司新建办公大楼的装饰。

【案例分析】

某公司购进装饰材料时不能确定是否用于在建不动产，所以在购进当月申报抵扣了进项税额100万元，而在当年12月转用于不动产在建工程，应将40万元(100×40%)做进项税额转出处理，计入“待抵扣进项税额”，并于2017年12月重新计入进项税额抵扣。

⑥ 纳税人销售其取得的不动产或者不动产在建工程时，尚未抵扣完毕的待抵扣进项税额，允许于销售的当期从销项税额中抵扣。

⑦ 已抵扣进项税额的不动产，发生非正常损失，或者改变用途，专用于简易计税方法计税项目、免征增值税项目、集体福利或者个人消费的，按照下列公式计算不得抵扣的进项税额：

不得抵扣的进项税额＝(已抵扣进项税额＋待抵扣进项税额)×不动产净值率

不动产净值率＝(不动产净值÷不动产原值)×100%

不得抵扣的进项税额小于或等于该不动产已抵扣进项税额的，应于该不动产改变用途的当期，将不得抵扣的进项税额从进项税额中扣减。

不得抵扣的进项税额大于该不动产已抵扣进项税额的，应于该不动产改变用途的当期，将已抵扣进项税额从进项税额中扣减，并从该不动产待抵扣进项税额中扣减不得抵扣进项税额与已抵扣进项税额的差额。

⑧ 不动产在建工程发生非正常损失的，其所耗用的购进货物、设计服务和建筑服务已抵扣的进项税额应于当期全部转出；其待抵扣进项税额不得抵扣。

⑨ 按照规定不得抵扣进项税额的不动产，发生用途改变，用于允许抵扣进项税额项目的，按照下列公式在改变用途的次月计算可抵扣进项税额。

可抵扣进项税额＝增值税扣税凭证注明或计算的进项税额×不动产净值率

依照本条规定计算的可抵扣进项税额，应取得 2016 年 5 月 1 日后开具的合法有效的增值税扣税凭证。

按照本条规定计算的可抵扣进项税额，60％的部分于改变用途的次月从销项税额中抵扣，40％的部分为待抵扣进项税额，于改变用途的次月起第 13 个月从销项税额中抵扣。

⑩ 纳税人注销税务登记时，其尚未抵扣完毕的待抵扣进项税额于注销清算的当期从销项税额中抵扣。

待抵扣进项税额记入“应交税金——待抵扣进项税额”科目核算，并于可抵扣当期转入“应交税金——应交增值税（进项税额）”科目。

对不同的不动产和不动产在建工程，纳税人应分别核算其待抵扣进项税额。

纳税人分期抵扣不动产的进项税额，应据实填报增值税纳税申报表附列资料。

纳税人应建立不动产和不动产在建工程台账，分别记录并归集不动产和不动产在建工程的成本、费用、扣税凭证及进项税额抵扣情况，留存备查。

用于简易计税方法计税项目、免征增值税项目、集体福利或者个人消费的不动产和不动产在建工程，也应在纳税人建立的台账中记录。

纳税人未按照本办法有关规定抵扣不动产和不动产在建工程进项税额的，主管税务机关应按照《中华人民共和国税收征收管理法》及有关规定进行处理。

4）进项税额申报抵扣时间限定

2017 年 7 月 1 日以后开具的扣税凭证进项税额抵扣时限如下。

（1）增值税一般纳税人取得 2017 年 7 月 1 日以后开具的增值税专用发票、机动车销售统一发票，应在开具之日起 360 日内到税务机关办理认证，并在认证通过的次月申报期内，向主管税务机关申报抵扣进项税额。

(2) 实行海关进口增值税专用缴款书(以下简称海关缴款书)“先比对后抵扣”管理办法的增值税一般纳税人取得2017年7月1日以后开具的海关缴款书,应在开具之日起360日内向主管税务机关报送《海关完税凭证抵扣清单》(包括纸质资料和电子数据)申请稽核比对。

(3) 未实行海关缴款书“先比对后抵扣”管理办法的增值税一般纳税人取得2017年7月1日以后开具的海关缴款书,应在开具之日起360日后的第一个纳税申报期结束以前,向主管税务机关申报抵扣进项税额。

(4) 增值税一般纳税人取得2017年7月1日以后开具的增值税专用发票、机动车销售统一发票以及海关缴款书,未在规定期限内到税务机关办理认证、申报抵扣或者申请稽核比对的,不得作为合法的增值税扣税凭证,不得计算进项税额抵扣。

3. 一般纳税人应纳税额的计算

增值税的计税方法,包括一般计税方法和简易计税方法。一般纳税人发生应税行为适用一般计税方法计税。一般纳税人发生财政部和国家税务总局规定的特定应税行为,可以选择适用简易计税方法计税,但一经选择,36个月内不得变更。

一般计税方法的应纳税额,是指当期销项税额抵扣当期进项税额后的余额。应纳税额计算方法如下。

先计算出销项税额和进项税额,进一步确认应纳税额。其计算公式如下。

应纳税额=当期销项税额-当期进项税额

当期销项税额小于当期进项税额而不足抵扣时,其不足部分可以结转下期继续抵扣。

【例3-6】 天津市某公司专门从事商业咨询服务(营业税改征增值税后认定为一般纳税人)。2016年7月5日,向某一般纳税人企业提供咨询服务，取得含增值税销售额100万元；7月25日，向某小规模纳税人企业提供信息服务，取得含增值税销售额10万元；7月28日购买办公用品，支付含税价款2.34万元，并取得增值税专用发票，则该公司当月应纳增值税税额为多少？

【案例分析】

销项税额＝(100＋10)÷(1＋6％)×6％＝6.23(万元)

进项税额＝2.34÷(1＋17％)×17％＝0.34(万元)

当月应纳增值税税额＝6.23－0.34＝5.89(万元)

第4章

营业税改征增值税的会计业务处理

4.1 营业税改征增值税小规模纳税人会计业务处理

4.1.1 小规模纳税人会计核算基础

小规模纳税人购入货物无论是否具有增值税专用发票,其支付的增值税额均不单独计入进项税额,不得从应纳税额中扣减,而应计入购货成本;销售收入按不含税价格计算;设置"应交税费——应交增值税"账户核算,不需要在"应交增值税"账户中设置专栏。

4.1.2 小规模纳税人应纳增值税的核算

增值税对小规模纳税人的征收管理采取简易办法,不得抵扣进项税额,适用3%的征收率,不得直接领购使用增值税专用发票等。因此,小规模纳税人购进货物或接受应税劳务,均按应付或实际支付的价款借记"材料采购""原材料""管理费用"等科目,贷记"应付账款""银行存款"等科目。

小规模纳税人销售货物或提供应税劳务,按实现的销售收入和按规定收取的增值税额,借记"应收账款""银行存款"等科目,按实现的收入,贷记"主营业务收入""其他业务收入"等科目,按应收取的增值税额,贷记

“应交税费——应交增值税”科目。

小规模纳税人按规定的纳税期限缴纳税款时，借记“应交税费——应交增值税”科目，贷记“银行存款”等科目。收到退回多缴的增值税时，作相反的会计处理。

【例 4-1】 某公司为增值税小规模纳税人，2017 年 5 月购进材料一批，普通发票注明价税合计 70 000 元，材料已验收入库，公司已用银行存款支付，5 月提供应税服务，由税务机关代开专用发票，注明价款 10 000 元，增值税税额为 300 元，钱款已银行存款收讫；6 月以银行存款缴纳当月应纳的增值税。企业涉税会计处理分析如下。

【案例分析】

① 购进材料时。

借：原材料　　70 000

　贷：银行存款　　70 000

② 提供应税服务，确认收入时。

借：银行存款　　10 300

　贷：主营业务收入　　10 000

　　　应交税费——应交增值税　　300

③ 上缴增值税。

借：应交税费——应交增值税　　300

　贷：银行存款　　300

4.1.3　小规模纳税人差额征税的核算

小规模纳税人提供应税服务，按照营业税改征增值税有关允许从销售额中扣除部分价款的，按规定允许扣减销售额而减少的应交增值税应直接冲减“应交税费——应交增值税”科目。

企业接受应税服务时，按规定允许扣减销售额而减少的应交增值税，借记“应交税费——应交增值税”科目，按实际支付或应付的金额与上述增值税额的差额，借记“主营业务成本”等科目，按实际支付或应付的金额，贷记“银行存款”“应付账款”等科目。

对于期末一次性进行账务处理的企业，期末，按规定当期允许扣减销售额而减少的应交增值税，借记“应交税费——应交增值税”科目，贷记“主营业务成本”等科目。

【例 4-2】 某公司是从事劳务派遣服务的小规模纳税人，2017 年 5 月取得劳务派遣收入 20 万元，其中支付给劳务派遣员工工资、福利和为其办理社会保险及住房公积金的费用 16 万元，假定该公司选择简易计税方法。企业涉税会计处理分析如下。

【案例分析】

小规模纳税人提供劳务派遣服务，可以按照《财政部 国家税务总局关于全面推开营业税改征增值税试点的通知》(财税〔2016〕(36)号)的有关规定，以取得的全部价款和价外费用为销售额，按照简易计税方法依3%的征收率计算缴纳增值税；也可以选择差额纳税，以取得的全部价款和价外费用，扣除代用工单位支付给劳务派遣员工的工资、福利和为其办理社会保险及住房公积金后的余额为销售额，按照简易计税方法依 5% 的征收率计算缴纳增值税。

① 按规定允许扣减销售额而减少的应交增值税＝160 000÷(1＋5%)×5%＝7 619.05 元，会计处理如下。

取得收入时。

借：银行存款　　　　　　　　200 000

　贷：主营业务收入　　　　　　　　190 476.19

　　　应交税费——应交增值税　　　　9 523.81

支付工资及保险时。

借：主营业务成本　　　　　　　　　　152 380.95

　　应交税费——应交增值税　　　　　　7 619.05

　贷：银行存款　　　　　　　　　　　　160 000

② 如果该公司采用期末一次性进行账务处理，则会计处理如下。

取得收入时。

借：银行存款　　　　　　　　　　　200 000

　贷：主营业务收入　　　　　　　　　　190 476.19

　　　应交税费——应交增值税　　　　　　9 523.81

支付工资及保险时。

借：主营业务成本　　　　　　　　　160 000

　贷：银行存款　　　　　　　　　　　　160 000

期末处理时。

借：应交税费——应交增值税　　　　　7 619.05

　贷：主营业务成本　　　　　　　　　　　7 619.05

选择差额计税的纳税人，向用工单位收取用于支付劳务派遣员工工资、福利和为其办理社会保险及住房公积金的费用，不得开具增值税专用发票，可以开具普通发票。

【例 4-3】 某广告公司 2013 年 8 月收到客户广告发布费 10.3 万元（含税），款已收到；支付给媒体方广告费 6 万元，并取得了增值税普通发票，款已支付。涉税会计处理分析如下。

【案例分析】

① 收到广告发布费时。

借：银行存款　　　　　　　　　　　103 000

　贷：主营业务收入——广告服务收入　　　100 000

　　　应交税费——应交增值税　　　　　　　3 000

② 支付媒体方广告费时。

借：主营业务成本　　　　60 000

　贷：银行存款　　　　60 000

③ 计算文化事业建设费时。

应缴费额为(103 000－60 000)×3%＝1 290(元)

借：营业税金及附加　　　　1 290

　贷：应交税费——应缴文化事业建设费　　　　1 290

④ 上交文化事业建设费时。

借：应交税费——应缴文化事业建设费　　　　1 290

　贷：银行存款　　　　1 290

4.2　营业税改征增值税一般纳税人会计业务处理

4.2.1　营业税改征增值税一般纳税人会计核算基础

1. 营业税改征增值税一般纳税人核算的账户设置

一般纳税人应交增值税在“应交税费”科目下设置“应交增值税”“未交增值税”“待抵扣进项税额”“增值税留抵税额”“增值税检查调整”五个明细科目进行核算。

(1)“应交增值税”明细科目的借方发生额，反映企业购进货物或接受应税行为支付的进项税额、实际已交纳的增值税额和月终转出的当月应交未交的增值税额；贷方发生额，反映企业销售货物或提供应税劳务行为收取的销项税额、出口企业收到的出口退税以及进项税额转出数和转出多交增值税；期末借方余额反映企业尚未抵扣的增值税。

(2)“未交增值税”明细科目的借方发生额，反映企业月终转入的多交的增值税；贷方发生额，反映企业月终转入的当月发生的应交未交增值税；期末借方余额反映多交的增值税，贷方余额反映未交的增值税。

(3)“待抵扣进项税额”明细科目，核算一般纳税人按税法规定不符合抵扣条件，暂不予在本期申报抵扣的进项税额。

(4)“增值税留抵税额”明细科目，核算原增值税一般纳税人截至营业税改征增值税实施当月，不得从应税服务的销项税额中抵扣的应税货物及劳务的上期留抵税额。

(5)“增值税检查调整”明细科目根据国家税务总局关于《增值税日常检查办法》的规定，增值税一般纳税人在税务机关对其增值税纳税情况进行检查后，凡涉及应交增值税账务调整的，应设立“应交税费——增值税检查调整”专门账户。凡检查后应调减账面进项税额或调增销项税额和进项税额转出的，借记有关科目，贷记“应交税费——增值税检查调整”；凡检查后应调增账面进项税额或调减销项税额和进项税额转出的，借记“应交税费——增值税检查调整”，贷记有关科目；全部调账事项入账后，应对该账户的余额进行处理，处理后，该账户无余额。

2. 营业税改征增值税一般纳税人应交增值税专栏的设置

为了详细核算企业应交纳增值税的计算和解缴、抵扣等情况，企业应在“应交增值税”明细科目下设置“进项税额”“已交税金”“减免税款”“出口抵减内销产品应纳税额”“转出未交增值税”“销项税额”“营业税改征增值税抵减的销项税额”“出口退税”“进项税额转出”“转出多交增值税”等专栏。

1) 应交增值税的借方专栏

(1)“进项税额”专栏，记录企业购入货物或接受应税劳务而支付的、按规定准予从销项税额中抵扣的增值税额。企业购入货物或接受应税劳务支付的进项税额，用蓝字登记；退回所购货物应冲销的进项税额，用红字登记。

(2)“已交税金”专栏，记录企业本月已交纳的增值税额。企业本月已交纳的增值税额用蓝字登记；退回本月多交的增值税额用红字登记。

(3)“减免税款”专栏。记录企业按规定享受直接减免的增值税款或按规定抵减的增值税应纳税额。

(4)“出口抵减内销产品应纳税额”专栏，记录企业按规定的退税率计算的零税率应税服务的当期免抵税额。

(5)“营业税改征增值税抵减的销项税额”专栏，核算一般纳税人提供应税服务，试点期间按照营业税改征增值税有关规定允许从销售额中扣除其支付给非试点纳税人价款，按规定扣减销售额而减少的销项税额。

(6)“转出未交增值税”专栏，记录企业月终转出应交未交的增值税。月终，企业转出当月发生的应交未交的增值税额用蓝字登记。

2) 应交增值税的贷方专栏

(1)“销项税额”专栏，记录企业销售货物或提供应税行为应收取的增值税额。企业销售货物或提供应税行为应收取的销项税额，用蓝字登记；退回销售货物应冲销的销项税额，用红字登记。

(2)“出口退税”专栏，记录企业零税率应税服务按规定计算的当期免抵退税额或按规定直接计算的应收出口退税额；零税率应税服务办理退税后发生服务终止而补交已退的税款，用红字登记。

(3)“进项税额转出”专栏，记录企业的购进货物、在产品、产成品等发生非正常损失以及其他原因而不应从销项税额中抵扣，按规定转出的进项税额。

(4)“转出多交增值税”专栏，记录企业月终转出本月多交的增值税。月终，企业转出本月多交的增值税额用蓝字登记。

3. 增值税一般纳税人账务处理方法

(1) 增值税一般纳税人国内采购的货物或接受的应税劳务和应税服务，按照增值税专用发票上注明的增值税额，借记“应交税费——应交增值税(进项税额)”科目，按照专用发票上记载的应计入采购成本的金额，借记“材料采购”“在途物资”“原材料”“制造费用”“管理费用”“营业费用”“固定资产”“主营业务成本”“其他业务成本”等科目，按照应付或实际支付的金额，贷记“应付账款”“应付票据”“银行存款”等科目。购入货物发生的退货，作相反的会计分录。

【例 4-4】 A 企业，增值税一般纳税人。假设该企业从事提供应税服务的业务，2017 年 5 月 15 日，接受上海市某货物运输企业提供的交通运输服务，取得纳税人开具的《增值税专用发票》一张，“合计金额”栏 5 000 元，“税率”栏为“11%”，“税额”栏为 550 元，款已付；企业涉税会计处理分析如下。

【案例分析】

借：营业费用　　5 000

　　应交税费——应交增值税(进项税额)　　550

　贷：银行存款　　5 550

(2) 一般纳税人进口货物或接受境外单位或者个人提供的应税服务，按照海关提供的海关进口增值税专用缴款书上注明的增值税额或中华人民共和国税收缴款凭证上注明的增值税额，借记“应交税费——应交增值税(进项税额)”科目，按照进口货物或接受境外单位或者个人提供的应税服务应计入采购成本的金额，借记“材料采购”“在途物资”“原材料”“管理费用”“营业费用”“固定资产”等科目，按照应付或实际支付的金额，贷记“应付账款”“银行存款”等科目。

(3) 一般纳税人国内采购的货物或接受的应税劳务和应税服务，已经取得的增值税扣税凭证，按税法规定不符合抵扣条件，暂不予在本期申报抵扣的进项税额(例如实施辅导期管理的纳税人)，借记“应交税费——待抵扣进项税额”科目，应计入采购成本的金额，借记“材料采购”“在途物资”“原材料”“制造费用”“管理费用”“营业费用”“固定资产”“主营业务成本”“其他业务成本”等科目，按照应付或实际支付的金额，贷记“应付账款”“应付票据”“银行存款”等科目。

纳税人收到税务机关告知的稽核比对结果通知书及其明细清单后，

按稽核比对结果通知书及其明细清单注明的稽核相符、允许抵扣的进项税额，借记“应交税费——应交增值税（进项税额）”，贷记“应交税费——待抵扣进项税额”。经核实不得抵扣的进项税额，红字借记“应交税费——待抵扣进项税额”，红字贷记相关科目。

【例 4-5】 承接例 4-3 假设 A 企业纳入辅导期管理，则企业涉税会计处理分析如下。

【案例分析】

借：营业费用　　　　　　　　　　　　5 000

　　应交税费——待抵扣进项税额　　　　550

　贷：银行存款　　　　　　　　　　　　　5 550

收到税务机关告知的稽核比对结果通知书及其明细清单后

借：应交税费——应交增值税（进项税额）　　550

　贷：应交税费——待抵扣进项税额　　　　　550

（4）一般纳税人提供应税服务，按照确认的收入和按规定收取的增值税额，借记“应收账款”“应收票据”“银行存款”等科目，按照规定收取的增值税额，贷记“应交税费——应交增值税（销项税额）”科目，按确认的收入，贷记“主营业务收入”“其他业务收入”等科目。发生的服务终止或折让，作相反的会计分录。

一般纳税人发生视同提供应税服务应提取的销项税额，借记“营业外支出”“应付利润”等科目，贷记“应交税费——应交增值税（销项税额）”科目。

【例 4-6】 2017 年 5 月 16 日，A 企业取得某项服务费收入 106 万元，开具防伪税控《增值税专用发票》，销售额 100 万元，销项税额 6 万元。企业涉税会计处理分析如下。

【案例分析】

借：银行存款　　　　　　　　　　1 060 000

贷：主营业务收入　　　　　　　　　　　　　　1 000 000

　　应交税费——应交增值税(销项税额)　　　　60 000

(5) 一般纳税人向境外单位提供适用零税率的应税服务，不计算营业收入应缴纳的增值税。凭有关单证向税务机关申报办理该项出口服务的免抵退税。

① 按税务机关批准的免抵税额，借记“应交税费——应交增值税(出口抵减内销应纳税额)”；按税务机关批准的应退税额，借记“其他应收款——增值税”等科目；按计算的免抵退税额，贷记“应交税费——应交增值税(出口退税)”科目。

② 收到退回的税款时，借记“银行存款”科目，贷记“其他应收款——增值税”科目。

③ 办理退税后发生服务终止补交已退回税款的，用红字或负数登记。

零税率应税服务的退税税率，国际运输为 11%，研发服务和设计服务为 6%。现以向境外单位提供的研发服务兼有出口货物的公司为例加以说明。

【例 4-7】 上海某高新技术研发公司为增值税一般纳税人，从事自主研发、设计软件并委托其他企业生产加工后收回出口业务，拥有进出口经营资格并办理了出口退(免)税资格认定手续。2017 年 2 月，该公司报关出口了一批 100 万美元自主研发委托加工收回的 A 产品，根据《国家税务总局关于扩大适用免抵退税管理办法企业范围有关问题的公告》(国家税务总局公告 2011 年第 18 号)规定，可以享受免抵退税政策。同时，该公司在 2 月与国外客户签订了一份软件研发项目的合同，技术出口合同登记证上的成交价格为 100 万美元，其中包括支付给项目研发合作伙伴北京 A 公司的 20 万美元费用。按照合同规定，研发软件必须在 4 月交付使用，现已完成，国外客户支付了全部研发款项(不考虑按比例提前预付研发费因素)。假设当月1日人民币对美元汇率中间价为6.3,A产品的征税率为17%,退税率为16%,研发服务征退税率为6%,该公司发生业务计算免抵退税及涉税会计处理分析如下。

【案例分析】

① 发生内销销售收入(不含税价)200万元,销项税额为34万元。

借:应收账款——××公司　　2 340 000

　贷:主营业务收入——内销收入　　2 000 000

　　应交税费——应交增值税(销项税额)　　340 000

② 发生委托加工费4 705 882元,进项税额为80万元,上期无留抵税额。

借:委托加工物资——A产品　　4 705 882

　应交税费——应交增值税(进项税额)　　800 000

　贷:银行存款　　5 505 882

③ A产品作入库核算。

借:库存商品——A产品　　4 705 882

　贷:委托加工物资——A产品　　4 705 882

④ 收到A产品100万美元的出口款项,其中40万美元未在当期收齐出口报关单(退税专用联),60万美元在当期全部收齐单证且信息齐全。收到国外客户支付的100万美元研发费,取得全部凭证并扣除支付给北京A公司的20万美元。

外销收入=(1 000 000+1 000 000-200 000)×6.3=11 340 000(元)

借:应收账款——外汇账款(国外客户)　　11 340 000

　贷:主营业务收入——外销收入　　11 340 000

⑤ 计算免抵退税不得免征和抵扣税额。

当期免抵退税不得免征和抵扣税额

=1 000 000×6.3×(17%-16%)

+(1 000 000-200 000)×6.3×(6%-6%)=63 000(元)

借：主营业务成本——出口商品　　63 000

　贷：应交税费——应交增值税(进项税额转出)　　63 000

⑥ 计算应退税额、免抵税额。

当期应纳税额＝340 000－(800 000－63 000)－0＝－397 000(元)

因 40 万美元的出口货物当期未收齐单证，不并入当期的免抵退税计算，应当在收齐单证的所属期进行免抵退税计算，所以，当期免抵退税额＝(1 000 000－400 000)×6.3×16%＋(1 000 000－200 000)×6.3×6%＝907 200(元)

由于期末留抵税额小于免抵退税额，应退税额＝期末留抵税额＝397 000(元)。

免抵税额＝907 200－397 000＝510 200(元)

(6) 非正常损失的购进货物、在产品、产成品及相关的加工修理修配劳务和交通运输业服务，以及购进货物改变用途等原因，其进项税额应相应转入有关科目，借记“待处理财产损溢”“在建工程”“应付福利费”等科目，贷记“应交税费——应交增值税(进项税额转出)”科目，属于转作待处理财产损溢的部分，应与非正常损失的购进货物、在产品、产成品成本一并处理。

【例 4-8】 B 公司，2017 年 2 月 5 日盘点库存发现，由于管理不善，某产品盘亏 10 件，经查属于被盗。该产品账面成本 30 万元，其中耗用原材料成本 20 万元。责令管理人员赔偿 5 万元，保险公司赔偿 10 万元，经有关单位批准处理。B 公司涉税会计处理分析如下。

【案例分析】

① 发现盘亏。

借：待处理财产损溢——待处理流动资产损溢　　334 000

　贷：库存商品　　300 000

　　应交税费——应交增值税(进项税额转出)　　34 000

② 责任认定后取得保险款和责任赔偿。

借：银行存款（或其他应收款）　　　　150 000

　　贷：待处理财产损溢——待处理流动资产损溢　　　　150 000

③ 批准处理。

借：营业外支出　　　　184 000

　　贷：待处理财产损溢——待处理流动资产损溢　　　　184 000

（7）纳税人提供应税服务取得按税法规定的免征增值税收入时，借记"银行存款""应收账款""应收票据"等科目，贷记"主营业务收入""其他业务收入"等科目。

【例 4-9】 A 企业 2017 年 5 月 17 日为 C 企业提供专利技术使用权，取得收入 50 万元。企业涉税会计处理分析如下。

【案例分析】

借：银行存款　　　　500 000

　　贷：其他业务收入　　　　500 000

（8）一般纳税人提供适用简易计税方法应税服务的，借记"银行存款"" 应收账款""应收票据"等科目，贷记"主营业务收入""其他业务收入"等科目，贷记"应交税费——未交增值税"科目。

特别提示

此处就不应计入"应交税费——应交增值税（销项）"，理由是：如果将按简易办法计算出的应纳增值税计入"应交税费——应交增值税（销项税额）"科目，则在计算本期应纳税额或期末留抵税额的时候，这部分应交增值税就必然会参与抵扣进项税额。实际上，无论是旧税法下一般纳税人适用的增值税纳税申报表，还是根据国税函〔2008〕1075 号文《国家税务总局关于调整增值税纳税申报有关事项的通知》规定，这部分应交增值税都是单独填入"按简易办法计算的应纳税额"中，与其他业务的"应纳税额"或"期末留抵税额"分别计算的。此次"营业税改征增值税"申报表的填写也继续遵循这一原则。

一般纳税人提供适用简易计税方法应税服务，发生视同提供应税服务应缴纳的增值税额，借记"营业外支出""应付利润"等科目，贷记"应交税费——未交增值税"科目。

【例 4-10】 假设 A 企业下设一个出租车公司，出租车公司与该企业统一核算，经批准汇总缴纳增值税，2016 年 12 月 31 日，本月取得出租车收入 50 万元(含税销售额)。企业涉税会计处理分析如下。

【案例分析】

借：银行存款	500 000	
贷：其他业务收入		485 436.89
应交税费——未交增值税		14 563.11

(9) 纳税人销售已使用固定资产应交增值税的，其中小规模纳税人销售已使用固定资产，及一般纳税人销售已使用固定资产按照适用税率征收增值税的，应交增值税的会计处理与销售其他货物的处理一样，即小规模纳税人应通过"应交税费——应交增值税"科目核算，一般纳税人应通过"应交税费——应交增值税(销项税额)"科目核算。但若出售属于按简易办法征收增值税的已使用固定资产，其按简易办法计算出的应交增值税，在会计处理上应将其直接计入"应交税费——未交增值税"科目，而不能计入"应交税费——应交增值税(销项税额)"科目。

特别提示

会计处理和申报填写有差异，申报要按政策规定先在申报表第 21 栏"简易征收办法计算的应纳税额"填写按 4% 计算的税额，再计算出减半征收税额填写在第 23 栏"应纳税额减征额"。

【例 4-11】 A 企业 2016 年 12 月出售于 2008 年 1 月购买的某设备(未抵扣设备进项税额),该设备原值 20 万元,已计提折旧 5 万元,售价 12 万元,适用 17%的增值税率。企业涉税会计处理分析如下。

【案例分析】

① 出售设备转入清理。

借:固定资产清理　　150 000

　　累计折旧　　50 000

　贷:固定资产　　200 000

② 收到出售设备价款。

借:银行存款　　120 000

　贷:固定资产清理　　120 000

③ 按 4%征收率减半计算出应交增值税 2 308 元。

借:固定资产清理　　2 308

　贷:应交税费——未交增值税　　2 308

④ 结转固定资产清理。

借:营业外支出　　32 308

　贷:固定资产清理　　32 308

(10) 月份终了,一般纳税人应将当月发生的应交未交增值税额自“应交税费——应交增值税”科目转入“未交增值税”明细科目,借记“应交税费——应交增值税(转出未交增值税)”科目,贷记“应交税费——未交增值税”科目。将本月多交的增值税自“应交税费——应交增值税”科目转入“未交增值税”明细科目,借记“应交税费——未交增值税”科目,贷记“应交税费——应交增值税(转出多交增值税)”科目。

当月上交上月应交未交的增值税,借记“应交税费——未交增值税”科目,贷记“银行存款”科目。

当月上交本月增值税时,借记“应交税费——应交增值税(已交税金)”科目，贷记“银行存款”科目。

【例 4-12】 假设某生活服务企业“应交税费——应交增值税”科目期末借方余额为 10 000 元，本期“已交税金”科目发生额为 5 000 元，则企业涉税会计处理分析如下。

【案例分析】

借：应交税费——未交增值税　　　　　　　　　　5 000

　贷：应交税费——应交增值税(转出多交增值税)　　　5 000

至于 10 000 元与 5 000 元的差额部分(5 000 元)，则继续留在“应交税费——应交增值税”借方的余额，作为下期期初的进项税额处理即可。

【例 4-13】 假设某生活服务企业“应交税费——应交增值税”科目期末贷方余额为 10 000 元，本期“已交税金”科目发生额为 5 000 元，则涉税会计处理分析如下。

【案例分析】

借：应交税费——应交增值税(转出未交增值税)　10 000

　贷：应交税费——未交增值税　　　　　　　　　10 000

企业在下月 15 日前实际缴纳上月的增值税款时，作如下会计分录：

借：应交税费——未交增值税　　　　　　　　　10 000

　贷：银行存款　　　　　　　　　　　　　　　　10 000

(11) “应交税费——应交增值税”科目的期末借方余额，反映尚未抵扣的增值税。

“应交税费——未交增值税”科目的期末借方余额，反映多交的增值税；贷方余额，反映未交的增值税。

【例 4-14】 假设某生活服务企业“应交税费——应交增值税”科目期末借方余额为 10 000 元，本期“已交税金”科目无发生额，则企业不需要作的会计分录，其借方的余额作为下期期初的进项税额处理即可。

(12) 一般纳税人享受限额扣减增值税优惠政策的，按规定扣减的增值税额，借记“应交税费——未交增值税”科目，贷记“营业外收入——政府补助”科目。

【例 4-15】 假定 A 企业当年新招用持《就业失业登记证》人员 5 人，与其签订 1 年以上期限劳动合同并依法缴纳社会保险费的，定额标准为每人每年 4 000 元，则企业涉税会计处理分析如下。

【案例分析】

借：应交税费——未交增值税　　　　20 000

　贷：营业外收入——政府补助　　　　20 000

(13) 经财政部和国家税务总局批准可以视为一个纳税人合并纳税。

① 分公司、子公司按照现行规定计算的在所在地缴纳的增值税，借记“其他应收款”“内部往来”等科目，贷记“应交税费——未交增值税”科目；上缴时，借记“应交税费——未交增值税”科目，贷记“银行存款”科目。月初，分公司、子公司要将上月各自销售额（或营业额）、进项税额及应纳税额（包括增值税）通过传递单传至总部。

② 公司总部收到各分公司、子公司的传递单后，按照传递单上注明的应纳税额，借记“应交税费——应交增值税（已交税金）”科目，贷记“其他应付款”“内部往来”等科目；将全部收入汇总后计算销项税额，减除汇总的全部进项税额后形成总的增值税应纳税额，再将各分公司、子公司汇总的应纳税额（包括增值税）作为已交税金予以扣减后，形成总部的增值税应纳税额。

4.2.2 营业税改征增值税一般纳税人的销项税额会计业务处理

销项税额的会计处理应设置“应交税费——应交增值税（销项税额）”账户。记录企业销售货物或提供应税劳务应收取的销项税额，用蓝字登记；退回销售货物时应冲减销项税额，用红字登记。

企业销售应税项目,按照实现的销售收入和按规定收取的增值税,借记“应收账款”“应收票据”“银行存款”等科目,按照现实的收入,贷记“主营业务收入”“其他业务收入”等科目,按照规定收取的增值税额,贷记“应交税费——应交增值税(销项税额)”科目。

【例 4-16】 三和企业 2017 年 3 月份销售自产甲产品一批,开具的增值税专用发票上注明价款 700 000 元,增值税额 119 000 元,另支付运费取得增值税专用发票,发票注明运输费用 5 000 元,增值税额 550 元。货物已经发出,货款以银行存款收讫,则企业涉税会计处理分析如下。

【案例分析】

① 销售货物,确认收入时。

借:银行存款　　819 000

　贷:主营业务收入　　700 000

　　　应交税费——应交增值税(销项税额)　　119 000

② 支付运费时。

借:销售费用　　5 000

　　应交税费——应交增值税(进项税额)　　550

　贷:银行存款　　5 500

4.2.3 营业税改征增值税一般纳税人的进项税额会计业务处理

增值税一般纳税人认证通过的防伪税控系统开具的增值税专用发票,应当在认证通过当月按照增值税的有关规定核算当期进项税额并申报抵扣,否则不予抵扣进项税额。纳税人购进应税项目取得增值税专用发票且认证通过,按照专用发票上注明的增值税额,借记“应交税费——应交增值税(进项税额)”科目,按照专用发票上记载的应计入采购成本的金额,借记“材料采购”“在途物资”等科目,按照应付或实际支付的金额贷记“银行存款”“应付账款”等科目；当材料验收入库后借记“原材料”等科目，贷记“材料采购”等科目。购进货物发生退货，作相反的会计分录。

【例 4-17】 三和企业为增值税一般纳税人，2017 年 4 月购进材料一批，已取得增值税专用发票，注明材料价款 80 000 元，增值税额 13 600 元，增值税专用发票通过主管税务机关的认证，款项已支付但尚未运达入库；5 月该材料验收入库；6 月因材料质量问题退回材料价款 15 000 元，退回的价款已经收到(除另注明，购销货物适用税率 17%，下同)，则企业涉税会计处理分析如下。

【案例分析】

① 4 月材料尚未运达入库时。

借：材料采购　　80 000

　应交税费——应交增值税(进项税额)　　13 600

　贷：银行存款　　93 600

② 5 月材料验收入库时。

借：原材料　　80 000

　贷：材料采购　　80 000

③ 6 月发生退货，并收到退货款时。

借：银行存款　　17 550

　应交税费——应交增值税(进项税额)　　2 550(红字)

　贷：原材料　　15 000

4.2.4 营业税改征增值税一般纳税人的进项税额转出会计业务处理

企业购进应税项目在购入时目的是为了生产产品，则企业支付的增值税必然已计入“进项税额”。在生产过程中，如果企业将外购的项目改变用途，用于简易计税方法计税项目、免征增值税项目、集体福利、个人消费等方面，或发生非正常损失，依据增值税征扣税一致原则，应于结转成本的同时将相应的增值税额从“进项税额”中转出。

【例 4-18】 三和企业 2017 年 4 月购进甲材料一批转用于简易计税方法计税项目，该材料实际成本为 30 000 元；同时将甲材料一批作为职工福利发放给职工，实际成本为 50 000 元。该材料适用增值税税率为 17%，则企业涉税会计处理分析如下。

【案例分析】

借：生产成本——甲　　35 100

　　应付职工薪酬——职工福利　　58 500

　贷：原材料　　80 000

　　　应交税费——应交增值税(进项税额转出)　　13 600

4.3　特殊纳税事项的会计处理

4.3.1　一般纳税人的会计处理

一般纳税人提供有形动产融资租赁行业支付的由出租方承担的有形动产的贷款利息(包括外汇借款和人民币借款利息)、关税、进口环节消费税、安装费、保险费，应在“应交税费——应交增值税”科目下增设“营业税改征增值税抵减的销项税额”专栏，用于记录该企业因按规定扣减销售额而减少的销项税额；同时，“主营业务收入”“主营业务成本”等相关科目应按经营业务的种类进行明细核算。

企业接受该应税服务时，按规定允许扣减销售额而减少的销项税额，借记“应交税费——应交增值税(营业税改征增值税抵减的销项税额)”科目，按实际支付或应付的金额与上述增值税额的差额，借记“主营业务成本”等科目，按实际支付或应付的金额，贷记“银行存款”“应付账款”等科目。

【例 4-19】 A企业2016年12月17日，取得融资租赁业务支付的贷款利息(包括外汇借款和人民币借款利息)、关税、进口环节消费税、安装费、保险费开具的各种合法有效凭证，金额10万元，则企业涉税会计处理分析如下。

【案例分析】

应纳税额＝100 000÷(1＋17%)×17%＝14 529.91(元)

借：主营业务成本　　85 470.09

　应交税费——应交增值税(营业税改征增值税抵减的销项税额)

　　14 529.91

　贷：银行存款　　100 000

对于期末一次性进行账务处理的企业，期末，按规定当期允许扣减销售额而减少的销项税额，借记“应交税费——应交增值税(营业税改征增值税抵减的销项税额)”科目，贷记“主营业务成本”等科目。

【例 4-20】 承接例4-19，若A企业对扣减销售额而减少的销项税额采取期末一次性进行账务处理，则企业涉税会计处理分析如下。

【案例分析】

① 支付款项时

借：主营业务成本　　100 000

　贷：银行存款　　100 000

② 期末结转税款时

借：应交税费——应交增值税(营业税改征增值税抵减的销项税额)

　　14 529.91

　贷：主营业务成本　　14 529.91

4.3.2 增值税期末留抵税额的会计处理

试点地区兼有应税服务的原增值税一般纳税人，截至开始试点当月月初的增值税留抵税额按照营业税改征增值税有关规定不得从应税服务的销项税额中抵扣的，应在“应交税费”科目下增设“增值税留抵税额”明细科目。

开始试点当月月初，企业应按不得从应税服务的销项税额中抵扣的增值税留抵税额，借记“应交税费——增值税留抵税额”科目，贷记“应交税费——应交增值税（进项税额转出）”科目。待以后期间允许抵扣时，按允许抵扣的金额，借记“应交税费——应交增值税（进项税额）”科目，贷记“应交税费——增值税留抵税额”科目。

【例 4-21】 M 企业，增值税一般纳税人。假设该企业既从事计算机硬件的销售业务，又兼有技术服务的应税服务，则企业涉税会计处理分析如下。

【案例分析】

① 2016 年 11 月 30 日，应交税费——应交增值税借方期末余额 100 万元。12 月月初应做以下会计处理。

借：应交税费——增值税留抵税额　　　1 000 000

　贷：应交税费——应交增值税（进项税额转出）

　　　　　　1 000 000

特别提示

增值税留抵税额 1 000 000 元填入申报表“上期留抵税额”（本年累计）。

② 2016 年 12 月 10 日，销售计算机一批，开具防伪税控《增值税专用发票》，销售额 100 万元，销项税额 17 万元。2016 年 12 月 16 日，取得技术服务费收入 106 万元，开具防伪税控《增值税专用发票》，销售额 100 万元，销项税额 6 万元。本期符合申报抵扣条件的进项税额为 5.1 万元，则企业涉税会计处理分析如下。

a. 取得收入时。

借：银行存款　　2 023 000

　贷：主营业务收入　　1 000 000

　　　其他业务收入　　1 000 000

　　　应交税费——应交增值税(销项税额)　　23 000

b. 计算的11月结转本期允许抵扣的期末留抵税额。

货物的销项税额比例＝170 000÷230 000×100%＝73.91%

未抵减上期留抵税额的12月份货物的应纳税额

＝[销项税额－实际抵扣税额(本月数)]×货物的销项税额比例

＝(230 000－51 000)×73.91%＝132 298.90(元)

11月期末留抵税额结转12月允许本期抵减数＝实际抵扣税额＝未抵减上期留抵税额时货物的应纳税额与上期留抵税额(本年累计)1 000 000元比较，取小值＝132 298.90，企业应作的会计分录为：

借：应交税费——应交增值税(进项税额)　　132 298.90

　贷：应交税费——增值税留抵税额　　132 298.90

特别提示

该笔“应交税费——增值税留抵税额”贷方金额132 298.90元，应填入申报表“实际抵扣税额”(本年累计)栏。“应交税费——增值税留抵税额”科目期末余额应根据其流动性在资产负债表中的“其他流动资产”项目或“其他非流动资产”项目列示。

4.3.3 取得过渡性财政扶持资金的会计处理

试点纳税人在新老税制转换期间因实际税负增加而向财税部门申请取得财政扶持资金的，期末有确凿证据表明企业能够符合财政扶持政策规定的相关条件且预计能够收到财政扶持资金时，按应收的金额，借记

"其他应收款"等科目，贷记"营业外收入"科目。待实际收到财政扶持资金时，按实际收到的金额，借记"银行存款"等科目，贷记"其他应收款"等科目。

【例 4-22】 N 企业，增值税一般纳税人，假定在新老税制转换期间因实际税负增加而向财税部门申请取得财政扶持资金且符合财政扶持政策规定的相关条件，2016 年 12 月应申请财政扶持资金 50 万元，2017 年 2 月 25 日取得财政扶持资金，则企业涉税会计处理分析如下。

【案例分析】

① 2016 年 12 月预计能够收到财政扶持资金时。

借：其他应收款——政府补助　　500 000

　贷：营业外收入——政府补助　　500 000

② 2017 年 2 月 25 日取得财政扶持资金时。

借：银行存款　　500 000

　贷：其他应收款——政府补助　　500 000

4.3.4 增值税税控系统专用设备和技术维护费用抵减增值税额的会计处理

按税法有关规定，增值税一般纳税人初次购买增值税税控系统专用设备支付的费用以及缴纳的技术维护费允许在增值税应纳税额中全额抵减的，应在"应交税费——应交增值税"科目下增设"减免税款"专栏，用于记录该企业按规定抵减的增值税应纳税额。

企业购入增值税税控系统专用设备，按实际支付或应付的金额，借记"固定资产"科目，贷记"银行存款""应付账款"等科目。按规定抵减的增值税应纳税额，借记"应交税费——应交增值税(减免税款)"科目，贷记"递延收益"科目。按期计提折旧，借记"管理费用"等科目，贷记"累计折旧"科目；同时，借记"递延收益"科目，贷记"管理费用"等科目。

企业发生技术维护费，按实际支付或应付的金额，借记“管理费用”等科目，贷记“银行存款”等科目。按规定抵减的增值税应纳税额，借记“应交税费——应交增值税（减免税款）”科目，贷记“管理费用”等科目。

【例 4-23】 W 企业，增值税一般纳税人 2017 年 5 月初次购买增值税税控系统专用设备支付费用 1.1 万元，缴纳的技术维护费 330 元，并取得增值税专用发票，则企业涉税会计处理分析如下。

【案例分析】

① 2017 年 5 月购买增值税税控系统专用设备和缴纳技术维护费时。

借：固定资产　　11 000

　　管理费用　　330

　贷：银行存款　　11 330

同时

借：应交税费——应交增值税（减免税款）　　11 330

　贷：递延收益　　11 000

　　　管理费用　　330

② 2017 年 6 月按期计提增值税税控系统专用设备折旧时。

借：管理费用　　1 000

　贷：累计折旧　　1 000

同时

借：递延收益　　1 000

　贷：管理费用　　1 000

特别提示

根据《财政部 国家税务总局关于增值税税控系统专用设备和技术维护费用抵减增值税税额有关政策的通知》（财税〔2012〕15 号）文件规定：增值税一般纳税人支付的增值税税控系统专用设备和技术维护费

用在增值税应纳税额中全额抵减的，其增值税专用发票不作为增值税抵扣凭证，其进项税额不得从销项税额中抵扣。

4.4　营业税改征增值税一般纳税人的行业实例会计业务处理

4.4.1　交通运输业

交通运输服务，是指利用运输工具将货物或者旅客送达目的地，使其空间位置得到转移的业务活动。包括陆路运输服务、水路运输服务、航空运输服务和管道运输服务。

下面通过交通运输业务的陆路运输服务典型案例来分析营业税改征增值税的增值税会计处理。

【例 4-24】 北京三源综合服务公司（以下简称三源公司），从事商品采购和销售、货物运输劳务，并能分别核算收入。2007 年 3 月被认定为一般纳税人。2012 年 9 月 1 日，开始营业税改征增值税试点。

（1）当月实现货物销售收入不含税价款 900 万元，款项已经通过银行结算。

（2）当月购进货物取得增值税专用发票 25 张，注明价款 820 万元，税金 139.40 万元。款项已经通过银行结算，采购货物业务中，以银行存款支付给北京地区一般纳税人的短途不含税运输费用总额 100 万元并取得增值税专用发票；支付给北京某小规模纳税人的短途运输费用总额 50 万元，未取得税务机关代开的增值税专用发票。以上款项已经通过银行结算。

（3）当月提供货物运输劳务，取得全部货物运输不含税收入 400 万元；款项已经通过银行结算。购进燃料，取得增值税专用发票，注明价款20万元，税金3.40万元；车辆修理费专用发票，注明价款35万元，税金5.95万元。

上述取得的增值税专用发票当月均通过了认证。

三源公司2012年9月应纳增值税如何核算？并进行相应的增值税涉税会计处理。企业涉税会计处理分析如下。

【案例分析】

(1) 当期应纳增值税的计算。

商品销售中心销售货物的销项税＝900×17%＝153(万元)

商品销售中心的外购货物的进项税＝139.40(万元)

采购货物中，北京地区一般纳税人开具的运输费用总额为100万元并取得增值税专用发票，销售货物允许抵扣的进项税＝100×11%＝11(万元)；支付给北京某小规模纳税人的短途运输费用总额50万元，未取得税务机关代开的增值税专用发票，不得抵扣进项税。

货物运输中心的运输收入的销项税＝400×11%＝44(万元)，运输劳务中，购进燃料和修理费等取得增值税专用发票，可以抵扣进项税＝5.95＋3.40＝9.35(万元)。

销售货物应纳增值税＝153－139.40－11＝2.60(万元)

营业税改征增值税运输劳务应纳增值税＝44－9.35＝34.65(万元)

(2) 会计涉税处理如下。

① 货物销售业务的应纳增值税涉税会计核算。

a. 实现货物销售收入时。

借：银行存款　　10 530 000

　贷：主营业务收入——商品销售收入　　9 000 000

　　　应交税费——应交增值税(销项税额)　　1 530 000

b. 购进货物时。

借：库存商品　　8 200 000

　应交税费——应交增值税(进项税额)　　1 394 000

　贷：银行存款　　9 594 000

c. 支付给一般纳税人运输费用时。

借：库存商品　　1 000 000

　应交税费——应交增值税(进项税额)　　110 000

　贷：银行存款　　1 110 000

d. 支付给小规模纳税人的短途运输费用，由于未取得税务机关代开的增值税专用发票，不得抵扣进项税额。

借：库存商品　　500 000

　贷：银行存款　　500 000

e. 月末将"应交税费——应交增值税"科目余额结转至"应交税费——未交增值税"科目。

借：应交税费——应交增值税(转出未交增值税)

　　26 000

　贷：应交税费——未交增值税　　26 000

② 货物运输劳务对应的应纳增值税的涉税会计核算。

a. 确认货物运输劳务的收入。

借：银行存款　　4 440 000

　贷：主营业务收入——货运服务收入　　4 000 000

　　应交税费——应交增值税(销项税额)　　440 000

b. 购进燃料。

借：主营业务成本　　200 000

　应交税费——应交增值税(进项税额)　　34 000

　贷：银行存款　　234 000

c. 车辆修理费专用发票，注明价款 35 万元，税金 5.95 万元。

借：主营业务成本　　　　　　　　　　　　　350 000

　　应交税费——应交增值税(进项税额)　　　59 500

　贷：银行存款　　　　　　　　　　　　　　　409 500

d. 月末将“应交税费——应交增值税”科目余额结转至“应交税费——未交增值税”科目。

借：应交税费——应交增值税(转出未交增值税)

　　　　　　　　　　　　　　　　　　　　　346 500

　贷：应交税费——未交增值税　　　　　　　　346 500

4.4.2 金融保险

金融服务，是指经营金融保险的业务活动。包括贷款服务、直接收费金融服务、保险服务和金融商品转让。贷款服务是指将资金贷与他人使用而取得利息收入的业务活动，各种占用、拆借资金取得的收入均属于贷款服务，既包括银行等金融机构发放贷款取得的收入，也包括非金融机构之间相互拆借资金取得的收入，但银行等金融机构是从事贷款服务的主要机构，且具有较强的行业特性，所以我们通过银行来演示金融服务增值税的会计处理。

【例 4-25】 某商业银行 N 于 2016 年 6 月申请登记为增值税一般纳税人，当月发生以下经济业务。

(1) 2016 年 1 月 1 日向 F 公司发放为期 1 年的信用贷款，本金 500 万元，年利率 5.31%，实际利率与名义利率相同，每月初 5 日收取上月的利息。

(2) 6 月 15 日，客户王某申请贴现商业汇票，面值 200 万元，汇票 5 月 15 日出票，期限为 6 个月，到期日为 2017 年 11 月 15 日，贴现年利率为 5.35%。

(3) 6 月 1 日与某投资公司签订房屋租赁合同，将 2016 年 1 月抵债所得的大楼一座租赁给该投资公司。租期 3 年，租金每年 100 万元，每年 6 月 15 日支付全年租金。该银行选择简易计税方法。

(4) 6 月 12 日，客户张某到该商业银行申请租赁保管箱，并交纳了 80 000 元的租金和 8 000 元的押金。

(5) 6 月 17 日，该商业银行从某一般纳税人处购进一批办公设备，取得增值税专用发票注明的价款 100 万元，增值税税额 17 万元。增值税专用发票已通过认证并相符。

(6) 6 月 30 日，取得当地 A 银行拆借资金的利息收入 30 000 元(该拆借期限为 30 天)。

(7) 2016 年 1 月 1 日发给某农户期限为 1 年的扶农贷款 80 000 元，年利率 5%，6 月 29 日收到上半年利息 2 000 元。

分析上述业务的增值税处理及企业涉税会计处理分析如下。

【案例分析】

① 每月应计利息＝5 000 000×5.31%÷12＝22 125(元)。

a. 6 月 5 日收取 5 月份利息时。

借：银行存款　　22 125

　贷：应收利息　　22 125

b. 6 月 30 日计提 6 月份利息时。

借：应收利息　　22 125

　贷：利息收入　　20 872.64

　　应交税费——应交增值税(销项税额)　　1 252.36

② 当月应确认贴现收入＝2 000 000×5.35% ÷360×15

＝4 458.34(元)

借：贴现资产——利息调整　　4 458.34

　贷：利息收入　　4 205.98

　　应交税费——应交增值税(销项税额)　　252.36

③ 纳税人提供建筑服务、租赁服务采取预收款方式的，其纳税义务发生时间为收到预收款的当天。所以应于6月15日确认租金的增值税纳税义务。一般纳税人出租其2016年4月30日前取得的不动产，选择简易计税方法的，按照5%的征收率计算应纳税额。

借：银行存款　　1 000 000

　贷：预收账款　　952 380.95

　　　应交税费——未交增值税　　47 619.05

④ 借：库存现金　　88 000

　　贷：手续费及押金收入　　75 471.70

　　　　应交税费——应交增值税(销项税额)　　4 528.30

　　　　其他应付款——保管箱押金　　8 000

⑤ 借：固定资产　　1 000 000

　　　应交税费——应交增值税(进项税额)　　170 000

　　贷：银行存款　　1 170 000

⑥ 金融机构间的资金往来业务利息收入免征增值税。

借：银行存款　　30 000

　贷：利息收入　　30 000

⑦ 2016年12月31日前，金融机构农户小额贷款免征增值税。

借：库存现金　　2 000

　贷：利息收入　　2 000

4.4.3 邮政业

邮政服务，是指中国邮政集团公司及其所属邮政企业提供邮件寄递、邮政汇兑和机要通信等邮政基本服务的业务活动。包括邮政普遍服务、邮政特殊服务和其他邮政服务。由于邮政业的会计处理有其行业自身的特点，我们这里通过一个案例来分析营业税改征增值税中邮政业增值税的会计处理。

【例 4-26】 中国邮政集团公司北京分公司隶属于中国邮政集团公司，2014 年开始改征增值税，并作为增值税一般纳税人进行核算。2014 年 1 月发生业务如下。

(1) 发行马年生肖邮票及邮资明信片，当月现场销售合计 300 万元。

(2) 马年生肖邮票年初发行，定价 1.2 元/张，上年年末合计预订用户 2 000 万人。

(3) 邮寄包裹，收取邮递费合计 400 万元。

(4) 发行报刊，取得收入 200 万元(其中 100 万元为上年已经收资的预订用户)。

(5) 销售 2013 年集邮册，取得零售收入共 111 万元。

(6) 因业务拓展需要，与某开发商签订房屋销售合同，购买其自行开发的楼房一栋，该开发商开具增值税专用发票注明价款 1 500 万元，增值税税额 165 万元，当月经税务机关认证并相符(假定业务发生在 2016 年 5 月 1 日以后)。

请就上述业务的增值税处理进行分析(相应的成本结转分录略)。

企业涉税会计处理分析如下。

【案例分析】

(1) 邮票、明信片发行属于邮政普遍服务，可以免征增值税。

借：库存现金　　3 000 000

　贷：主营业务收入　　3 000 000

(2) 邮票发行后，预订用户原计入预收账款中的金额，可以确认收入。

借：预收账款　　24 000 000

　贷：主营业务收入　　24 000 000

(3) 邮寄包裹同样属于邮政普遍服务,可以免征增值税。

借:库存现金　　4 000 000

　贷:主营业务收入　　4 000 000

(4) 发行报刊同样属于邮政普遍服务,可以免征增值税。

借:库存现金　　1 000 000

　　预收账款　　1 000 000

　贷:主营业务收入　　2 000 000

(5) 销售集邮册属于企业邮政服务,需要按11%的税率缴纳增值税。

借:库存现金　　1 110 000

　贷:主营业务收入　　1 000 000

　　　应交税费——应交增值税(销项税额)　　110 000

(6) 纳税人2016年5月1日以后取得并在会计上按固定资产核算的不动产,其进项税额应分2年从销项税额抵扣,第一年抵扣比例为60%,第二年抵扣比例为40%。

借:固定资产　　15 000 000

　　应交税费——应交增值税(进项税额)　　990 000

　　应交税费——待抵扣进项税额　　660 000

　贷:银行存款　　16 650 000

2017年5月即取得扣税凭证的当月起的第13个月,将待抵扣进项税额转入进项税额。

借:应交税费——应交增值税(进项税额)　　660 000

　贷:应交税费——待抵扣进项税额　　660 000

4.4.4 电信业

电信服务,是指利用有线、无线的电磁系统或者光电系统等各种通信网络资源,提供语音通话服务,传送、发射、接收或者应用图像、短信等电子数据和信息的业务活动。包括基础电信服务和增值电信服务。

这里通过一个案例来分析营业税改征增值税中电信行业增值税的会计处理。

【例 4-27】 中国电信北京分公司隶属于中国电信股份有限公司，其下设的某营业厅 2014 年 11 月发生部分业务如下。

(1) 收取当月的固定电话通话费用 900 万元。

(2) 公司常年开展手机预存话费奖励积分的活动，预存 1 元话费，奖励积分 1 分。每 100 积分可兑换 1 元话费或各种礼品。当月合计收到预存话费 2 000 万元。

(3) 本月及以前月预存手机话费的实际通话及服务费用本月发生额为 1 200 万元。其中通话费用 400 万元，利用固网、移动网传输信息服务费用 600 万元，短信、彩信等增值电信服务费 200 万元。

(4) 月末根据积分管理部门出具的业务报告，确认积分计划准备，计算出当月积分计划准备为正数 50 万元。

(5) 本月发生积分兑换的通话服务金额为 70 万元。

(6) 国庆期间大促销，推出"预存话费送手机"合约计划，用户在网 24 个月，选择 286 套餐，预存话费 6 096 元，免费赠送一部价值 6 000 元的苹果 6 手机，同时话费分 24 个月分月返还，后续每月用户只需要交纳 32 元的服务费，合约计划当月生效。公司为应对该活动购入手机 5 000 部，每部手机购入价格为 6 000 元。通过该活动，10 月该营业厅收到预存话费 609.6 万元，赠送手机 1 000 部。假设该套餐每月话费使用时，基础电信服务和增值电信服务各占 50%。

要求：上述金额均为含税价，购进货物均取得增值税专用发票，并当月通过认证。请分析企业的增值税处理并进行会计核算。

企业涉税会计处理分析如下。

【案例分析】

① 收取当月固定电话的通话费用属于基础电信服务收入，按11%的增值税税率计算缴纳增值税。

借：银行存款(库存现金)　　9 000 000

　贷：主营业务收入　　8 108 108.11

　　应交税费——应交增值税(销项税额)　　891 891.89

② 收到预存话费，没有发生增值税缴纳义务。

借：银行存款(库存现金)　　20 000 000

　贷：预收账款——预存话费　　20 000 000

③ 本月实际发生的手机预存话费收入，区分为基础电信服务和增值电信服务，按各自适用的税率计算增值税。其中通话费用400万元为基础电信服务，适用11%的税率；利用固网、移动网传输信息服务费用600万元、短信、彩信等增值电信服务费200万元为增值电信服务，适用6%的税率。

基础电信服务应计销项税额＝4 000 000÷(1＋11%)×11 %

　　＝396 396.4(万元)

增值电信服务应计销项税额＝8 000 000÷(1＋6%)× 6%

　　＝452 830.19(万元)

借：预收账款预存话费　　12 000 000

　贷：主营业务收入　　11 150 773.41

　　应交税费——应交增值税(销项税额)　　849 226.59

④ 积分计划准备，不涉及增值税的计算。

借：主营业务收入　　500 000

　贷：预收账款——客户积分计划准备　　500 000

⑤ 以积分兑换形式赠送的电信业服务，不征收增值税。

借：预收账款——客户积分计划准备　　700 000

　贷：预收账款——预存话费　　700 000

借：预收账款——预存话费　　700 000

　贷：主营业务收入　　700 000

⑥ 纳税人提供电信业服务时，附带赠送用户识别卡、电信终端等货物或者电信业服务的，应将其取得的全部价款和价外费用进行分别核算，按各自适用的税率计算缴纳增值税。

a. 购入手机。

借：库存商品　　25 641 025.64

　　应交税费——应交增值税（进项税额）　4 358 974.36

　贷：银行存款　　30 000 000

b. 收到入网档期的预存话费。

借：银行存款（库存现金）　　6 096 000

　贷：预收账款（6 096 000－6 000 000）　　96 000

　　其他业务收入（6 000 000÷1.17）　　5 128 205.13

　　应交税费——应交增值税（销项税额）　　871 794.87

　　（6 000 000÷1.17×17%）

借：其他业务成本　　5 128 205.13

　贷：库存商品　　5 128 205.13

c. 合约期内每月。

借：预收账款（96 000÷24）　　4 000

　　银行存款（库存现金）　　32 000

　贷：主营业务收入　　33 197.35

［（4 000＋32 000）×50%÷1.11＋（4 000＋32 000）×50%÷1.06］

　　应交税费——应交增值税（销项税额）　　2 802.65

［（4 000＋32 000）×50%÷1.11×11%＋（4 000＋32 000）×50%÷1.06×6%］

4.4.5　建筑业

建筑服务，是指各类建筑物、构筑物及其附属设施的建造、修缮、装饰,线路、管道、设备、设施等的安装以及其他工程作业的业务活动。包括工程服务、安装服务、修缮服务、装饰服务和其他建筑服务。

通过案例分析建筑业营业税改征增值税的会计处理。

【例 4-28】 泰康建筑公司是一家具有二级施工资质的施工企业,为增值税一般纳税人,2016 年 6 月发生以下业务。

(1) 6 月 1 日承接 M 工程项目,6 月 30 日发包方按进度支付工程价款 333 万元,该项目当月发生工程成本为 100 万元,其中购买材料、动力、机械等取得增值税专用发票上注明的金额为 50 万元。

(2) 以清包工方式承接 F 工程项目(或为泰康工程提供建筑服务),6 月 30 日发包方按工程进度支付工程价款 333 万元,该项目当月发生工程成本为 100 万元,其中购买材料、动力、机械等取得增值税专用发票上注明的金额为 50 万元。

(3) 6 月 5 日承接 N 工程项目,并将 N 项目中的部分施工项目分包给了甲公司,6 月 30 日发包方按进度支付工程价款 333 万元。当月该项目泰康建筑公司购进材料取得增值税专用发票上注明价款 50 万元,注明税额 8.50 万元,甲公司就其分包建筑服务开具给泰康建筑公司增值税专用发票注明价款 40 万元,注明税额 4.40 万元。

(4) 承接 L 工程项目(《建筑工程施工许可证》上注明的合同开工日期为 5 月 10 日),并将 L 工程项目中的部分施工项目分包给了乙公司,6 月 30 日发包方按进度支付工程价款 333 万元。6 月泰康建筑公司支付给乙公司工程分包款 50 万元,泰康建筑公司对 L 工程项目选用简易计税方法计算应纳税额。

(5) 泰康建筑公司机构所在地为东乡县。2016 年 6 月 1 日到西乡县承接 E 工程项目,并将三项目中的部分施工项目分包给了丙公司,6 月 30 日发包方按进度支付工程价款 333 万元。当月该项目泰康公司购进材料取得增值税专用发票上注明价款 50 万元。注明税额 8.50 万元;6 月泰康公司支付给丙公司工程分包款 50 万元,丙公司开具给泰康公司增值税发票,税额 4.95 万元。对 E 工程项目泰康建筑公司选择一般计税方法计算应纳税额。

(6) 泰康建筑公司机构所在地为东乡县。6 月 1 日以清包工方式到西乡县承接 R 工程项目。并将该项目中的部分施工项目分包给了丁公司,6 月 30 日发包方按进度支付工程价款 333 万元。当月该项目泰康建筑公司购进材料取得增值税专用发票上注明价款 50 万元,注明税额 8.50 万元;6 月泰康建筑公司支付给丁公司工程分包款 50 万元,丁公司开具给泰康建筑公司增值税发票,税额 4.95 万元。对 R 工程项目泰康建筑公司选择简易计税方法计算应纳税额。

分析上述业务的增值税处理。

企业涉税会计处理分析如下。

【案例分析】

(1) 纳税人提供建筑服务、租赁服务采取预收款方式的,其纳税义务发生时间为收到预收款的当天。

该公司 6 月销项税额=333÷(1+11%)×11%=33(万元)

该公司 6 月进项税额=50×17%=8.50(万元)

该公司 6 月应纳增值税额=33-8.5=24.50(万元)

借:银行存款　　3 330 000

　贷:预收账款　　3 000 000

　　应交税费——应交增值税(销项税额)　　330 000

借:工程施工　　1 000 000

　应交税费——应交增值税(进项税额)　　245 000

　贷:银行存款/库存材料/应付职工薪酬等　　1 245 000

(2) 企业以清包工方式提供建筑服务或为泰康工程提供建筑服务可以选用简易计税方式,其进项税额不能抵扣。该公司 6 月应纳增值税额

$=333\div(1+3\%)\times3\%=9.70$（万元）

借：银行存款　　3 330 000

　贷：预收账款　　3 233 000

　　应交税费——未交增值税　　97 000

（3）试点纳税人提供建筑服务适用一般计税方法的，以取得的全部价款和价外费用为销售额，其分包出去的工程应取得分包方开具的增值税扣税凭证，据以抵扣。

该公司6月销项税额 $=333\div(1+11\%)\times11\%=33$（万元）

该公司6月进项税额 $=8.5+4.40=12.90$（万元）

该公司6月应纳增值税额 $=33-12.9=20.10$（万元）

借：银行存款　　3 330 000

　贷：预收账款　　3 000 000

　　应交税费——应交增值税（销项税额）　　330 000

借：工程施工　　900 000

　应交税费——应交增值税（进项税额）　　201 000

　贷：银行存款　　1 101 000

（4）《建筑工程施工许可证》上注明的合同开工日期在5月10日前的建筑工程项目为建筑工程老项目，可以选择适用简易计税方法，以取得的全部价款和价外费用扣除支付的分包款后的余额为销售额。

该公司6月应纳增值税额 $=(333-50)\div(1+3\%)\times3\%=8.24$（万元）

（会计处理略）

（5）一般纳税人跨县（市）提供建筑服务，适用一般计税方法计税的，应以取得的全部价款和价外费用为销售额计算应纳税额。纳税人应以取得的全部价款和价外费用扣除支付的分包款后的余额，按照2%的预征率在建筑服务发生地预缴税款后，向机构所在地主管税务机关进行纳税申报。

该公司 6 月销项税额＝333÷(1＋11％)×11％＝33(万元)

该公司 6 月进项税额＝8.5＋4.95＝13.45(万元)

该公司 6 月应纳增值税额＝33－13.45＝19.55(万元)

在西乡县预缴增值税＝(333－50)÷(1＋11％)×2％＝5.10(万元)

在东乡县全额申报，扣除预缴增值税后应缴纳＝19.55－5.10＝14.45(万元)。

借：银行存款　　3 330 000
　贷：预收账款　　3 000 000
　　应交税费——应交增值税(销项税额)　　330 000

借：应交税费——应交增值税(已交税金)　　51 000
　贷：银行存款　　51 000

借：工程施工　　950 500
　应交税费——应交增值税(进项税额)　　134 500
　贷：银行存款等科目　　1 085 000

借：应交税费——应交增值税(转出未交增值税)
　　144 500
　贷：应交税费——未交增值税　　144 500

(6) 一般纳税人跨县(市)提供建筑服务，选择适用简易计税方法计税的，应以取得的全部价款和价外费用扣除支付的分包款后的余额为销售额，按照 3％的征收率计算应纳税额，纳税人应按照上述计税方法在建筑服务发生地预缴税款后，向机构所在地主管税务机关进行纳税申报。

该公司 5 月应纳增值税额＝(333－50)÷(1＋3％)×3％
＝8.24(万元)

在西乡县预缴增值税为 8.24 万元。

在东乡县全额申报，扣除预缴增值税后无须纳税 8.24－8.24＝0(万元)。

（会计处理略。）

4.4.6 房地产业

销售不动产，是指转让不动产所有权的业务活动。不动产，是指不能移动或者移动后会引起性质、形状改变的财产，包括建筑物、构筑物等。销售不动产可以是房地产开发企业销售自行开发的房地产，也可以是销售自己作为固定资产管理的不动产，纳税人转让不动产与房地产开发企业销售自行开发的房地产分别适用不同的政策依据。这里以房地产开发公司为案例分析营业税改征增值税的会计处理。

【例4-29】 永泰房地产开发公司注册地址在M市，是一家专业从事中高档住宅的房地产开发商，2016年5月申请一般纳税人登记，当月发生如下业务。

(1) 2016年3月通过土地出让方式购入土地用于A项目的建设，支付土地出让金3 000万元，当地契税税率为4%。

(2) 15日，委托境内一家设计公司Z为其提供咨询设计服务，取得增值税专用发票，注明价款60万元，增值税额为3.6万元。

(3) 自建的一楼盘，于2016年4月15日完工，共计开发可售建筑面积8 000平方米，于2016年5月5日开盘，每平方米售价1.5万元，签约面积4 000平方米，收到价款6 000万元，可扣除地价款为600万元(甲企业选择适用简易计税办法)。

(4) 自行开发A项目，《建筑工程施工许可证》注明的开工日期为2016年5月10日，6月取得建筑服务增值税专用发票价税合计金额111万元，当月取得预收款5 250万元。

(5) 30日召开新项目发布会，支付会议费3.18万元，取得了某酒店开具的增值税专用发票注明金额3万元，税额0.18万元。

(6) 2017年8月份A项目完工，当月开具增值税普通发票9 500万元(含 2016 年收到的 5 250 万元),余款已收讫,同时办理了房产产权的转移手续,假定允许扣除的上地价款为 1 500 万元。

(7) 将自行开发的住房一套奖励给了本公司业绩突出的员工,该住房账面价值 180 万元,当期销售价格为 230 万元/套,同时将红线外道路无偿移交给了当地政府,该设施账面价值 600 万元。分析上述业务的增值税处理。

企业涉税会计处理分析如下。

【案例分析】

(1) 应纳契税＝3 000×4%＝120(万元)。

借:开发成本　　31 200 000

　贷:银行存款　　31 200 000

(2) 支付咨询设计费。

借:管理费用　　600 000

　应交税费——应交增值税(进项税额)　　36 000

　贷:银行存款　　636 000

(3) 甲公司销售了自行开发的房地产老项目,纳税人选择简易计税方法计算应纳税额,以取得的全部价款和价外费用为销售额,不得扣除对应的土地价款。

应纳增值税＝6 000÷(1＋5%)×5%＝285.71(万元)

借:银行存款　　60 000 000

　贷:主营业务收入　　57 142 900

　　应交税费——未交增值税　　2 857 100

① 支付建筑施工费用。

借:开发成本——建筑安装工程费　　10 000 000

　应交税费——应交增值税(进项税额)　　1 100 000

　贷:银行存款　　11 100 000

② A 项目为房地产新项目，适用一般计税方法，取得预收款应预缴税款＝5 250÷(1＋11％)×3％＝141.89(万元)。

借：银行存款　　52 500 000

　贷：预收账款　　52 500 000

借：应交税费——未交增值税　　1 418 900

　贷：银行存款　　1 418 900

(4) 会议费属于代服务业——文化创意服务——会议展览服务，取得增值税专用发票，可以抵扣进项税额。

借：销售费用　　30 000

　　应交税费——应交增值税(进项税额)　　1 800

　贷：银行存款　　31 800

(5) 开具发票确认收入。

土地价款应抵减的销项税额＝1 500÷(1＋11％)×11％

＝148.65(万元)

借：预收账款　　52 500 000

　　银行存款　　42 500 000

　贷：主营业务收入　　85 856 000

　　　应交税费——应交增值税(销项税额)　　9 414 400

借：应交税费——应交增值税(营业税改征增值税抵减的销项税额)

1 486 500

　贷：主营业务成本　　1 486 500

(6) 将自行开发的住房奖励给职工，应视同销售不动产，按照纳税人最近时期销售同类不动产的平均价格确定销售额，计算销项税额。将红线外设施无偿移交当地政府，属于用于公益事业或者以社会公众为对象，不视同销售。

应计销项税额＝230÷(1＋11％)×11％＝22.79(万元)

借：应付职工薪酬　　　　　　2 027 900
　　营业外支出　　　　　　　6 000 000
　贷：开发产品　　　　　　　　　　7 800 000
　　　应交税费——应交增值税(销项税额)　　227 900

4.4.7　现代服务业

现代服务，是指围绕制造业、文化产业、现代物流产业等提供技术性、知识性服务的业务活动。包括研发和技术服务、信息技术服务、文化创意服务、物流辅助服务、租赁服务、鉴证咨询服务、广播影视服务、商务辅助服务和其他现代服务。

现代服务业包含范围较广且各具特点，鉴于体例和篇幅，下面通过文化创意服务、研发和技术服务的实务案例来演示现代服务业增值税的会计处理。

1. 文化创意服务

文化创意服务，包括设计服务、知识产权服务、广告服务和会议展览服务。

【例 4-30】 上海益达广告公司(简称益达公司，被认定为一般纳税人)，2017 年 6 月 1 日承接北京华纳股份公司产品广告制作和电视台发布项目，当日为该项目的制作专门购进材料等，均取得增值税专用发票，注明价款 15 万元，税金 2.55 万元，该批材料当期全部领用消耗。项目 6 月 20 日完成并通过北京电视台广告栏目发布，收取广告费价税合计 500 万元；该项目支付给北京电视台广告部(营业税改征增值税中，被认定为一般纳税人)广告发布费价税合计 85 万元，取得北京电视台开具的增值税专用发票，注明增值税 4.81 万元；举办培训班取得培训收入 60 万元；该月取得的增值税专用发票均通过认证。

试计算该广告公司2017年6月的应纳增值税额，并进行相应的涉税会计处理。

企业涉税会计处理分析如下。

【案例分析】

(1) 6月当期应纳增值税的计算。

当期广告收入销项税额＝500÷(1＋6％)×6％＝28.30(万元)

培训服务属于生活服务，应按6％计征增值税。

当期培训收入销项税额＝60÷(1＋6％)×6％＝3.40(万元)

当期可抵扣进项税＝4.81＋2.55＝7.36(万元)

当期应纳增值税＝28.30＋3.40－7.36＝24.34(万元)

(2) 当期会计处理。

① 购进广告项目专用材料并领用消耗。

借：库存商品　　150 000

　　应交税费——应交增值税(进项税额)　　25 500

　贷：银行存款　　175 500

借：主营业务成本　　150 000

　贷：库存商品　　150 000

② 支付电视台广告费。

借：主营业务成本　　801 900

　　应交税费——应交增值税(进项税额)　　48 100

　贷：银行存款　　850 000

③ 广告项目完工，确认收入。

借：应收账款或银行存款　　5 000 000

　贷：主营业务收入　　4 717 000

　　　应交税费——应交增值税(销项税额)　　283 000

④ 取得培训收入。

借：应收账款或银行存款　　　　　　　　　　600 000

　贷：主营业务收入　　　　　　　　　　　　　566 000

　　　应交税费——应交增值税(销项税额)　　　　34 000

⑤ 月末，结转未交增值税。

借：应交税费——应交增值税(转出未交增值税)

　　　　　　　　　　　　　　　　　　　　　243 400

　贷：应交税费——未交增值税　　　　　　　　243 400

2. 研发和技术服务

研发和技术服务，包括研发服务、合同能源管理服务、工程勘察勘探服务、专业技术服务。

【例 4-31】 长城幻影科技开发有限公司为一般纳税人，主营业务包括：软件服务、电路设计及测试服务、信息系统服务。2016 年 11 月发生以下业务。

(1) 10 日接受一技术研发项目，约定 8 日内完成项目任务，18 日，项目通过客户验收，取得技术研发服务费收入 212 万元，给对方开具了增值税防伪税控专用发票，发票中注明研发服务费 200 万元，增值税销项税额 12 万元。

(2) 21 日外购研发材料，均取得增值税专用发票，注明价款 29 万元，进项税额 4.93 万元。

(3) 28 日因技术落后，销售自己使用过的 3 年的研发设备，取得收入 6 万元，给对方出具普通发票。该设备 2013 年 8 月购进，购进价款 12 万元，累计折旧 4 万元。上述取得的专用发票当月均通过了认证。

请计算科技公司 11 月应纳的增值税，并进行相应的会计涉税处理和月末涉税结转处理。

企业涉税会计处理分析如下。

【案例分析】

(1) 应纳增值税的计算。

① 增值税销项税额＝12(万元)。

增值税进项税额＝4.93(万元)

应纳增值税＝12－4.93＝7.07(万元)

② 营业税改征增值税纳税人销售使用过的营业税改征增值税前购入的设备类固定资产,按照3%征收率减按2%征收增值税。

应纳增值税＝6÷(1＋3%)×2%＝0.12(万元)

(2) 会计处理。

① 18日取得收入。

	借	贷
借：银行存款	2 120 000	
贷：主营业务收入		2 000 000
应交税费——应交增值税(销项税额)		120 000

② 当月外购材料。

	借	贷
借：原材料	290 000	
应交税费——应交增值税(进项税额)	49 300	
贷：银行存款		339 300

③ 处置使用过的固定资产。

	借	贷
借：固定资产清理	80 000	
累计折旧	40 000	
贷：固定资产		120 000
借：银行存款	60 000	
贷：固定资产清理		60 000
借：固定资产清理	1 200	
贷：应交税费——未交增值税		1 200
借：营业外支出	212 000	
贷：固定资产清理		212 000

④ 月末将“应交税费——应交增值税”科目余额结转至“应交税费——未交增值税”科目。

借：应交税费——应交增值税(转出未交增值税) 70 700

贷：应交税费——未交增值税 70 700

4.4.8 生活服务业

生活服务，是指为满足城乡居民日常生活需求提供的各类服务活动。包括文化体育服务、教育医疗服务、旅游娱乐服务、餐饮住宿服务、居民日常服务和其他生活服务。生活服务业包含范围广，各有其特点，鉴于篇幅和体例，仅以餐饮住宿服务为例分析生活服务业增值税的会计处理。

【例 4-32】 H 酒店为从事餐饮、住宿和商品销售的增值税一般纳税人，2017 年 6 月发生以下业务。

(1) 住宿部取得住宿收入 106 万元，附设商品部取得土特产销售收入 7.02 万元(含税)，提供会议服务取得收入 21.20 万元；

(2) 餐饮部取得收入 196.65 万元，其中非现场消费的食品外卖收入 5.85 万元，食品外卖收入与餐饮收入能够分别核算；

(3) 当月销售储值卡 5 万元，其中有 2.12 万元当月开具了发票；

(4) 住宿部 9 月发生经营成本为 120 万元，其中购买修缮服务、清洗布草、添置电器、购买各类商品(烟、酒、茶、土特产等)取得增值税发票上注明的税额合计 12 万元；

(5) 餐饮部购买食材、酒类等支出 50 万元，取得可抵扣进项税额 5 万元；支付燃气、自来水等费用 10 万元，可抵扣进项税额 8 万元。分析上述业务的增值税处理。

企业涉税会计处理分析如下。

【案例分析】

(1) 纳税人兼营销售货物、劳务、服务、无形资产或者不动产,适用不同税率或者征收率的,应当分别核算适用不同税率或者征收率的销售额,未分别核算的,从高适用税率。

住宿收入销项税额=106÷(1+6%)×6%=6(万元)

会议服务收入销项税额= 21.20÷(1+6%)×6%=1.20(万元)

销售商品收入销项税额=7.02÷(1+17%)×17%=1.02(万元)

借:银行存款　　1 342 200

　贷:主营业务收入——住宿　　1 000 000

　　主营业务收入——会议　　200 000

　　其他业务收入——商品　　60 000

　　应交税费应交增值税(销项税额)　　82 200

(2) 餐饮收入销项税额=(196.65-5.85)÷(1+6%)×6%=10.8(万元)。

外卖收入销项税额=5.85÷(1+17%)×17%=0.85(万元)

借:现金/银行存款　　1 966 500

　贷:主营业务收入——餐饮　　1 850 000

　　应交税费——应交增值税(销项税额)　　116 500

(3) 增值税纳税义务发生时间为纳税人发生应税行为并收讫销售款项或者取得索取销售款项凭据的当天;先开发票的,为开具发票的当天。

应计销项税额=2.12÷(1+6%)×6%=0.12(万元)

借:银行存款　　50 000

　贷:预收账款　　48 800

　　应交税费——应交增值税(销项税额)　　1 200

(4) 借:主营业务成本　　1 200 000

　　应交税费——应交增值税(进项税额)120 000

　贷:银行存款　　1 320 000

(5) 借：主营业务成本　　　　　　　　　　600 000

　　　应交税费——应交增值税(进项税额) 130 000

　　贷：银行存款　　　　　　　　　　　　　730 000

当期应纳税额＝8.22＋11.65＋0.12－12－13 ＝－5.01(万元)

当月应纳增值税额为零，也不做会计处理，未抵扣完的进项税额留待下期继续抵扣。

4.5 营业税改征增值税缴纳和减免税的会计处理

4.5.1 营业税改征增值税缴纳会计处理

根据主管税务机关核定，纳税人有以 1 个月或者 1 个季度为 1 个纳税期的，自期满之日起 15 日内申报纳税；也有以 1 日、3 日、5 日、10 日或者 15 日为 1 个纳税期的，自期满之日起 5 日内预缴税款，于次月 1 日起 15 日内申报纳税并结清上月应纳税款。

1. 预缴增值税的核算

纳税人在纳税申报期结束前，预缴税款，通过“应交税费——应交增值税”科目核算，在收到银行退回的缴款书回执联后，编制会计分录如下。

借：应交税费——应交增值税(已交税金)

　贷：银行存款

月末，结出“应交税费——应交增值税”账户的借方、贷方合计数和差额。若“应交税费——应交增值税”账户为贷方余额，表示本月应交未交的增值税额，将该余额结转到“应交税费——未交增值税”账户；若“应交税费——应交增值税”账户为借方余额，由于月中有预缴税款，该借方余额的结转处理需要做进一步分析。

在不考虑预缴税额的情况下，期末“应交税费——应交增值税”账户为贷方余额，如果预缴税额大于“应交税费——应交增值税”账户的贷方余额，此时综合考虑预缴税额后，“应交税费——应交增值税”账户将出现借方余额，该余额表示纳税人多缴的税款，可以申请退税或抵缴后期的增值税，该余额无须结转至“应交税费——未交增值税”账户。如果预缴税额小于“应交税费——应交增值税”账户的贷方余额，表示当月还有应交未交的增值税，需要将该余额结转到“应交税费——未交增值税”账户，结转后“应交税费——应交增值税”账户余额为零。

在不考虑预缴税额的情况下，期末“应交税费——应交增值税”账户为借方余额，该余额表示纳税人有未抵扣完的进项税，预缴税额全部是纳税人多缴的增值税，纳税人可以申请办理退税事宜，未抵扣完的进项税额向以后期间结转继续扣除，“应交税费——应交增值税”账户无须结转，企业期末办理结账手续后，“应交税费——应交增值税”账户可能有借方余额。

2. 按月或季度缴税的核算

纳税人按月或季度纳税，在纳税期内，通过“应交税费——应交增值税”科目进行二级明细核算。纳税期满，纳税人根据“应交税费——应交增值税”明细科目各专栏本期发生额，计算企业当期应纳的增值税额，在规定期限内申报缴纳。

当期应纳税额＝(销项税额＋进项税额转出＋出口退税)

－(期初留抵进项税额＋进项税额＋已交税金)

纳税人将当期发生的应交未交的增值税转出时，借记“应交税费——应交增值税(转出未交增值税)”科目，贷记“应交税费——未交增值税”科目；或将当期多交的增值税转出时，借记“应交税费——未交增值税”科目，贷记“应交税费——应交增值税(转出多交增值税)”科目。

未交增值税在以后缴纳时，借记“应交税费——未交增值税”科目，贷记“银行存款”科目；多交的增值税在以后退回或抵交当期应交的增值税时，借记“银行存款”或“应交税费——应交增值税(已交税金)”科目，贷记

"应交税费——未交增值税"科目。

4.5.2　营业税改征增值税减免税会计处理

增值税可以采用多种减免税收的形式，以实现政策目标，如：直接免征、直接减征、即征即退、先征后退、先征后返等。增值税减免核算的关键，一是准确把握各种减免措施的含义及流程；二是要考虑是否影响当期损益或当期的应纳税的所得额；三是要准确适用会计准则或会计制度。减免税收的核算主要涉及《企业会计准则第 16 号—政府补助》。

1. 各项减免增值税政策的含义

(1) 直接免征。直接免征增值税，纳税人不必缴纳。按照增值税价税分离的特征，直接免征的经济后果是，货物劳务的提供者仅向购买者收取货物劳务的价款，不另在价外收取增值税；当然提供货物劳务所购进项目的进项税也不能抵扣。免征增值税不构成一项实质性税收优惠政策，不会增加纳税人的财富。如个人转让著作权，残疾人个人提供应税服务，航空公司提供飞机播撒农药服务，试点纳税人提供技术转让、技术开发和与之相关的技术咨询、技术服务。

(2) 直接减征。直接减征是在纳税人正常计算确定当期应纳税额后，按照一定的比例减征一部分税款，直接豁免纳税人的一部分税款缴纳义务。直接减征增值税，是典型的政府转移支付行为，直接减少纳税人的当期税负，纳税人的净财富增加，构成一项实质性的税收优惠政策。如对销售使用过的固定资产，符合规定条件的可以按 4%的征收率减半征收；减低税率征收是典型的优惠措施。

(3) 即征即退。即征即退是指税务机关将应征的增值税征收入库后，再由主管税务机关即时退还，增值税即征即退，是典型的政府转移支付行为，直接减少纳税人的当期税负，纳税人的净财富增加，构成一项实质性的税收优惠政策。如经人民银行、银监会、商务部批准经营融资租赁业务的试点纳税人中的一般纳税人提供有形动产融资租赁服务，对其增值税实际税负超过3%的部分实行增值税即征即退政策。

(4) 先征后退。先征后退和即征即退的结果相同，只是退税的时间上有差异，即征即退相当于对部分或全部应纳税额直接免掉，先征后退则是先征上来，再退回去，需要一定的等待时间。

(5) 先征后返。先征后返是指税务机关将纳税人的税款正常征收并缴入国库，然后由财政机关按税收政策规定审核并返还企业所缴入库的税款，返税务机关为财政机关，财政机关审批通过后，还需要经由人民银行的国库管理部门办理。先征后返是典型的政府补助行为。

2. 各项减免增值税的核算

根据新《企业会计准则第16号—政府补助》应用指南的规定，企业按照即征即退、先征后返(退)办法收到的税收返还款，属于以税收优惠形式给予企业的一种政府补助，此类补助属于补偿企业已经发生的相关费用，与收益相关，所以应在取得时直接计入当期损益，借记“银行存款”或“其他应收款”科目，贷记“营业外收入——政府补助利得”科目。

(1) 直接免征增值税的核算。销售提供直接免征增值税的货物劳务时，无须计提销项税额；同时将为提供免税货物劳务而购进的货物劳务的进项税额作转出处理，计入成本。

① 销售免税货物时。

借：银行存款

　贷：主营业务收入

② 按规定计算转出进项税时。

借：主营业务成本(应分摊的进项税额)

　贷：应交税费——应交增值税(进项税额转出)

当然，如果纳税人为提供免税货物劳务而将购进货物劳务的进项税额在购进时成本化，直接计入购进货物劳务的成本，则无须进行进项税额的转出处理。

(2) 直接减征增值税的核算。直接减征增值税有两种情形：第一种是直接降低税率，第二种是在正常计算确定应纳税额的基础上，按规定的比率减征部分税款。降低税率是法定减免，纳税人无须做任何额外的处理，不用考虑"降低税率"的存在，按照正常程序计缴增值税即可。

特别提示

直接减征增值税需要单独核算的情况，一般是第二种情形。纳税人按照规定减征比例计算确定的"减征税款"，借记"应交税金——应交增值税(减免税款)"科目，贷记"营业外收入——政府补助利得"科目，在填报纳税申报表时，在申报表第 23 行"应纳税额减征额"中反映减征的税额。

(3) 即征即退增值税的核算。即征即退增值税，一般与增值税税负率挂钩，超过一定比率即征即退。纳税人向主管税务机关办理纳税申报时，同时办理增值税的退税手续。增值税税负率的计算公式如下：

增值税税负率＝当期应纳增值税÷当期应税销售收入

当期应纳增值税＝当期销项税额－实际抵扣进项税额

实际抵扣进项税额＝期初留抵进项税额＋本期进项税额－进项转出－出口退税－期末留抵进项税额

增值税税负率＝(当期销项税－当期免退税收入×适用税率－当期实际抵扣进项税额)÷(计征增值税的销售额－免抵退销售额)

纳税人向主管税务机关办理即征即退手续后，凭有关单据，作会计处理如下。

① 反映税款缴纳，编制会计分录如下。

借：应交税费——应交增值税(已交税金)

或　应交税费——未交增值税

　贷：银行存款

② 同时，按即退税额编制会计分录如下。

借：银行存款

　贷：营业外收入——政府补助利得

(4) 先征后退、先征后返增值税的核算。先征后退、先征后返增值税，正常计算销项税，抵扣进项税。纳税人按照规定程序办理退返税手续后，凭有关单证文件确认应收的退税或返税款时，借记“其他应收款——退返增值税”科目，贷记“营业外收入——政府补助利得”科目。

4.6 营业税改征增值税零税率应税服务会计处理

4.6.1 零税率应税服务概述

(1) 中华人民共和国境内(以下称境内)的单位和个人销售的下列服务和无形资产，适用增值税零税率。

① 国际运输服务，包括如下项目：

a. 在境内载运旅客或者货物出境。

b. 在境外载运旅客或者货物入境。

c. 在境外载运旅客或者货物。

② 航天运输服务。

③ 向境外单位提供的完全在境外消费的下列服务：

a. 研发服务。

b. 合同能源管理服务。

c. 设计服务。

d. 广播影视节目(作品)的制作和发行服务。

e. 软件服务。

f. 电路设计及测试服务。

g. 信息系统服务。

h. 业务流程管理服务。

i. 离岸服务外包业务。

离岸服务外包业务，包括信息技术外包服务（ITO）、技术性业务流程外包服务（BPO）、技术性知识流程外包服务（KPO），其所涉及的具体业务活动，按照《销售服务、无形资产、不动产注释》相对应的业务活动执行。

j. 转让技术。

④ 财政部和国家税务总局规定的其他服务。

(2) 境内的单位和个人销售的下列服务和无形资产免征增值税，但财政部和国家税务总局规定适用增值税零税率的除外。

① 下列服务：

a. 工程项目在境外的建筑服务。

b. 工程项目在境外的工程监理服务。

c. 工程、矿产资源在境外的工程勘察勘探服务。

d. 会议展览地点在境外的会议展览服务。

e. 存储地点在境外的仓储服务。

f. 标的物在境外使用的有形动产租赁服务。

g. 在境外提供的广播影视节目（作品）的播映服务。

h. 在境外提供的文化体育服务、教育医疗服务、旅游服务。

② 为出口货物提供的邮政服务、收派服务、保险服务。为出口货物提供的保险服务，包括出口货物保险和出口信用保险。

③ 向境外单位提供的完全在境外消费的下列服务和无形资产。

a. 电信服务。

b. 知识产权服务。

c. 物流辅助服务(仓储服务、收派服务除外)。

d. 鉴证咨询服务。

e. 专业技术服务。

f. 商务辅助服务。

g. 广告投放地在境外的广告服务。

h. 无形资产。

④ 以无运输工具承运方式提供的国际运输服务。

⑤ 为境外单位之间的货币资金融通及其他金融业务提供的直接收费金融服务,且该服务与境内的货物、无形资产和不动产无关。

⑥ 财政部和国家税务总局规定的其他服务。

(3) 按照国家有关规定应取得相关资质的国际运输服务项目,纳税人取得相关资质的,适用增值税零税率政策。未取得的,适用增值税免税政策。

境内的单位或个人提供程租服务,如果租赁的交通工具用于国际运输服务和港澳台运输服务,由出租方按规定申请适用增值税零税率。

境内的单位和个人向境内单位或个人提供期租、湿租服务,如果承租方利用租赁的交通工具向其他单位或个人提供国际运输服务和港澳台运输服务,由承租方适用增值税零税率。境内的单位或个人向境外单位或个人提供期租、湿租服务,由出租方适用增值税零税率。

境内单位和个人以无运输工具承运方式提供的国际运输服务,由境内实际承运人适用增值税零税率;无运输工具承运业务的经营者适用增值税免税政策。

(4) 境内的单位和个人提供适用增值税零税率的服务或者无形资产,如果属于适用简易计税方法的,实行免征增值税办法。如果属于适用增值税一般计税方法的,生产企业实行免抵退税办法,外贸企业外购服务或者无形资产出口实行免退税办法,外贸企业直接将服务或自行研发的无形资产出口，视同生产企业连同其出口货物统一实行免抵退税办法。

服务和无形资产的退税率为其按照《试点实施办法》第十五条第（一）至（三）项规定适用的增值税税率。实行退（免）税办法的服务和无形资产，如果主管税务机关认定出口价格偏高的，有权按照核定的出口价格计算退（免）税，核定的出口价格低于外贸企业购进价格的，低于部分对应的进项税额不予退税，转入成本。

（5）境内的单位和个人销售适用增值税零税率的服务或无形资产的，可以放弃适用增值税零税率，选择免税或按规定缴纳增值税。放弃适用增值税零税率后，36 个月内不得再申请适用增值税零税率。

（6）境内的单位和个人销售适用增值税零税率的服务或无形资产，按月向主管退税的税务机关申报办理增值税退（免）税手续。具体管理办法由国家税务总局商财政部另行制定。

（7）本规定所称完全在境外消费，是指：

① 服务的实际接受方在境外，且与境内的货物和不动产无关。

② 无形资产完全在境外使用，且与境内的货物和不动产无关。

③ 财政部和国家税务总局规定的其他情形。

（8）境内单位和个人发生的与中国香港、澳门、台湾地区有关的应税行为，除本文另有规定外，参照上述规定执行。

（9）2016 年 4 月 30 日前签订的合同，符合《财政部 国家税务总局关于将铁路运输和邮政业纳入营业税改征增值税试点的通知》（财税〔2013〕106 号）附件 4 和《财政部 国家税务总局关于影视等出口服务适用增值税零税率政策的通知》（财税〔2015〕118 号）规定的零税率或者免税政策条件的，在合同到期前可以继续享受零税率或者免税政策。

4.6.2　零税率应税服务计算

1. 零税率应税服务

零税率应税服务提供者向境外单位提供规定范围内的服务与出口货

物的免抵退税计算原理相同。《国家税务总局关于发布〈适用增值税零税率应税服务退(免)税管理办法〉的公告》(国家税务总局公告2013年第47号)规定了增值税零税率应税服务退(免)税办法,其中包括抵退税办法和免退税办法,具体办法及计算公式按《财政部国家税务总局关于出口货物劳务增值税和消费税政策的通知》(财税〔2012〕39号)有关出口货物劳务退(免)税的规定执行。

2. 计算公式

当期免抵退税额

＝当期零税率应税服务免抵退税额＋当期出口货物免抵退税额

＝当期零税率应税服务免抵退税计税价格×外汇人民币牌价

×零税率应税服务退税率＋当期出口货物的离岸价格(收齐当期和前期单证并信息齐全)×外汇人民币牌价×出口货物退税率

(1) 当期应纳税额＜0时,且当期期末留抵税额≤当期免抵退税额时,

当期应退税额＝当期期末留抵税额

当期免抵税额＝当期免抵退税额－当期应退税额

当期期末留抵税额＞当期免抵退税额时,当期应退税额＝当期免抵退税额,当期免抵税额＝0。

当期期末留抵税额为当期《增值税纳税申报表》的“期末留抵税额”

(2) 当期有应纳税额时,当期免抵税额＝当期免抵退税额。

(3) 当期应纳税额＝当期内销货物的销项税额－(当期进项税额－当期免抵退税不得免征和抵扣税额)－上期留抵进项税额。

(4) 当期免抵退税不得免征和抵扣税额＝当期出口货物离岸价×外汇人民币牌价×(出口货物征税税率－出口货物退税率)。

4.6.3 零税率应税服务会计处理

【例4-33】 夏家高新技术研发公司为增值税一般纳税人,从事自主

研发、设计软件并委托其他企业生产加工后收回出口业务，拥有进出口经营权并办理了出口退(免)税认定手续。2014 年 4 月，该公司报关出口了一批 100 万美元，自主研发委托加工收回的 A 产品，根据《国家税务总局关于发布〈适用增值税零税率应税服务退(免)税管理办法〉的公告》(国家税务总局公告 2013 年第 47 号)规定，可以享受免抵退税政策。同时，该公司在 2 月与国外客户签订了一份软件研发项目的合同，技术出口合同登记证上的成交价格为 100 万美元，其中包括支付给项目研发合作伙伴北京 A 公司的 20 万美元费用。按照合同规定，研发软件必须在 4 月交付使用，现已完成，国外客户支付了全部研发款项(不考虑按比例提前预付研发费因素)。假设当月 1 日人民币对美元汇率中间价为 6.30，A 产品的征税率为 17%，退税率为 16%，研发服务征退税率为 6%。

企业涉税会计处理分析如下。

【案例分析】

(1) 发生内销销售收入(不含税价)200 万元，销项税额为 34 万元。

借：应收账款——××公司　　2 340 000

　贷：主营业务收入——内销收入　　2 000 000

　　　应交税费——应交增值税(销项税额)　　340 000

(2) 发生委托加工费 4 705 882 元，进项税额为 80 万元，上期无留抵税额，账务处理为：

借：委托加工物资——A 产品　　4 705 882

　　应交税费——应交增值税(进项税额)　　800 000

　贷：银行存款　　5 505 882

(3) A 产品入库，账务处理为：

借：库存商品——A 产品　　4 705 882

　贷：委托加工物资——A 产品　　4 705 882

(4) 收到 A 产品 100 万美元的出口款项，其中 40 万美元未在当期收齐出口报关单(退税专用联)，60 万美元在当期全部收齐单证且信息齐全。收到国外客户支付的100万美元研发费，取得全部凭证并扣除支付给北京A公司的20万美元。

外销收入＝(1 000 000＋1 000 000－200 000)×6.3
＝11 340 000(元)

账务处理如下。

借：应收账款——外汇账款(国外客户)　11 340 000

　贷：主营业务收入——外销收入　11 340 000

(5) 计算免抵退税不得免征和抵扣税额。

当期免抵退税不得免征和抵扣税额
＝1 000 000 ×6.30 ×(17 %－16%)＋(1 000 000－200 000)
×6.30×(6%－6%)＝ 63 000(元)

账务处理如下

借：主营业务成本——出口商品　63 000

　贷：应交税费——应交增值税(进项税额转出)　63 000

(6) 计算应退税额、免抵税额。

当期应纳税额＝340 000－(800 000－63 000)－0
＝－397 000(元)

因40万美元的出口货物当期未收齐单证，不并入当期的免抵退税计算，应当在收齐单证的所属期进行免抵退税计算。

当期免抵退税额＝(1 000 000－400 000)× 6.30 ×16%
＋(1 000 000－200 000)×6.30×6%
＝907 200(元)

由于期末留抵税额小于免抵退税额，应退税额＝期末留抵税额＝397 000(元)。

免抵税额＝907 200－397 000＝510 200(元)

(7) 月末，根据税务机关审批的汇总表做账。

借：其他应收款——应收出口退税(增值税) 397 000

应交税费——应交增值税(出口抵减内销产品应纳税额)

510 200

贷：应交税费——应交增值税(出口退税) 907 200

(8) 按政策规定，实现退税款时，账务处理为

借：银行存款 397 000

贷：其他应收款——应收出口退税(增值税) 397 000

第5章

营业税改征增值税纳税申报

5.1 增值税小规模纳税人纳税申报

5.1.1 增值税小规模纳税人纳税申报实例

1. 企业概况

(1) 纳税人名称：哈尔滨市××金融服务有限公司。

(2) 纳税人类型：股份有限责任公司。

(3) 纳税人识别号：230110690710126×××。

(4) 主管税务机关：哈尔滨市香坊区国家税务局。

2. 业务资料

哈尔滨市××金融服务有限公司为增值税小规模纳税人，2017 年 5 月、6 月发生经济业务如下：发生金融商品转让服务，卖出价为 30 900 元。该金融商品于 2016 年购入，买入价为 20 600 元，已自行开具增值税普通发票(票面金额合计 30 900 元)；提供直接收费金融服务不含税销售额总计 20 000 元，其中自行开具增值税普通发票 12 000 元(票面金额合计 12 360 元)，向税务机关申请代开增值税专用发票 8 000 元(票面金额合计 8 240 元)；上述代开增值税专用发票已预缴税款，共计 240 元。

分析该企业增值税税额并填列相应的增值税纳税申报表。

3. 案例解析

(1) 小规模纳税人增值税额＝不含税销售额×征收率。

① 发生金融商品转让服务自行开具增值税普通发票不含税销售额 30 900÷(1＋3%)＝30 000(元)。

② 提供直接收费金融服务自行开具增值税普通发票的不含税销售额 12 000 元。

以上两项合计 42 000 元，属于小微企业免税销售额。

③ 提供直接收费金融服务向税务机关申请代开增值税专用发票 8 000 元。

小规模纳税人应纳增值税额＝8 000×3%＝240(元)

已预缴税款 240 元。

本期应补应退税额 0 元。

(2) 增值税小规模纳税人纳税申报表的填写具体见表 5-1 和表 5-2。

5.1.2　增值税小规模纳税人纳税申报表

1. 纳税申报资料

增值税小规模纳税人(以下简称小规模纳税人)纳税申报表及其附列资料包括：

(1)《增值税纳税申报表(小规模纳税人适用)》具体见表 5-1 所示。

(2)《增值税纳税申报表(小规模纳税人适用)附列资料》具体见表 5-2所示。

小规模纳税人销售服务，在确定服务销售额时，按照有关规定可以从取得的全部价款和价外费用中扣除价款的，需填报《增值税纳税申报表(小规模纳税人适用)附列资料》。其他情况不填写该附列资料。

表 5-1　增值税纳税申报表

（小规模纳税人适用）

纳税人识别号：230110690710126×××

税款所属期：2017 年 4 月 1 日至 2017 年 6 月 30 日　　　　填表日期：2017 年 7 月 3 日

纳税人名称（公章）：哈尔滨市××金融服务有限公司　　　　金额单位：元至角分

	项　　目	栏次	本期数		本年累计	
			货物及劳务	服务、不动产和无形资产	货物及劳务	服务、不动产和无形资产
一、计税依据	（一）应征增值税不含税销售额（3%征收率）	1		8 000.00		
	税务机关代开的增值税专用发票不含税销售额	2		8 000.00		
	税控器具开具的普通发票不含税销售额	3				
	（二）应征增值税不含税销售额（5%征收率）	4	——		——	
	税务机关代开的增值税专用发票不含税销售额	5	——		——	
	税控器具开具的普通发票不含税销售额	6	——		——	
	（三）销售使用过的固定资产不含税销售额	7(7≥8)				——
	其中：税控器具开具的普通发票不含税销售额	8				——
	（四）免税销售额	9=10+11+12		42 000.00		
	其中：小微企业免税销售额	10		42 000.00		
	未达起征点销售额	11				
	其他免税销售额	12				
	（五）出口免税销售额	13(13≥14)				
	其中：税控器具开具的普通发票销售额	14				

续表

	项　　目	栏次	本期数		本年累计	
			货物及劳务	服务、不动产和无形资产	货物及劳务	服务、不动产和无形资产
二 税款计算	本期应纳税额	15		240.00		
	本期应纳税额减征额	16				
	本期免税额	17		1 260.00		
	其中：小微企业免税额	18		1 260.00		
	未达起征点免税额	19				
	应纳税额合计	20=15−16		240.00		
	本期预缴税额	21		240.00	——	——
	本期应补(退)税额	22=20−21		0.00	——	——

纳税人或代理人声明：	如纳税人填报，由纳税人填写以下各栏：
本纳税申报表是根据国家税收法律法规及相关规定填报的，我确定它是真实的、可靠的、完整的。	办税人员：　　　　财务负责人： 法定代表人：　　　　联系电话：
	如委托代理人填报，由代理人填写以下各栏：
	代理人名称(公章)：　　　　经办人： 联系电话：

主管税务机关：　　　　接收人：　　　　接收日期：

(3)《增值税减免税申报明细表》具体如第 186 页表 5-11 所示，参考一般纳税人关于增值税减免税申报明细表及其填报说明。

以上纳税申报表及其附列资料为必报资料，纳税申报其他资料的报备要求由各省、自治区、直辖市和计划单列市国家税务局确定。

2. 纳税申报表的填报

1）增值税纳税申报表的填报（小规模纳税人适用）

《增值税纳税申报表（小规模纳税人适用）》填写说明

本纳税申报表及其附列资料填写说明（以下简称本表及填写说明）适用于增值税小规模纳税人（以下简称纳税人）。

一、名词解释

（一）本表及填写说明所称“货物”，是指增值税的应税货物。

（二）本表及填写说明所称“劳务”，是指增值税的应税加工、修理、修配劳务。

（三）本表及填写说明所称“服务、不动产和无形资产”，是指销售服务、不动产和无形资产（以下简称应税行为）。

（四）本表及填写说明所称“扣除项目”，是指纳税人发生应税行为，在确定销售额时，按照有关规定允许其从取得的全部价款和价外费用中扣除价款的项目。

二、《增值税纳税申报表（小规模纳税人适用）》填写说明

本表“货物及劳务”与“服务、不动产和无形资产”各项目应分别填写。

（一）“税款所属期”是指纳税人申报的增值税应纳税额的所属时间，应填写具体的起止年、月、日。

（二）“纳税人识别号”栏，填写纳税人的税务登记证件号码。

（三）“纳税人名称”栏，填写纳税人名称全称。

（四）第 1 栏“应征增值税不含税销售额（3%征收率）”：填写本期销售货物及劳务、发生应税行为适用 3%征收率的不含税销售额，不包括应税行为适用 5%征收率的不含税销售额、销售使用过的固定资产和销售旧货的不含税销售额、免税销售额、出口免税销售额、查补销售额。

纳税人发生适用 3%征收率的应税行为且有扣除项目的，本栏填写扣除后的不含税销售额，与当期《增值税纳税申报表（小规模纳税人适用）附列资料》第 8 栏数据一致。

（五）第 2 栏"税务机关代开的增值税专用发票不含税销售额"：填写税务机关代开的增值税专用发票销售额合计。

（六）第 3 栏"税控器具开具的普通发票不含税销售额"：填写税控器具开具的货物及劳务、应税行为的普通发票金额换算的不含税销售额。

（七）第 4 栏"应征增值税不含税销售额（5%征收率）"：填写本期发生应税行为适用 5%征收率的不含税销售额。

纳税人发生适用 5%征收率应税行为且有扣除项目的，本栏填写扣除后的不含税销售额，与当期《增值税纳税申报表（小规模纳税人适用）附列资料》第 16 栏数据一致。

（八）第 5 栏"税务机关代开的增值税专用发票不含税销售额"：填写税务机关代开的增值税专用发票销售额合计。

（九）第 6 栏"税控器具开具的普通发票不含税销售额"：填写税控器具开具的发生应税行为的普通发票金额换算的不含税销售额。

（十）第 7 栏"销售使用过的固定资产不含税销售额"：填写销售自己使用过的固定资产（不含不动产，下同）和销售旧货的不含税销售额，销售额＝含税销售额÷（1＋3%）。

（十一）第 8 栏"税控器具开具的普通发票不含税销售额"：填写税控器具开具的销售自己使用过的固定资产和销售旧货的普通发票金额换算的不含税销售额。

（十二）第 9 栏"免税销售额"：填写销售免征增值税的货物及劳务、应税行为的销售额，不包括出口免税销售额。

应税行为有扣除项目的纳税人，填写扣除之前的销售额。

（十三）第10栏“小微企业免税销售额”：填写符合小微企业免征增值税政策的免税销售额，不包括符合其他增值税免税政策的销售额。个体工商户和其他个人不填写本栏次。

（十四）第11栏“未达起征点销售额”：填写个体工商户和其他个人未达起征点（含支持小微企业免征增值税政策）的免税销售额，不包括符合其他增值税免税政策的销售额。本栏次由个体工商户和其他个人填写。

（十五）第12栏“其他免税销售额”：填写销售免征增值税的货物及劳务、应税行为的销售额，不包括符合小微企业免征增值税和未达起征点政策的免税销售额。

（十六）第13栏“出口免税销售额”：填写出口免征增值税货物及劳务、出口免征增值税应税行为的销售额。

应税行为有扣除项目的纳税人，填写扣除之前的销售额。

（十七）第14栏“税控器具开具的普通发票销售额”：填写税控器具开具的出口免征增值税货物及劳务、出口免征增值税应税行为的普通发票销售额。

（十八）第15栏“本期应纳税额”：填写本期按征收率计算缴纳的应纳税额。

（十九）第16栏“本期应纳税额减征额”：填写纳税人本期按照税法规定减征的增值税应纳税额。包含可在增值税应纳税额中全额抵减的增值税税控系统专用设备费用以及技术维护费，可在增值税应纳税额中抵免的购置税控收款机的增值税额。

当本期减征额小于或等于第15栏“本期应纳税额”时，按本期减征额实际填写；当本期减征额大于第15栏“本期应纳税额”时，按本期第15栏填写，本期减征额不足抵减部分结转下期继续抵减。

（二十）第 17 栏“本期免税额”：填写纳税人本期增值税免税额，免税额根据第 9 栏“免税销售额”和征收率计算。

（二十一）第 18 栏“小微企业免税额”：填写符合小微企业免征增值税政策的增值税免税额，免税额根据第 10 栏“小微企业免税销售额”和征收率计算。

（二十二）第 19 栏“未达起征点免税额”：填写个体工商户和其他个人未达起征点（含支持小微企业免征增值税政策）的增值税免税额，免税额根据第 11 栏“未达起征点销售额”和征收率计算。

（二十三）第 21 栏“本期预缴税额”：填写纳税人本期预缴的增值税额，但不包括查补缴纳的增值税额。

2）增值税纳税申报表（小规模纳税人适用）附列资料

表 5-2　增值税纳税申报表（小规模纳税人适用）附列资料

税款所属期：2017 年 4 月 1 日至 2017 年 6 月 30 日　　填表日期：2017 年 7 月 3 日
纳税人名称（公章）：哈尔滨市××金融服务有限公司　　金额单位：元至角分

应税行为（3%征收率）扣除额计算			
期初余额	本期发生额	本期扣除额	期末余额
1	2	3(3≤1+2 之和，且 3≤5)	4=1+2−3
应税行为（3%征收率）计税销售额计算			
全部含税收入（适用 3%征收率）	本期扣除额	含税销售额	不含税销售额
5	6=3	7=5−6	8=7÷1.03
8 240.00	0.00	8 240.00	8 000.00
应税行为（5%征收率）扣除额计算			
期初余额	本期发生额	本期扣除额	期末余额
9	10	11(11≤9+10 之和，且 11≤13)	12=9+10−11

续表

应税行为(5%征收率)计税销售额计算			
全部含税收入(适用5%征收率)	本期扣除额	含税销售额	不含税销售额
13	14=11	15=13-14	16=15÷1.05

《增值税纳税申报表(小规模纳税人适用)附列资料》填写说明

本附列资料由发生应税行为且有扣除项目的纳税人填写,各栏次均不包含免征增值税项目的金额。

(一)"税款所属期"是指纳税人申报的增值税应纳税额的所属时间,应填写具体的起止年、月、日。

(二)"纳税人名称"栏,填写纳税人名称全称。

(三)第1栏"期初余额":填写适用3%征收率的应税行为扣除项目上期期末结存的金额,试点实施之日的税款所属期填写"0"。

(四)第2栏"本期发生额":填写本期取得的按税法规定准予扣除的适用3%征收率的应税行为扣除项目金额。

(五)第3栏"本期扣除额":填写适用3%征收率的应税行为扣除项目本期实际扣除的金额。

第3栏"本期扣除额"≤第1栏"期初余额"+第2栏"本期发生额"之和,且第3栏"本期扣除额"≤第5栏"全部含税收入(适用3%征收率)"。

(六)第4栏"期末余额":填写适用3%征收率的应税行为扣除项目本期期末结存的金额。

(七)第5栏"全部含税收入(适用3%征收率)":填写纳税人适用3%征收率的应税行为取得的全部价款和价外费用数额。

(八)第6栏"本期扣除额":填写本附列资料第3栏"本期扣除额"的数据。

第6栏"本期扣除额"=第3栏"本期扣除额"。

（九）第7栏“含税销售额”：填写适用3%征收率的应税行为的含税销售额。

第7栏“含税销售额”=第5栏“全部含税收入（适用3%征收率）”-第6栏“本期扣除额”。

（十）第8栏“不含税销售额”：填写适用3%征收率的应税行为的不含税销售额。

第8栏“不含税销售额”=第7栏“含税销售额”÷1.03，与《增值税纳税申报表（小规模纳税人适用）》第1栏“应征增值税不含税销售额（3%征收率）”“本期数”“服务、不动产和无形资产”栏数据一致。

（十一）第9栏“期初余额”：填写适用5%征收率的应税行为扣除项目上期期末结存的金额，试点实施之日的税款所属期填写“0”。

（十二）第10栏“本期发生额”：填写本期取得的按税法规定准予扣除的适用5%征收率的应税行为扣除项目金额。

（十三）第11栏“本期扣除额”：填写适用5%征收率的应税行为扣除项目本期实际扣除的金额。

第11栏“本期扣除额”≤第9栏“期初余额”+第10栏“本期发生额”之和，且第11栏“本期扣除额”≤第13栏“全部含税收入（适用5%征收率）”。

（十四）第12栏“期末余额”：填写适用5%征收率的应税行为扣除项目本期期末结存的金额。

（十五）第13栏“全部含税收入（适用5%征收率）”：填写纳税人适用5%征收率的应税行为取得的全部价款和价外费用数额。

（十六）第14栏“本期扣除额”：填写本附列资料第11栏“本期扣除额”的数据。

第14栏“本期扣除额”=第11栏“本期扣除额”。

（十七）第15栏“含税销售额”：填写适用5%征收率的应税行为的含税销售额。

第15栏“含税销售额”=第13栏“全部含税收入(适用5%征收率)”—第14栏“本期扣除额”。

(十八)第16栏“不含税销售额”:填写适用5%征收率的应税行为的不含税销售额。

第16栏“不含税销售额”=第15栏“含税销售额”÷1.05,与《增值税纳税申报表(小规模纳税人适用)》第4栏“应征增值税不含税销售额(5%征收率)”“本期数”“服务、不动产和无形资产”栏数据一致。

5.2 增值税一般纳税人纳税申报

5.2.1 增值税一般纳税人纳税申报实例

1. 企业概况

(1)纳税人名称:哈尔滨市立信建筑股份有限责任公司。

(2)纳税人类型:股份有限责任公司。

(3)法定代表人:张海旭。

(4)注册地址及电话:哈尔滨市道里区康安路26号;电话:0451-88240278。

(5)开户银行及账号:中国光大银行股份有限公司黑龙江分行道里支行;账号:303261000×××。

(6)纳税人识别号:912301027188735×××。

(7)主管税务机关:哈尔滨市道里区国家税务局。

2. 业务资料

哈尔滨市立信建筑股份有限责任公司2017年4月取得跨县区工程项目。5月份开具增值税专用发票收到工程款100万元(含税);以存款支付B建筑公司分包工程款20万元(含税),增值税专用发票注明价款

180 180.18 元，税额 19 819.82 元；出租 4 月 30 日前在机构所在地购入的商品房，开具增值税专用发票金额 20 万元，税额 1 万元。销售材料一批，开具专用发票金额 5 万元，税额 0.85 万元。购进材料一批（与简易项目无关），增值税专用发票金额 10 万元，税额 1.7 万元；购入办公用房，取得增值税专用发票金额 50 万元，税额 5.5 万元。假设无其他业务。

3. 分析该企业增值税税额并填列相应的增值税纳税申报表

（1）本月增值税计算如下。

① 收到发包方工程款 100 万元（含税）。

销项税额＝1 000 000÷(1＋11%)×11%＝99 099.10(元)

② 支付分包工程款 20 万元。

进项税额＝200 000÷(1＋11%)×11%＝19 819.82(元)

③ 收取租金 20 万元。

简易征收办法计算的应纳税额＝200 000×5%＝10 000(元)

④ 销售材料 5 万元。

销项税额＝50 000×17%＝8 500(元)

⑤ 购进材料 10 万元。

进项税额＝100 000×17%＝17 000(元)

⑥ 购入办公用房 50 万元。

进项税额＝500 000×11%＝55 000(元)

本月可抵扣不动产进项税额＝5.50×0.60＝3.30(万元)

13 个月后再抵扣 5.50×0.40＝2.20(万元)。

⑦ 本月应在项目地预缴增值税额。

(1 000 000－200 000)÷(1＋11%)×2%＝14 414.41(元)

计算 5 月份应纳增值税。

销项＝99 099.10＋8 500＝107 599.10(元)

进项＝19 819.82＋17 000＋33 000＝69 819.82(元)

应纳税额＝107 599.1－69 819.82＝37 779.28(元)

简易征收办法计算的应纳税额＝10 000(元)

应纳税额合计＝37 779.28＋10 000＝47 779.28(元)

应补(退)税额＝47 779.28－14 414.41＝33 364.87(元)

(2) 增值税一般纳税人纳税申报表的填写，具体见表 5-3～表 5-12 所示。

5.2.2 增值税一般纳税人纳税申报表及附表

为保障全面推开营业税改征增值税改革试点工作顺利实施，现将增值税纳税申报有关事项公告如下：中华人民共和国境内增值税纳税人均应按照本公告的规定进行增值税纳税申报。

1. 增值税一般纳税人纳税申报表及其附列资料

(1)《增值税纳税申报表(一般纳税人适用)》具体见表 5-3 所示。

(2)《增值税纳税申报表附列资料(一)》(本期销售情况明细)具体见表 5-4 所示。

(3)《增值税纳税申报表附列资料(二)》(本期进项税额明细)具体见表 5-5 所示。

(4)《增值税纳税申报表附列资料(三)》(服务、不动产和无形资产扣除项目明细)具体见表 5-6 所示。

一般纳税人销售服务、不动产和无形资产，在确定服务、不动产和无形资产销售额时，按照有关规定可以从取得的全部价款和价外费用中扣除价款的，需填报《增值税纳税申报表附列资料(三)》。其他情况不填写该附列资料。

表 5-3　增值税纳税申报表

（适用于增值税一般纳税人）

根据国家税收法律法规及增值税相关规定制定本表。纳税人不论有无销售额，均应按税务机关核定的纳税期限填写本表，并向当地税务机关申报。

税款所属时间：2017 年 5 月 1 日至 2017 年 5 月 31 日

填表日期：2017 年 6 月 6 日　　　　金额单位：元至角分

<table>
<tr><td>纳税人识别号</td><td colspan="5">912301027188735×××</td><td>所属行业</td><td colspan="2">建筑业</td></tr>
<tr><td>纳税人名称</td><td colspan="2">哈尔滨市立信建筑股份有限责任公司（公章）</td><td>法定代表人姓名</td><td>张海旭</td><td>注册地址</td><td>哈尔滨市道里区康安路 26 号</td><td>生产经营地址</td><td></td></tr>
<tr><td>开户银行及账号</td><td colspan="4">中国光大银行股份有限公司黑龙江分行道里支行，303261000×××</td><td>登记注册类型</td><td>股份有限责任公司</td><td>电话号码</td><td>0451-88240278</td></tr>
<tr><td colspan="3" rowspan="2">项　目</td><td colspan="2" rowspan="2">栏　次</td><td colspan="2">一般项目</td><td colspan="2">即征即退项目</td></tr>
<tr><td>本月数</td><td>本年累计</td><td>本月数</td><td>本年累计</td></tr>
<tr><td rowspan="10">销售额</td><td colspan="2">（一）按适用税率计税销售额</td><td colspan="2">1</td><td>950 900.90</td><td></td><td></td><td></td></tr>
<tr><td colspan="2">其中：应税货物销售额</td><td colspan="2">2</td><td>50 000.00</td><td></td><td></td><td></td></tr>
<tr><td colspan="2">应税劳务销售额</td><td colspan="2">3</td><td></td><td></td><td></td><td></td></tr>
<tr><td colspan="2">纳税检查调整的销售额</td><td colspan="2">4</td><td></td><td></td><td></td><td></td></tr>
<tr><td colspan="2">（二）按简易办法计税销售额</td><td colspan="2">5</td><td>200 000.00</td><td></td><td></td><td></td></tr>
<tr><td colspan="2">其中：纳税检查调整的销售额</td><td colspan="2">6</td><td></td><td></td><td></td><td></td></tr>
<tr><td colspan="2">（三）免、抵、退办法出口货物销售额</td><td colspan="2">7</td><td></td><td></td><td></td><td></td></tr>
<tr><td colspan="2">（四）免税货物及劳务销售额</td><td colspan="2">8</td><td></td><td></td><td></td><td></td></tr>
<tr><td colspan="2">其中：免税货物销售额</td><td colspan="2">9</td><td></td><td></td><td></td><td></td></tr>
<tr><td colspan="2">免税劳务销售额</td><td colspan="2">10</td><td></td><td></td><td></td><td></td></tr>
</table>

续表

项目		栏次	一般项目		即征即退项目	
			本月数	本年累计	本月数	本年累计
税款计算	销项税额	11	107 599.10			
	进项税额	12	69 819.82			
	上期留抵税额	13				
	进项税额转出	14				
	免、抵、退货物应退税额	15				
	按适用税率计算的纳税检查应补缴税额	16				
	应抵扣税额合计	17=12+13-14-15+16				
	实际抵扣税额	18(如 17<11，则为 17，否则为 11)				
	应纳税额	19=11-18				
	期末留抵税额	20=17-18				
	简易计税办法计算的应纳税额	21	10 000.00			
	按简易计税办法计算的纳税检查应补缴税额	22				
	应纳税额减征额	23				
	应纳税额合计	24=19+21-23	47 779.28			

续表

项目		栏次	一般项目		即征即退项目	
			本月数	本年累计	本月数	本年累计
税款缴纳	期初未缴税额(多缴为负数)	25				
	实收出口开具专用缴款书退税额	26				
	本期已缴税额	27=28+29+30+31	14 414.41			
	①分次预缴税额	28	14 414.41			
	②出口开具专用缴款书预缴税额	29				
	③本期缴纳上期应纳税额	30				
	④本期缴纳欠缴税额	31				
	期末未缴税额(多缴为负数)	32=24+25+26−27	33 364.87			
	其中:欠缴税额(≥0)	33=25+26−27	−14 414.41	—		
	本期应补(退)税额	34=24−28−29	33 364.87	—		
	即征即退实际退税额	35				
	期初未缴查补税额	36				
	本期入库查补税额	37				
	期末未缴查补税额	38=16+22+36−37				
授权声明	如果你已委托代理人申报,请填写下列资料: 为代理一切税务事宜,现授权__________ (地址)__________为本纳税人的代理申报人,任何与本申报表有关的往来文件,都可寄予此人。 授权人签字:		申报人声明	本纳税申报表是根据国家税收法律法规及相关规定填报的,我确定它是真实的、可靠的、完整的。 声明人签字:		

主管税务机关: 接收人: 接收日期:

表 5-4　增值税纳税申报表附列资料(一)

(本期销售情况明细)

税款所属时间：2017 年 5 月 1 日至 2017 年 5 月 31 日

纳税人名称：哈尔滨市立信建筑股份有限责任公司(公章)　　　　金额单位：元至角分

项目及栏次				开具增值税专用发票		开具其他发票		未开具发票		纳税检查调整		合计			服务、不动产和无形资产扣除项目本期实际扣除金额	扣除后	
				销售额	销项(应纳)税额	销售额	销项(应纳)税额	销售额	销项(应纳)税额	销售额	销项(应纳)税额	销售额	销项(应纳)税额	价税合计		含税(免税)销售额	销项(应纳)税额
				1	2	3	4	5	6	7	8	9=1+3+5+7	10=2+4+6+8	11=9+10	12	13=11−12	14=13÷(100%+税率或征收率)×税率或征收率
一、一般计税方法计税	全部征税项目	17%税率的货物及加工修理修配劳务	1	50 000.00	8 500.00							50 000.00	8 500.00	——	——	——	——
		17%税率的服务、不动产和无形资产	2														
		13%税率	3											——	——	——	——
		11%税率的货物及加工修理修配劳务	4a											——	——	——	——
		11%税率的服务、不动产和无形资产	4b	900 900.90	99 099.10							900 900.90	99 099.10	1 000 000.00		1 000 000.00	99 099.10
		6%税率	5														

续表

项目及栏次				开具增值税专用发票		开具其他发票		未开具发票		纳税检查调整		合计			服务、不动产和无形资产扣除项目本期实际扣除金额	扣除后	
				销售额	销项（应纳）税额	销售额	销项（应纳）税额	销售额	销项（应纳）税额	销售额	销项（应纳）税额	销售额	销项（应纳）税额	价税合计		含税（免税）销售额	销项（应纳）税额
				1	2	3	4	5	6	7	8	9=1+3+5+7	10=2+4+6+8	11=9+10	12	13=11－12	14＝13÷(100%＋税率或征收率)×税率或征收率
一、一般计税方法计税	其中：即征即退项目	即征即退货物及加工修理修配劳务	6	—	—	—	—	—	—	—	—			—	—	—	—
		即征即退服务、不动产和无形资产	7	—	—	—	—	—	—	—	—						

续表

项目及栏次				开具增值税专用发票		开具其他发票		未开具发票		纳税检查调整		合计			服务、不动产和无形资产扣除项目本期实际扣除金额	扣除后	
				销售额	销项（应纳）税额	销售额	销项（应纳）税额	销售额	销项（应纳）税额	销售额	销项（应纳）税额	销售额	销项（应纳）税额	价税合计		含税（免税）销售额	销项（应纳）税额
				1	2	3	4	5	6	7	8	9=1+3+5+7	10=2+4+6+8	11=9+10	12	13=11−12	14 = 13 ÷ (100%＋税率或征收率)×税率或征收率
二、简易计税方法计税	全部征税项目	6%征收率	8							—	—			—	—	—	—
		5%征收率的货物及加工修理修配劳务	9a							—	—			—	—	—	—
		5%征收率的服务、不动产和无形资产	9b	200 000.00	10 000.00					—	—	200 000.00	10 000.00	210 000.00		210 000.00	10 000.00
		4%征收率	10							—	—			—	—	—	—
		3%征收率的货物及加工修理修配劳务	11							—	—			—	—	—	—
		3%征收率的服务、不动产和无形资产	12							—	—						
		预征率 %	13a							—	—						
		预征率 %	13b							—	—						
		预征率 %	13c							—	—						

续表

项目及栏次				开具增值税专用发票		开具其他发票		未开具发票		纳税检查调整		合计			服务、不动产和无形资产扣除项目本期实际扣除金额	扣除后	
				销售额	销项（应纳）税额	销售额	销项（应纳）税额	销售额	销项（应纳）税额	销售额	销项（应纳）税额	销售额	销项（应纳）税额	价税合计		含税（免税）销售额	销项（应纳）税额
				1	2	3	4	5	6	7	8	9＝1＋3＋5＋7	10＝2＋4＋6＋8	11＝9＋10	12	13＝11－12	14＝13÷(100%＋税率或征收率)×税率或征收率
二、简易计税方法计税	其中：即征即退项目	即征即退货物及加工修理修配劳务	14	—	—	—	—	—	—	—	—			—	—	—	—
		即征即退服务、不动产和无形资产	15	—	—	—	—	—	—	—	—						
三、免抵退税		货物及加工修理修配劳务	16	—	—		—		—	—	—		—	—	—	—	—
		服务、不动产和无形资产	17	—	—		—		—	—	—		—				—
四、免税		货物及加工修理修配劳务	18				—		—	—	—		—	—		—	—
		服务、不动产和无形资产	19	—	—		—		—	—	—		—				—

表 5-5 增值税纳税申报表附列资料(二)

(本期进项税额明细)

税款所属时间：2017 年 5 月 1 日至 2017 年 5 月 31 日

纳税人名称：哈尔滨市立信建筑股份有限责任公司(公章)　　金额单位：元至角分

一、申报抵扣的进项税额				
项目	栏次	份数	金额	税额
(一)认证相符的增值税专用发票	1=2+3	2	280 180.18	36 819.82
其中：本期认证相符且本期申报抵扣	2	2	280 180.18	36 819.82
前期认证相符且本期申报抵扣	3			
(二)其他扣税凭证	4=5+6+7+8a+8b			
其中：海关进口增值税专用缴款书	5			
农产品收购发票或者销售发票	6			
代扣代缴税收缴款凭证	7		——	
加计扣除农产品进项税额	8a	——	——	
其他	8b			
(三)本期用于购建不动产的扣税凭证	9	1	500 000.00	55 000.00
(四)本期不动产允许抵扣进项税额	10	——	——	33 000.00
(五)外贸企业进项税额抵扣证明	11	——	——	
当期申报抵扣进项税额合计	12=1+4-9+10+11	3		69 819.82

续表

二、进项税额转出额				
项目	栏次	税额		
本期进项税额转出额	13＝14 至 23 之和			
其中：免税项目用	14			
集体福利、个人消费	15			
非正常损失	16			
简易计税方法征税项目用	17			
免抵退税办法不得抵扣的进项税额	18			
纳税检查调减进项税额	19			
红字专用发票信息表注明的进项税额	20			
上期留抵税额抵减欠税	21			
上期留抵税额退税	22			
其他应作进项税额转出的情形	23			
三、待抵扣进项税额				
项目	栏次	份数	金额	税额
(一)认证相符的增值税专用发票	24	——	——	——
期初已认证相符但未申报抵扣	25			
本期认证相符且本期未申报抵扣	26	1	200 000.00	22 000.00
期末已认证相符但未申报抵扣	27			
其中：按照税法规定不允许抵扣	28			

续表

项目	栏次	份数	金额	税额
(二)其他扣税凭证	29=30 至 33 之和			
其中：海关进口增值税专用缴款书	30			
农产品收购发票或者销售发票	31			
代扣代缴税收缴款凭证	32		——	
其他	33			
	34			

四、其他

项目	栏次	份数	金额	税额
本期认证相符的增值税专用发票	35			
代扣代缴税额	36	——	——	[BHDFG1,WKW]

[HT][WT][ST]

表 5-6　增值税纳税申报表附列资料(三)

(服务、不动产和无形资产扣除项目明细)

税款所属时间：2017 年 5 月 1 日至 2017 年 5 月 31 日

纳税人名称：哈尔滨市立信建筑股份有限责任公司(公章)　　　　金额单位：元至角分

项目及栏次		本期服务、不动产和无形资产价税合计额(免税销售额)	服务、不动产和无形资产扣除项目				
			期初余额	本期发生额	本期应扣除金额	本期实际扣除金额	期末余额
		1	2	3	4=2+3	5(5≤1 且 5≤4)	6=4-5
17%税率的项目	1						
11%税率的项目	2	1 000 000.00	0.00	0.00	0.00	0.00	0.00
6%税率的项目(不含金融商品转让)	3						
6%税率的金融商品转让项目	4						
5%征收率的项目	5						
3%征收率的项目	6						
免抵退税的项目	7						
免税的项目	8						

[BHDFG1,WKW]

[HT][WT][ST]

(5)《增值税纳税申报表附列资料(四)》(税额抵减情况表)具体见表5-7所示。

表5-7　增值税纳税申报表附列资料(四)

(税额抵减情况表)

税款所属时间：月　日　至　年　月　日

纳税人名称：哈尔滨市立信建筑股份有限责任公司(公章)　金额单位：元至角分

序号	抵减项目	期初余额	本期发生额	本期应抵减税额	本期实际抵减税额	期末余额
		1	2	3=1+2	4≤3	5=3-4
1	增值税税控系统专用设备费及技术维护费					
2	分支机构预征缴纳税款					
3	建筑服务预征缴纳税款					
4	销售不动产预征缴纳税款					
5	出租不动产预征缴纳税款					

(6)《增值税纳税申报表附列资料(五)》(不动产分期抵扣计算表)具体见表5-8所示。

(7)《固定资产(不含不动产)进项税额抵扣情况表》具体见表5-9所示。

(8)《本期抵扣进项税额结构明细表》具体见表5-10所示。

(9)《增值税减免税申报明细表》具体见表5-11所示。

2. 纳税申报其他资料

(1) 已开具的税控机动车销售统一发票和普通发票的存根联。

(2) 符合抵扣条件且在本期申报抵扣的增值税专用发票(含税控机动车销售统一发票)的抵扣联。

(3) 符合抵扣条件且在本期申报抵扣的海关进口增值税专用缴款书、购进农产品取得的普通发票的复印件。

表 5-8　增值税纳税申报表附列资料(五)

(不动产分期抵扣计算表)

税款所属时间：2017 年 5 月 1 日至 2017 年 5 月 31 日

纳税人名称：哈尔滨市立信建筑股份有限责任公司(公章)　　　金额单位：元至角分

期初待抵扣不动产进项税额	本期不动产进项税额增加额	本期可抵扣不动产进项税额	本期转入的待抵扣不动产进项税额	本期转出的待抵扣不动产进项税额	期末待抵扣不动产进项税额
1	2	3≤1＋2＋4	4	5≤1＋4	6＝1＋2－3＋4－5
	55 000.00	33 000.00			22 000.00

表 5-9　固定资产(不含不动产)进项税额抵扣情况表

税款所属时间：2017 年 5 月 1 日至 2017 年 5 月 31 日

纳税人名称：哈尔滨市立信建筑股份有限责任公司(公章)

填表日期：2017 年 6 月 5 日　　　金额单位：元至角分

项目	当期申报抵扣的固定资产进项税额	申报抵扣的固定资产进项税额累计
增值税专用发票		
海关进口增值税专用缴款书		
合　　计		

表 5-10　本期抵扣进项税额结构明细表

税款所属时间：2017 年 5 月 1 日至 2017 年 5 月 31 日

纳税人名称：哈尔滨市立信建筑股份有限责任公司(公章)　　　金额单位：元至角分

项目	栏次	金额	税额
合计	1＝2＋4＋5＋10＋13＋15＋17＋18＋19	280 180.18	36 819.82
17％税率的进项	2	100 000.00	17 000.00
其中：有形动产租赁的进项	3		
13％税率的进项	4		
11％税率的进项	5	180 180.18	19 819.82
其中：货物运输服务的进项	6		
建筑安装服务的进项	7	180 180.18	19 819.82
不动产租赁服务的进项	8		
购入不动产的进项	9		
6％税率的进项	10		

续表

项目	栏次	金额	税额
其中：直接收费金融服务的进项	11		
财产保险的进项	12		
5%征收率的进项	13		
其中：购入不动产的进项	14		
3%征收率的进项	15		
其中：建筑安装服务的进项	16		
1.5%征收率的进项	17		
农产品核定扣除进项	18		
外贸企业进项税额抵扣证明注明的进项	19		
	20		
	21		

表 5-11　增值税减免税申报明细表

税款所属时间：2017 年 5 月 1 日至 2017 年 5 月 31 日

纳税人名称：哈尔滨市立信建筑股份有限责任公司(公章)　　　金额单位：元至角分

一、减税项目						
减税性质代码及名称	栏次	期初余额	本期发生额	本期应抵减税额	本期实际抵减税额	期末余额
		1	2	3=1+2	4≤3	5=3-4
合计	1					
	2					
	3					
	4					
	5					
	6					

续表

二、免税项目						
免税性质代码及名称	栏次	免征增值税项目销售额	免税销售额扣除项目本期实际扣除金额	扣除后免税销售额	免税销售额对应的进项税额	免税额
		1	2	3=1−2	4	5
合　计	7					
出口免税	8		——	——	——	——
其中：跨境服务	9		——	——	——	——
	10					
	11					
	12					
	13					
	14					
	15					
	16					

(4) 符合抵扣条件且在本期申报抵扣的税收完税凭证及其清单，书面合同、付款证明和境外单位的对账单或者发票。

(5) 已开具的农产品收购凭证的存根联或报查联。

(6) 纳税人销售服务、不动产和无形资产，在确定服务、不动产和无形资产销售额时，按照有关规定从取得的全部价款和价外费用中扣除价款的合法凭证及其清单。

(7) 主管税务机关规定的其他资料。

3. 纳税申报表及其附列资料为必报资料

纳税申报其他资料的报备要求由各省、自治区、直辖市和计划单列市国家税务局确定。

4. 需填写《增值税预缴税款表》的情形

纳税人跨县(市)提供建筑服务、房地产开发企业预售自行开发的房地产项目、纳税人出租与机构所在地不在同一县(市)的不动产，按规定需要在项目所在地或不动产所在地主管国税机关预缴税款的，需填写《增值税预缴税款表》具体见表5-12所示。

5. 增值税一般纳税人申报表的主表和附表

《增值税纳税申报表（一般纳税人适用）》及其附列资料填写说明

本纳税申报表及其附列资料填写说明（简称本表及填写说明）适用于增值税一般纳税人（简称纳税人）。

一、名词解释

（一）本表及填写说明所称“货物”，是指增值税的应税货物。

（二）本表及填写说明所称“劳务”，是指增值税的应税加工、修理、修配劳务。

（三）本表及填写说明所称“服务、不动产和无形资产”，是指销售服务、不动产和无形资产。

（四）本表及填写说明所称“按适用税率计税”“按适用税率计算”和“一般计税方法”，均指按“应纳税额＝当期销项税额－当期进项税额”公式计算增值税应纳税额的计税方法。

（五）本表及填写说明所称“按简易办法计税”“按简易征收办法计算”和“简易计税方法”，均指按“应纳税额＝销售额×征收率”公式计算增值税应纳税额的计税方法。

（六）本表及填写说明所称“扣除项目”，是指纳税人销售服务、不动产和无形资产，在确定销售额时，按照有关规定允许其从取得的全部价款和价外费用中扣除价款的项目。

二、《增值税纳税申报表（一般纳税人适用）》填写说明

（一）“税款所属时间”：指纳税人申报的增值税应纳税额的所属时间，应填写具体的起止年、月、日。

（二）“填表日期”：指纳税人填写本表的具体日期。

（三）“纳税人识别号”：填写纳税人的税务登记证件号码。

（四）“所属行业”：按照国民经济行业分类与代码中的小类行业填写。

（五）“纳税人名称”：填写纳税人单位名称全称。

（六）“法定代表人姓名”：填写纳税人法定代表人的姓名。

（七）“注册地址”：填写纳税人税务登记证件所注明的详细地址。

（八）“生产经营地址”：填写纳税人实际生产经营地的详细地址。

（九）“开户银行及账号”：填写纳税人开户银行的名称和纳税人在该银行的结算账户号码。

（十）“登记注册类型”：按纳税人税务登记证件的栏目内容填写。

（十一）“电话号码”：填写可联系到纳税人的常用电话号码。

（十二）“即征即退项目”列：填写纳税人按规定享受增值税即征即退政策的货物、劳务和服务、不动产、无形资产的征（退）税数据。

（十三）“一般项目”列：填写除享受增值税即征即退政策以外的货物、劳务和服务、不动产、无形资产的征（免）税数据。

（十四）“本年累计”列：一般填写本年度内各月“本月数”之和。其中，第13、20、25、32、36、38栏及第18栏“实际抵扣税额”“一般项目”列的“本年累计”分别按本填写说明第（二十七）（三十四）（三十九）（四十六）（五十）（五十二）（三十二）条要求填写。

（十五）第1栏“（一）按适用税率计税销售额”：填写纳税人本期按一般计税方法计算缴纳增值税的销售额，包含：在财务上不作销售但按税法规定应缴纳增值税的视同销售和价外费用的销售额；外贸企业作价销售进料加工复出口货物的销售额；税务、财政、审计部门检查后按一般计税方法计算调整的销售额。

营业税改征增值税的纳税人，服务、不动产和无形资产有扣除项目的，本栏应填写扣除之前的不含税销售额。

本栏“一般项目”列“本月数”=《附列资料（一）》第9列第1至5行之

和减去第9列第6、7行之和；本栏"即征即退项目"列"本月数"=《附列资料(一)》第9列第6、7行之和。

（十六）第2栏"其中：应税货物销售额"：填写纳税人本期按适用税率计算增值税的应税货物的销售额。包含在财务上不作销售但按税法规定应缴纳增值税的视同销售货物和价外费用销售额，以及外贸企业作价销售进料加工复出口货物的销售额。

（十七）第3栏"应税劳务销售额"：填写纳税人本期按适用税率计算增值税的应税劳务的销售额。

（十八）第4栏"纳税检查调整的销售额"：填写纳税人因税务、财政、审计部门检查，并按一般计税方法在本期计算调整的销售额。但享受增值税即征即退政策的货物、劳务和服务、不动产、无形资产，经纳税检查属于偷税的，不填入"即征即退项目"列，而应填入"一般项目"列。

营业税改征增值税的纳税人，服务、不动产和无形资产有扣除项目的，本栏应填写扣除之前的不含税销售额。

本栏"一般项目"列"本月数"=《附列资料(一)》第7列第1至5行之和。

（十九）第5栏"按简易办法计税销售额"：填写纳税人本期按简易计税方法计算增值税的销售额。包含纳税检查调整按简易计税方法计算增值税的销售额。

营业税改征增值税的纳税人，服务、不动产和无形资产有扣除项目的，本栏应填写扣除之前的不含税销售额；服务、不动产和无形资产按规定汇总计算缴纳增值税的分支机构，其当期按预征率计算缴纳增值税的销售额也填入本栏。

本栏"一般项目"列"本月数"≥《附列资料(一)》第9列第8至13b行之和减去第9列第14、15行之和；本栏"即征即退项目"列"本月数"≥《附列资料(一)》第9列第14、15行之和。

（二十）第6栏"其中：纳税检查调整的销售额"：填写纳税人因税务、财政、审计部门检查，并按简易计税方法在本期计算调整的销售额。但享受增值税即征即退政策的货物、劳务和服务、不动产、无形资产，经纳税检查属于偷税的，不填入"即征即退项目"列，而应填入"一般项目"列。

营业税改征增值税的纳税人，服务、不动产和无形资产有扣除项目的，本栏应填写扣除之前的不含税销售额。

（二十一）第7栏"免、抵、退办法出口销售额"：填写纳税人本期适用免、抵、退税办法的出口货物、劳务和服务、无形资产的销售额。

营业税改征增值税的纳税人，服务、无形资产有扣除项目的，本栏应填写扣除之前的销售额。

本栏"一般项目"列"本月数"=《附列资料(一)》第9列第16、17行之和。

（二十二）第8栏"免税销售额"：填写纳税人本期按照税法规定免征增值税的销售额和适用零税率的销售额，但零税率的销售额中不包括适用免、抵、退税办法的销售额。

营业税改征增值税的纳税人，服务、不动产和无形资产有扣除项目的，本栏应填写扣除之前的免税销售额。

本栏"一般项目"列"本月数"=《附列资料(一)》第9列第18、19行之和。

（二十三）第9栏"其中：免税货物销售额"：填写纳税人本期按照税法规定免征增值税的货物销售额及适用零税率的货物销售额，但零税率的销售额中不包括适用免、抵、退税办法出口货物的销售额。

（二十四）第10栏"免税劳务销售额"：填写纳税人本期按照税法规定免征增值税的劳务销售额及适用零税率的劳务销售额，但零税率的销售额中不包括适用免、抵、退税办法的劳务的销售额。

（二十五）第11栏"销项税额"：填写纳税人本期按一般计税方法计

税的货物、劳务和服务、不动产、无形资产的销项税额。

营业税改征增值税的纳税人，服务、不动产和无形资产有扣除项目的，本栏应填写扣除之后的销项税额。

本栏“一般项目”列“本月数”=《附列资料(一)》(第10列第1、3行、4a之和－第10列第6行)+(第14列第2、4、5行之和－第14列第7行)。

本栏“即征即退项目”列“本月数”=《附列资料(一)》第10列第6行+第14列第7行。

(二十六) 第12栏“进项税额”：填写纳税人本期申报抵扣的进项税额。

本栏“一般项目”列“本月数”+“即征即退项目”列“本月数”=《附列资料(二)》第12栏“税额”。

(二十七) 第13栏“上期留抵税额”。

(1) 上期留抵税额按规定须挂账的纳税人，按以下要求填写本栏的“本月数”和“本年累计”。

上期留抵税额按规定须挂账的纳税人是指试点实施之日前一个税款所属期的申报表第20栏“期末留抵税额”“一般货物、劳务和应税服务”列“本月数”大于零，且兼有营业税改征增值税服务、不动产和无形资产的纳税人(下同)。其试点实施之日前一个税款所属期的申报表第20栏“期末留抵税额”“一般货物、劳务和应税服务”列“本月数”，以下称为货物和劳务挂账留抵税额。

① 本栏“一般项目”列“本月数”：试点实施之日的税款所属期填写“0”；以后各期按上期申报表第20栏“期末留抵税额”“一般项目”列“本月数”填写。

② 本栏“一般项目”列“本年累计”：反映货物和劳务挂账留抵税额本期期初余额。试点实施之日的税款所属期按试点实施之日前一个税款所

属期的申报表第20栏“期末留抵税额”“一般货物、劳务和应税服务”列“本月数”填写；以后各期按上期申报表第20栏“期末留抵税额”“一般项目”列“本年累计”填写。

③ 本栏“即征即退项目”列“本月数”：按上期申报表第20栏“期末留抵税额”“即征即退项目”列“本月数”填写。

(2) 其他纳税人，按以下要求填写本栏“本月数”和“本年累计”。

其他纳税人是指除上期留抵税额按规定须挂账的纳税人之外的纳税人(下同)。

① 本栏“一般项目”列“本月数”：按上期申报表第20栏“期末留抵税额”“一般项目”列“本月数”填写。

② 本栏“一般项目”列“本年累计”：填写“0”。

③ 本栏“即征即退项目”列“本月数”：按上期申报表第20栏“期末留抵税额”“即征即退项目”列“本月数”填写。

(二十八) 第14栏“进项税额转出”：填写纳税人已经抵扣，但按税法规定本期应转出的进项税额。

本栏“一般项目”列“本月数”+“即征即退项目”列“本月数”=《附列资料(二)》第13栏“税额”。

(二十九) 第15栏“免、抵、退应退税额”：反映税务机关退税部门按照出口货物、劳务和服务、无形资产免、抵、退办法审批的增值税应退税额。

(三十) 第16栏“按适用税率计算的纳税检查应补缴税额”：填写税务、财政、审计部门检查，按一般计税方法计算的纳税检查应补缴的增值税额。

本栏“一般项目”列“本月数”≤《附列资料(一)》第8列第1～5行之和+《附列资料(二)》第19栏。

(三十一) 第17栏“应抵扣税额合计”：填写纳税人本期应抵扣进项

税额的合计数。按表中所列公式计算填写。

（三十二）第18栏“实际抵扣税额”。

(1) 上期留抵税额按规定须挂账的纳税人，按以下要求填写本栏的“本月数”和“本年累计”。

① 本栏“一般项目”列“本月数”：按表中所列公式计算填写。

② 本栏“一般项目”列“本年累计”：填写货物和劳务挂账留抵税额本期实际抵减一般货物和劳务应纳税额的数额。将“货物和劳务挂账留抵税额本期期初余额”与“一般计税方法的一般货物及劳务应纳税额”两个数据相比较，取两者中小的数据。

其中：货物和劳务挂账留抵税额本期期初余额＝第13栏“上期留抵税额”“一般项目”列“本年累计”；

一般计税方法的一般货物及劳务应纳税额＝(第11栏“销项税额”“一般项目”列“本月数”－第18栏“实际抵扣税额”“一般项目”列“本月数”)×一般货物及劳务销项税额比例；

一般货物及劳务销项税额比例＝(《附列资料(一)》第10列第1、3行、第4a行之和－第10列第6行)÷第11栏“销项税额”“一般项目”列“本月数”×100%。

(2) 本栏“即征即退项目”列“本月数”：按表中所列公式计算填写。

其他纳税人，按以下要求填写本栏的“本月数”和“本年累计”。

(1) 本栏“一般项目”列“本月数”：按表中所列公式计算填写。

(2) 本栏“一般项目”列“本年累计”：填写“0”。

(3) 本栏“即征即退项目”列“本月数”：按表中所列公式计算填写。

（三十三）第19栏“应纳税额”：反映纳税人本期按一般计税方法计算并应缴纳的增值税额。按以下公式计算填写：

1. 本栏“一般项目”列“本月数”＝第11栏“销项税额”“一般项目”列“本月数”－第18栏“实际抵扣税额”“一般项目”列“本月数”－第18栏

“实际抵扣税额”“一般项目”列“本年累计”。

2. 本栏“即征即退项目”列“本月数”＝第11栏“销项税额”“即征即退项目”列“本月数”－第18栏“实际抵扣税额”“即征即退项目”列“本月数”。

（三十四）第20栏“期末留抵税额”。

1. 上期留抵税额按规定须挂账的纳税人，按以下要求填写本栏的“本月数”和“本年累计”：

(1) 本栏“一般项目”列“本月数”：反映试点实施以后，货物、劳务和服务、不动产、无形资产共同形成的留抵税额。按表中所列公式计算填写。

(2) 本栏“一般项目”列“本年累计”：反映货物和劳务挂账留抵税额，在试点实施以后抵减一般货物和劳务应纳税额后的余额。按以下公式计算填写：

本栏“一般项目”列“本年累计”＝第13栏“上期留抵税额”“一般项目”列“本年累计”－第18栏“实际抵扣税额”“一般项目”列“本年累计”。

(3) 本栏“即征即退项目”列“本月数”：按表中所列公式计算填写。

2. 其他纳税人，按以下要求填写本栏“本月数”和“本年累计”。

(1) 本栏“一般项目”列“本月数”：按表中所列公式计算填写。

(2) 本栏“一般项目”列“本年累计”：填写“0”。

(3) 本栏“即征即退项目”列“本月数”：按表中所列公式计算填写。

（三十五）第21栏“简易计税办法计算的应纳税额”：反映纳税人本期按简易计税方法计算并应缴纳的增值税额，但不包括按简易计税方法计算的纳税检查应补缴税额。按以下公式计算填写：

本栏“一般项目”列“本月数”＝《附列资料(一)》(第10列第8、9a、10、11行之和－第10列第14行)＋(第14列第9b、12、13a、13b行之和－第14列第15行)。

本栏“即征即退项目”列“本月数”＝《附列资料(一)》第10列第14行＋

第14列第15行。

营业税改征增值税的纳税人,服务、不动产和无形资产按规定汇总计算缴纳增值税的分支机构,应将预征增值税额填入本栏。预征增值税额=应预征增值税的销售额×预征率。

(三十六)第22栏"按简易计税办法计算的纳税检查应补缴税额":填写纳税人本期因税务、财政、审计部门检查并按简易计税方法计算的纳税检查应补缴税额。

(三十七)第23栏"应纳税额减征额":填写纳税人本期按照税法规定减征的增值税应纳税额。包含按照规定可在增值税应纳税额中全额抵减的增值税税控系统专用设备费用以及技术维护费。

当本期减征额小于或等于第19栏"应纳税额"与第21栏"简易计税办法计算的应纳税额"之和时,按本期减征额实际填写;当本期减征额大于第19栏"应纳税额"与第21栏"简易计税办法计算的应纳税额"之和时,按本期第19栏与第21栏之和填写。本期减征额不足抵减部分结转下期继续抵减。

(三十八)第24栏"应纳税额合计":反映纳税人本期应缴增值税的合计数。按表中所列公式计算填写。

(三十九)第25栏"期初未缴税额(多缴为负数)":"本月数"按上一税款所属期申报表第32栏"期末未缴税额(多缴为负数)""本月数"填写。"本年累计"按上年度最后一个税款所属期申报表第32栏"期末未缴税额(多缴为负数)""本年累计"填写。

(四十)第26栏"实收出口开具专用缴款书退税额":本栏不填写。

(四十一)第27栏"本期已缴税额":反映纳税人本期实际缴纳的增值税额,但不包括本期入库的查补税款。按表中所列公式计算填写。

(四十二)第28栏"①分次预缴税额":填写纳税人本期已缴纳的准予在本期增值税应纳税额中抵减的税额。

营业税改征增值税的纳税人，分以下几种情况填写。

1. 服务、不动产和无形资产按规定汇总计算缴纳增值税的总机构，其可以从本期增值税应纳税额中抵减的分支机构已缴纳的税款，按当期实际可抵减数填入本栏，不足抵减部分结转至下期继续抵减。

2. 销售建筑服务并按规定预缴增值税的纳税人，其可以从本期增值税应纳税额中抵减的已缴纳的税款，按当期实际可抵减数填入本栏，不足抵减部分结转下期继续抵减。

3. 销售不动产并按规定预缴增值税的纳税人，其可以从本期增值税应纳税额中抵减的已缴纳的税款，按当期实际可抵减数填入本栏，不足抵减部分结转下期继续抵减。

4. 出租不动产并按规定预缴增值税的纳税人，其可以从本期增值税应纳税额中抵减的已缴纳的税款，按当期实际可抵减数填入本栏，不足抵减部分结转下期继续抵减。

（四十三）第 29 栏“②出口开具专用缴款书预缴税额”：本栏不填写。

（四十四）第 30 栏“③本期缴纳上期应纳税额”：填写纳税人本期缴纳上一税款所属期应缴未缴的增值税额。

（四十五）第 31 栏“④本期缴纳欠缴税额”：反映纳税人本期实际缴纳和留抵税额抵减的增值税欠税额，但不包括缴纳入库的查补增值税额。

（四十六）第 32 栏“期末未缴税额（多缴为负数）”：“本月数”反映纳税人本期期末应缴未缴的增值税额，但不包括纳税检查应缴未缴的税额。按表中所列公式计算填写。“本年累计”与“本月数”相同。

（四十七）第 33 栏“其中：欠缴税额（≥0）”：反映纳税人按照税法规定已形成欠税的增值税额。按表中所列公式计算填写。

（四十八）第 34 栏“本期应补（退）税额”：反映纳税人本期应纳税额中应补缴或应退回的数额。按表中所列公式计算填写。

（四十九）第 35 栏“即征即退实际退税额”：反映纳税人本期因符合

增值税即征即退政策规定,而实际收到的税务机关退回的增值税额。

(五十)第36栏"期初未缴查补税额":"本月数"按上一税款所属期申报表第38栏"期末未缴查补税额""本月数"填写。"本年累计"按上年度最后一个税款所属期申报表第38栏"期末未缴查补税额""本年累计"填写。

(五十一)第37栏"本期入库查补税额":反映纳税人本期因税务、财政、审计部门检查而实际入库的增值税额,包括按一般计税方法计算并实际缴纳的查补增值税额和按简易计税方法计算并实际缴纳的查补增值税额。

(五十二)第38栏"期末未缴查补税额":"本月数"反映纳税人接受纳税检查后应在本期期末缴纳而未缴纳的查补增值税额。按表中所列公式计算填写,"本年累计"与"本月数"相同。

三、《增值税纳税申报表附列资料(一)》(本期销售情况明细)填写说明

(一)"税款所属时间""纳税人名称"的填写同主表。

(二)各列说明。

1. 第1至2列"开具增值税专用发票":反映本期开具增值税专用发票(含税控机动车销售统一发票,下同)的情况。

2. 第3至4列"开具其他发票":反映除增值税专用发票以外本期开具的其他发票的情况。

3. 第5至6列"未开具发票":反映本期未开具发票的销售情况。

4. 第7至8列"纳税检查调整":反映经税务、财政、审计部门检查并在本期调整的销售情况。

5. 第9至11列"合计":按照表中所列公式填写。

营业税改征增值税的纳税人,服务、不动产和无形资产有扣除项目的,第1至11列应填写扣除之前的征(免)税销售额、销项(应纳)税额和价税合计额。

6. 第 12 列“服务、不动产和无形资产扣除项目本期实际扣除金额”：营业税改征增值税的纳税人，服务、不动产和无形资产有扣除项目的，按《附列资料(三)》第 5 列对应各行次数据填写，其中本列第 5 栏等于《附列资料(三)》第 5 列第 3 行与第 4 行之和；服务、不动产和无形资产无扣除项目的，本列填写“0”。其他纳税人不填写。

营业税改征增值税的纳税人，服务、不动产和无形资产按规定汇总计算缴纳增值税的分支机构，当期服务、不动产和无形资产有扣除项目的，填入本列第 13 行。

7. 第 13 列“扣除后”“含税(免税)销售额”：营业税改征增值税的纳税人，服务、不动产和无形资产有扣除项目的，本列各行次＝第 11 列对应各行次－第 12 列对应各行次。其他纳税人不填写。

8. 第 14 列“扣除后”“销项(应纳)税额”：营业税改征增值税的纳税人，服务、不动产和无形资产有扣除项目的，按以下要求填写本列，其他纳税人不填写。

(1) 服务、不动产和无形资产按照一般计税方法计税。

本列各行次＝第 13 列÷(100%＋对应行次税率)×对应行次税率

本列第 7 行“按一般计税方法计税的即征即退服务、不动产和无形资产”不按本列的说明填写。具体填写要求见“各行说明”第 2 条第(2)项第③点的说明。

(2) 服务、不动产和无形资产按照简易计税方法计税。

本列各行次＝第 13 列÷(100%＋对应行次征收率)
×对应行次征收率

本列第 13 行“预征率 %”不按本列的说明填写。具体填写要求见“各行说明”第 4 条第(2)项。

(3) 服务、不动产和无形资产实行免抵退税或免税的，本列不填写。

(三) 各行说明。

1. 第1至5行“一、一般计税方法计税”“全部征税项目”各行：按不同税率和项目分别填写按一般计税方法计算增值税的全部征税项目。有即征即退征税项目的纳税人，本部分数据中既包括即征即退征税项目，又包括不享受即征即退政策的一般征税项目。

2. 第6至7行“一、一般计税方法计税”“其中：即征即退项目”各行：只反映按一般计税方法计算增值税的即征即退项目。按照税法规定不享受即征即退政策的纳税人，不填写本行。即征即退项目是全部征税项目的其中数。

(1) 第6行“即征即退货物及加工修理修配劳务”：反映按一般计税方法计算增值税且享受即征即退政策的货物和加工修理修配劳务。本行不包括服务、不动产和无形资产的内容。

① 本行第9列“合计”“销售额”栏：反映按一般计税方法计算增值税且享受即征即退政策的货物及加工修理修配劳务的不含税销售额。该栏不按第9列所列公式计算，应按照税法规定据实填写。

② 本行第10列“合计”“销项(应纳)税额”栏：反映按一般计税方法计算增值税且享受即征即退政策的货物及加工修理修配劳务的销项税额。该栏不按第10列所列公式计算，应按照税法规定据实填写。

(2) 第7行“即征即退服务、不动产和无形资产”：反映按一般计税方法计算增值税且享受即征即退政策的服务、不动产和无形资产。本行不包括货物及加工修理修配劳务的内容。

① 本行第9列“合计”“销售额”栏：反映按一般计税方法计算增值税且享受即征即退政策的服务、不动产和无形资产的不含税销售额。服务、不动产和无形资产有扣除项目的，按扣除之前的不含税销售额填写。该栏不按第9列所列公式计算，应按照税法规定据实填写。

② 本行第10列“合计”“销项(应纳)税额”栏：反映按一般计税方法计算增值税且享受即征即退政策的服务、不动产和无形资产的销项税额。

服务、不动产和无形资产有扣除项目的，按扣除之前的销项税额填写。该栏不按第 10 列所列公式计算，应按照税法规定据实填写。

③ 本行第 14 列“扣除后”“销项(应纳)税额”栏：反映按一般计税方法征收增值税且享受即征即退政策的服务、不动产和无形资产实际应计提的销项税额。服务、不动产和无形资产有扣除项目的，按扣除之后的销项税额填写；服务、不动产和无形资产无扣除项目的，按本行第 10 列填写。该栏不按第 14 列所列公式计算，应按照税法规定据实填写。

3. 第 8 至 12 行“二、简易计税方法计税”“全部征税项目”各行：按不同征收率和项目分别填写按简易计税方法计算增值税的全部征税项目。有即征即退征税项目的纳税人，本部分数据中既包括即征即退项目，也包括不享受即征即退政策的一般征税项目。

4. 第 13a 至 13c 行“二、简易计税方法计税”“预征率 %”：反映营业税改征增值税的纳税人，服务、不动产和无形资产按规定汇总计算缴纳增值税的分支机构，预征增值税销售额、预征增值税应纳税额。其中，第 13a 行“预征率 %”适用于所有实行汇总计算缴纳增值税的分支机构试点纳税人；第 13b、13c 行“预征率 %”适用于部分实行汇总计算缴纳增值税的铁路运输试点纳税人。

(1) 第 13a 至 13c 行第 1 至 6 列按照销售额和销项税额的实际发生数填写。

(2) 第 13a 至 13c 行第 14 列，纳税人按“应预征缴纳的增值税＝应预征增值税销售额×预征率”公式计算后据实填写。

5. 第 14 至 15 行“二、简易计税方法计税”“其中：即征即退项目”各行：只反映按简易计税方法计算增值税的即征即退项目。按照税法规定不享受即征即退政策的纳税人，不填写本行。即征即退项目是全部征税项目的其中数。

(1) 第 14 行“即征即退货物及加工修理修配劳务”：反映按简易计税

方法计算增值税且享受即征即退政策的货物及加工修理修配劳务。本行不包括服务、不动产和无形资产的内容。

① 本行第 9 列“合计”“销售额”栏：反映按简易计税方法计算增值税且享受即征即退政策的货物及加工修理修配劳务的不含税销售额。该栏不按第 9 列所列公式计算，应按照税法规定据实填写。

② 本行第 10 列“合计”“销项(应纳)税额”栏：反映按简易计税方法计算增值税且享受即征即退政策的货物及加工修理修配劳务的应纳税额。该栏不按第 10 列所列公式计算，应按照税法规定据实填写。

(2) 第 15 行“即征即退服务、不动产和无形资产”：反映按简易计税方法计算增值税且享受即征即退政策的服务、不动产和无形资产。本行不包括货物及加工修理修配劳务的内容。

① 本行第 9 列“合计”“销售额”栏：反映按简易计税方法计算增值税且享受即征即退政策的服务、不动产和无形资产的不含税销售额。服务、不动产和无形资产有扣除项目的，按扣除之前的不含税销售额填写。该栏不按第 9 列所列公式计算，应按照税法规定据实填写。

② 本行第 10 列“合计”“销项(应纳)税额”栏：反映按简易计税方法计算增值税且享受即征即退政策的服务、不动产和无形资产的应纳税额。服务、不动产和无形资产有扣除项目的，按扣除之前的应纳税额填写。该栏不按第 10 列所列公式计算，应按照税法规定据实填写。

③ 本行第 14 列“扣除后”“销项(应纳)税额”栏：反映按简易计税方法计算增值税且享受即征即退政策的服务、不动产和无形资产实际应计提的应纳税额。服务、不动产和无形资产有扣除项目的，按扣除之后的应纳税额填写；服务、不动产和无形资产无扣除项目的，按本行第 10 列填写。

6. 第 16 行“三、免抵退税”“货物及加工修理修配劳务”：反映适用免、抵、退税政策的出口货物、加工修理修配劳务。

7. 第17行"三、免抵退税""服务、不动产和无形资产"：反映适用免、抵、退税政策的服务、不动产和无形资产。

8. 第18行"四、免税""货物及加工修理修配劳务"：反映按照税法规定免征增值税的货物及劳务和适用零税率的出口货物及劳务，但零税率的销售额中不包括适用免、抵、退税办法的出口货物及劳务。

9. 第19行"四、免税""服务、不动产和无形资产"：反映按照税法规定免征增值税的服务、不动产、无形资产和适用零税率的服务、不动产、无形资产，但零税率的销售额中不包括适用免、抵、退税办法的服务、不动产和无形资产。

四、《增值税纳税申报表附列资料(二)》(本期进项税额明细)填写说明

(一)"税款所属时间""纳税人名称"的填写同主表。

(二)第1至12栏"一、申报抵扣的进项税额"：分别反映纳税人按税法规定符合抵扣条件，在本期申报抵扣的进项税额。

1. 第1栏"(一)认证相符的增值税专用发票"：反映纳税人取得的认证相符本期申报抵扣的增值税专用发票情况。该栏应等于第2栏"本期认证相符且本期申报抵扣"与第3栏"前期认证相符且本期申报抵扣"数据之和。

2. 第2栏"其中：本期认证相符且本期申报抵扣"：反映本期认证相符且本期申报抵扣的增值税专用发票的情况。本栏是第1栏的其中数，本栏只填写本期认证相符且本期申报抵扣的部分。

适用取消增值税发票认证规定的纳税人，当期申报抵扣的增值税发票数据，也填报在本栏中。

3. 第3栏"前期认证相符且本期申报抵扣"：反映前期认证相符且本期申报抵扣的增值税专用发票的情况。

辅导期纳税人依据税务机关告知的稽核比对结果通知书及明细清单注明的稽核相符的增值税专用发票填写本栏。本栏是第1栏的其中数，只填写前期认证相符且本期申报抵扣的部分。

第(二)项第1至3点及第(四)项第2至5点中涉及的增值税专用发票均不包含从小规模纳税人处购进农产品时取得的专用发票,但购进农产品未分别核算用于生产销售17%税率货物和其他货物服务的农产品进项税额情况除外。

4. 第4栏“(二)其他扣税凭证”:反映本期申报抵扣的除增值税专用发票之外的其他扣税凭证的情况。具体包括:海关进口增值税专用缴款书、农产品收购发票或者销售发票(含农产品核定扣除的进项税额)、代扣代缴税收完税凭证、加计扣除农产品进项税额和其他符合政策规定的抵扣凭证。该栏应等于第5至8b栏之和。

5. 第5栏“海关进口增值税专用缴款书”:反映本期申报抵扣的海关进口增值税专用缴款书的情况。按规定执行海关进口增值税专用缴款书先比对后抵扣的,纳税人需依据税务机关告知的稽核比对结果通知书及明细清单注明的稽核相符的海关进口增值税专用缴款书填写本栏。

6. 第6栏“农产品收购发票或者销售发票”:反映纳税人本期购进农业生产者自产农产品取得(开具)的农产品销售发票或收购发票及从小规模纳税人处购进农产品时取得增值税专用发票情况。

“税额”栏=农产品销售发票或者收购发票上注明的农产品买价

×11%+增值税专用发票上注明的金额×11%

上述公式中的“增值税专用发票”是指纳税人从小规模纳税人处购进农产品时取得的专用发票。

执行农产品增值税进项税额核定扣除办法的,填写当期允许抵扣的农产品增值税进项税额,不填写“份数”“金额”。

7. 第7栏“代扣代缴税收缴款凭证”:填写本期按规定准予抵扣的完税凭证上注明的增值税额。

8. 第8b栏“其他”:反映按规定本期可以申报抵扣的其他扣税凭证

情况。

纳税人按照规定不得抵扣且未抵扣进项税额的固定资产、无形资产、不动产，发生用途改变，用于允许抵扣进项税额的应税项目，可在用途改变的次月将按公式计算出的可以抵扣的进项税额，填入“税额”栏。

9. 第9栏“(三)本期用于购建不动产的扣税凭证”：反映按规定本期用于购建不动产并适用分2年抵扣规定的扣税凭证上注明的金额和税额。购建不动产是指纳税人2016年5月1日后取得并在会计制度上按固定资产核算的不动产或者2016年5月1日后取得的不动产在建工程。

取得不动产，包括以直接购买、接受捐赠、接受投资入股、自建以及抵债等各种形式取得不动产，不包括房地产开发企业自行开发的房地产项目。

本栏次包括第1栏中本期用于购建不动产的增值税专用发票和第4栏中本期用于购建不动产的其他扣税凭证。

本栏“金额”“税额”≤第1栏＋第4栏且本栏“金额”“税额”≥0。

纳税人按照规定不得抵扣且未抵扣进项税额的不动产，发生用途改变，用于允许抵扣进项税额的应税项目，可在用途改变的次月将按公式计算出的可以抵扣的进项税额，填入“税额”栏。

本栏“税额”列＝《附列资料(五)》第2列“本期不动产进项税额增加额”。

10. 第10栏“(四)本期不动产允许抵扣进项税额”：反映按规定本期实际申报抵扣的不动产进项税额。

本栏“税额”列＝《附列资料(五)》第3列“本期可抵扣不动产进项税额”

11. 第11栏“(五)外贸企业进项税额抵扣证明”：填写本期申报抵扣的税务机关出口退税部门开具的《出口货物转内销证明》列明允许抵扣的进项税额。

12. 第12栏“当期申报抵扣进项税额合计”：反映本期申报抵扣进项税额的合计数。按表中所列公式计算填写。

13. 第8a栏“加计扣除农产品进项税额”：填写纳税人将购进的农产品用于生产销售或委托受托加工17%税率货物时，为维持原农产品扣除力度不变加计扣除的农产品进项税额。该栏不填写“份数”“金额”。

（三）第13至23栏“二、进项税额转出额”各栏：分别反映纳税人已经抵扣但按规定应在本期转出的进项税额明细情况。

1. 第13栏“本期进项税额转出额”：反映已经抵扣但按规定应在本期转出的进项税额合计数。按表中所列公式计算填写。

2. 第14栏“免税项目”：反映用于免征增值税项目，按规定应在本期转出的进项税额。

3. 第15栏“集体福利、个人消费”：反映用于集体福利或者个人消费，按规定应在本期转出的进项税额。

4. 第16栏“非正常损失”：反映纳税人发生非正常损失，按规定应在本期转出的进项税额。

5. 第17栏“简易计税方法征税项目”：反映用于按简易计税方法征税项目，按规定应在本期转出的进项税额。

营业税改征增值税的纳税人，服务、不动产和无形资产按规定汇总计算缴纳增值税的分支机构，当期应由总机构汇总的进项税额也填入本栏。

6. 第18栏“免抵退税办法不得抵扣的进项税额”：反映按照免、抵、退税办法的规定，由于征税税率与退税税率存在税率差，在本期应转出的进项税额。

7. 第19栏“纳税检查调减进项税额”：反映税务、财政、审计部门检查后而调减的进项税额。

8. 第20栏“红字专用发票信息表注明的进项税额”：填写主管税务机关开具的《开具红字增值税专用发票信息表》注明的在本期应转出的进项税额。

9. 第21栏“上期留抵税额抵减欠税”：填写本期经税务机关同意，使用上期留抵税额抵减欠税的数额。

10. 第 22 栏“上期留抵税额退税”：填写本期经税务机关批准的上期留抵税额退税额。

11. 第 23 栏“其他应作进项税额转出的情形”：反映除上述进项税额转出情形外，其他应在本期转出的进项税额。

（四）第 24 至 34 栏“三、待抵扣进项税额”各栏：分别反映纳税人已经取得，但按税法规定不符合抵扣条件，暂不予在本期申报抵扣的进项税额情况及按税法规定不允许抵扣的进项税额情况。

1. 第 24 至 28 栏均为增值税专用发票的情况。

2. 第 25 栏“期初已认证相符但未申报抵扣”：反映前期认证相符，但按照税法规定暂不予抵扣及不允许抵扣，结存至本期的增值税专用发票情况。辅导期纳税人填写认证相符但未收到稽核比对结果的增值税专用发票期初情况。

3. 第 26 栏“本期认证相符且本期未申报抵扣”：反映本期认证相符，但按税法规定暂不予抵扣及不允许抵扣，而未申报抵扣的增值税专用发票情况。辅导期纳税人填写本期认证相符但未收到稽核比对结果的增值税专用发票情况。

4. 第 27 栏“期末已认证相符但未申报抵扣”：反映截至本期期末，按照税法规定仍暂不予抵扣及不允许抵扣且已认证相符的增值税专用发票情况。辅导期纳税人填写截至本期期末已认证相符但未收到稽核比对结果的增值税专用发票期末情况。

5. 第 28 栏“其中：按照税法规定不允许抵扣”：反映截至本期期末已认证相符但未申报抵扣的增值税专用发票中，按照税法规定不允许抵扣的增值税专用发票情况。

6. 第 29 栏“(二)其他扣税凭证”：反映截至本期期末仍未申报抵扣的除增值税专用发票之外的其他扣税凭证情况。具体包括：海关进口增值税专用缴款书、农产品收购发票或者销售发票、代扣代缴税收完税凭证和其他符合政策规定的抵扣凭证。该栏应等于第30至33栏之和。

7. 第30栏“海关进口增值税专用缴款书”：反映已取得但截至本期期末仍未申报抵扣的海关进口增值税专用缴款书情况，包括纳税人未收到稽核比对结果的海关进口增值税专用缴款书情况。

8. 第31栏“农产品收购发票或者销售发票”：反映已取得但截至本期期末仍未申报抵扣的农产品收购发票和农产品销售普通发票及从小规模纳税人处购进农产品时取得增值税专用发票情况。

9. 第32栏“代扣代缴税收缴款凭证”：反映已取得但截至本期期末仍未申报抵扣的代扣代缴税收完税凭证情况。

10. 第33栏“其他”：反映已取得但截至本期期末仍未申报抵扣的其他扣税凭证的情况。

（五）第35至36栏“四、其他”各栏。

1. 第35栏“本期认证相符的增值税专用发票”：反映本期认证相符的增值税专用发票的情况。

2. 第36栏“代扣代缴税额”：填写纳税人根据《中华人民共和国增值税暂行条例》第十八条扣缴的应税劳务增值税额与根据营业税改征增值税有关政策规定扣缴的服务、不动产和无形资产增值税额之和。

五、《增值税纳税申报表附列资料（三）》（服务、不动产和无形资产扣除项目明细）填写说明

（一）本表由服务、不动产和无形资产有扣除项目的营业税改征增值税纳税人填写。其他纳税人不填写。

（二）“税款所属时间”“纳税人名称”的填写同主表。

（三）第1列“本期服务、不动产和无形资产价税合计额（免税销售额）”：营业税改征增值税的服务、不动产和无形资产属于征税项目的，填写扣除之前的本期服务、不动产和无形资产价税合计额；营业税改征增值税的服务、不动产和无形资产属于免抵退税或免税项目的，填写扣除之前的本期服务、不动产和无形资产免税销售额。本列各行次等于《附列资料（一）》第 11 列对应行次，其中本列第 3 行和第 4 行之和等于《附列资料（一）》第 11 列第 5 栏。

营业税改征增值税的纳税人，服务、不动产和无形资产按规定汇总计算缴纳增值税的分支机构，本列各行次之和等于《附列资料（一）》第 11 列第 13a、13b 行之和。

（四）第 2 列“服务、不动产和无形资产扣除项目”“期初余额”：填写服务、不动产和无形资产扣除项目上期期末结存的金额，试点实施之日的税款所属期填写“0”。本列各行次等于上期《附列资料（三）》第 6 列对应行次。

本列第 4 行“6%税率的金融商品转让项目”“期初余额”年初首期填报时应填“0”。

（五）第 3 列“服务、不动产和无形资产扣除项目”“本期发生额”：填写本期取得的按税法规定准予扣除的服务、不动产和无形资产扣除项目金额。

（六）第 4 列“服务、不动产和无形资产扣除项目”“本期应扣除金额”：填写服务、不动产和无形资产扣除项目本期应扣除的金额。

本列各行次＝第 2 列对应各行次＋第 3 列对应各行次

（七）第 5 列“服务、不动产和无形资产扣除项目”“本期实际扣除金额”：填写服务、不动产和无形资产扣除项目本期实际扣除的金额。

本列各行次≤第 4 列对应各行次且本列各行次≤第 1 列对应各行次。

（八）第 6 列“服务、不动产和无形资产扣除项目”“期末余额”：填写服务、不动产和无形资产扣除项目本期期末结存的金额。

本列各行次＝第 4 列对应各行次－第 5 列对应各行次

六、《增值税纳税申报表附列资料(四)》(税额抵减情况表)填写说明

本表第1行由发生增值税税控系统专用设备费用和技术维护费的纳税人填写,反映纳税人增值税税控系统专用设备费用和技术维护费按规定抵减增值税应纳税额的情况。

本表第2行由营业税改征增值税纳税人,服务、不动产和无形资产按规定汇总计算缴纳增值税的总机构填写,反映其分支机构预征缴纳税款抵减总机构应纳增值税税额的情况。

本表第3行由销售建筑服务并按规定预缴增值税的纳税人填写,反映其销售建筑服务预征缴纳税款抵减应纳增值税额的情况。

本表第4行由销售不动产并按规定预缴增值税的纳税人填写,反映其销售不动产预征缴纳税款抵减应纳增值税额的情况。

本表第5行由出租不动产并按规定预缴增值税的纳税人填写,反映其出租不动产预征缴纳税款抵减应纳增值税额的情况。

未发生上述业务的纳税人不填写本表。

七、《增值税纳税申报表附列资料(五)》(不动产分期抵扣计算表)填表说明

(一)本表由分期抵扣不动产进项税额的纳税人填写。

(二)“税款所属时间”“纳税人名称”的填写同主表。

(三)第1列“期初待抵扣不动产进项税额”:填写纳税人上期期末待抵扣不动产进项税额。

(四)第2列“本期不动产进项税额增加额”:填写本期取得的符合税法规定的不动产进项税额。

(五)第3列“本期可抵扣不动产进项税额”:填写符合税法规定可以在本期抵扣的不动产进项税额。

(六)第4列“本期转入的待抵扣不动产进项税额”:填写按照税法规定本期应转入的待抵扣不动产进项税额。

本列数≤《附列资料(二)》第 23 栏“税额”。

(七) 第 5 列“本期转出的待抵扣不动产进项税额”：填写按照税法规定本期应转出的待抵扣不动产进项税额。

(八) 第 6 列“期末待抵扣不动产进项税额”：填写本期期末尚未抵扣的不动产进项税额，按表中公式填写。

八、《固定资产(不含不动产)进项税额抵扣情况表》填写说明

本表反映纳税人在《附列资料(二)》“一、申报抵扣的进项税额”中固定资产的进项税额。本表按增值税专用发票、海关进口增值税专用缴款书分别填写。

九、《本期抵扣进项税额结构明细表》填写说明

(一) “税款所属时间”“纳税人名称”的填写同主表。

(二) 第 1 栏反映本期申报抵扣进项税额的合计数。按表中所列公式计算填写。

本栏“税额”列=《附列资料(二)》第 12 栏“税额”列。

(三) 第 2 至 17 栏分别反映纳税人按税法规定符合抵扣条件，在本期申报抵扣的不同税率(或征收率)的进项税额。其中，用于购建不动产的进项税额按照本期实际抵扣的进项税额填写。

(四) 第 18 栏反映纳税人按照农产品增值税进项税额核定扣除办法计算抵扣的进项税额。

(五) 第 19 栏反映纳税人按照外贸企业进项税额抵扣证明注明的进项税额。

(六) 本表内各栏间逻辑关系如下：

第 1 栏表内公式为 1=2+4+5+10+13+15+17+18+19；

第 2 栏≥第 3 栏；

第 5 栏≥第 6 栏+第 7 栏+第 8 栏+第 9 栏；

第 10 栏≥第 11 栏+第 12 栏；

第 13 栏≥第 14 栏；

第 15 栏≥第 16 栏。

十、《增值税减免税申报明细表》填写说明

（一）本表由享受增值税减免税优惠政策的增值税一般纳税人和小规模纳税人填写。仅享受月销售额不超过 3 万元（按季纳税 9 万元）免征增值税政策或未达起征点的增值税小规模纳税人不需填报本表，即小规模纳税人当期增值税纳税申报表主表第 12 栏“其他免税销售额”“本期数”和第 16 栏“本期应纳税额减征额”“本期数”均无数据时，不需填报本表。

（二）“税款所属时间”“纳税人名称”的填写同增值税纳税申报表主表（以下简称主表）。

（三）“一、减税项目”由本期按照税收法律、法规及国家有关税收规定享受减征（包含税额式减征、税率式减征）增值税优惠的纳税人填写。

1. “减税性质代码及名称”：根据国家税务总局最新发布的《减免性质及分类表》所列减免性质代码、项目名称填写。同时有多个减征项目的，应分别填写。

2. 第 1 列“期初余额”：填写应纳税额减征项目上期“期末余额”，为对应项目上期应抵减而不足抵减的余额。

3. 第 2 列“本期发生额”：填写本期发生的按照规定准予抵减增值税应纳税额的金额。

4. 第 3 列“本期应抵减税额”：填写本期应抵减增值税应纳税额的金额。本列按表中所列公式填写。

5. 第 4 列“本期实际抵减税额”：填写本期实际抵减增值税应纳税额的金额。本列各行≤第 3 列对应各行。

一般纳税人填写时，第 1 行“合计”本列数＝主表第 23 行“一般项目”列“本月数”。

小规模纳税人填写时，第 1 行“合计”本列数＝主表第 16 行“本期应纳税额减征额”“本期数”。

6. 第 5 列“期末余额”：按表中所列公式填写。

（四）“二、免税项目”由本期按照税收法律、法规及国家有关税收规定免征增值税的纳税人填写。仅享受小微企业免征增值税政策或未达起征点的小规模纳税人不需填写，即小规模纳税人申报表主表第 12 栏“其他免税销售额”“本期数”无数据时，不需填写本栏。

1. “免税性质代码及名称”：根据国家税务总局最新发布的《减免性质及分类表》所列减免性质代码、项目名称填写。同时有多个免税项目的，应分别填写。

2. “出口免税”填写纳税人本期按照税法规定出口免征增值税的销售额，但不包括适用免、抵、退税办法出口的销售额。小规模纳税人不填写本栏。

3. 第 1 列“免征增值税项目销售额”：填写纳税人免税项目的销售额。免税销售额按照有关规定允许从取得的全部价款和价外费用中扣除价款的，应填写扣除之前的销售额。

一般纳税人填写时，本列“合计”等于主表第 8 行“一般项目”列“本月数”。

小规模纳税人填写时，本列“合计”等于主表第 12 行“其他免税销售额”“本期数”。

4. 第 2 列“免税销售额扣除项目本期实际扣除金额”：免税销售额按照有关规定允许从取得的全部价款和价外费用中扣除价款的，据实填写扣除金额；无扣除项目的，本列填写“0”。

5. 第 3 列“扣除后免税销售额”：按表中所列公式填写。

6. 第 4 列“免税销售额对应的进项税额”：本期用于增值税免税项目的进项税额。小规模纳税人不填写本列，一般纳税人按下列情况填写：

（1）纳税人兼营应税和免税项目的，按当期免税销售额对应的进项税额填写；

(2) 纳税人本期销售收入全部为免税项目，且当期取得合法扣税凭证的，按当期取得的合法扣税凭证注明或计算的进项税额填写；

(3) 当期未取得合法扣税凭证的，纳税人可根据实际情况自行计算免税项目对应的进项税额；无法计算的，本栏次填"0"。

7. 第5列"免税额"：一般纳税人和小规模纳税人分别按下列公式计算填写，且本列各行数应大于或等于0。

一般纳税人公式：第5列"免税额"≤第3列"扣除后免税销售额"×适用税率－第4列"免税销售额对应的进项税额"。

小规模纳税人公式：第5列"免税额"＝第3列"扣除后免税销售额"×征收率。

5.3 增值税的预缴税款

5.3.1 增值税的预缴税款案例

1. 企业概况

(1) 纳税人名称：哈尔滨市立信建筑股份有限责任公司。

(2) 纳税人类型：股份有限责任公司。

(3) 法定代表人：张海旭。

(4) 地址及电话：哈尔滨市道里区康安路26号；电话：0451-88240278。

(5) 开户行及账号：中国光大银行股份有限公司黑龙江分行道里支行；账号：303261000×××。

(6) 纳税人识别号：912301027188735×××。

(7) 主管税务机关：哈尔滨市道里区国家税务局。

2. 业务资料

哈尔滨市立信建筑股份有限责任公司为增值税一般纳税人，2017年

6 月 10 日，该公司到 N 县提供建筑服务，取得服务全部价款和价外费用共计 2 000 万元，其中支付分包款项 800 万元（取得增值税专用发票）。

3. 分析该建筑公司应预缴的税款并填报《增值税预缴税款表》

一般纳税人跨县（市、区）提供建筑服务，适用一般计税方法计税的，以取得的全部价款和价外费用扣除支付的分包款后的余额，按照 2% 的预征率计算应预缴税款。

$$应预缴税款＝(全部价款和价外费用－支付的分包款)÷(1+11\%)×2\%$$

$$该建筑公司应预缴税款＝(2\,000－800)÷(1+11\%)×2\%＝21.62(万元)$$

《增值税预缴税款表》的填报，具体见表 5-12 所示。

5.3.2　预缴税款的适用范围及方法

1. 预缴税款的适用范围

纳税人跨县（市）提供建筑服务、房地产开发企业预售自行开发的房地产项目、纳税人出租与机构所在地不在同一县（市）的不动产，按规定需要在项目所在地或不动产所在地主管国税机关预缴税款的，需填写《增值税预缴税款表》。

2. 预缴税款的方法

（1）纳税人跨县（市）提供建筑服务。

纳税人跨县（市、区）提供建筑服务，按照以下规定预缴税款：

① 一般纳税人跨县（市、区）提供建筑服务，适用一般计税方法计税的，以取得的全部价款和价外费用扣除支付的分包款后的余额，按照 2% 的预征率计算应预缴税款。

$$应预缴税款＝(全部价款和价外费用－支付的分包款)÷(1+11\%)×2\%$$

② 一般纳税人跨县(市、区)提供建筑服务,选择适用简易计税方法计税的,以取得的全部价款和价外费用扣除支付的分包款后的余额,按照3%的征收率计算应预缴税款。

应预缴税款=(全部价款和价外费用－支付的分包款)÷(1+3%)×3%

③ 小规模纳税人跨县(市、区)提供建筑服务。以取得的全部价款和价外费用扣除支付的分包款后的余额,按照3%的征收率计算应预缴税款。

应预缴税款=(全部价款和价外费用－支付的分包款)÷(1+3%)×3%

纳税人取得的全部价款和价外费用扣除支付的分包款后的余额为负数的,可结转下次预缴税款时继续扣除。

纳税人应按照工程项目分别计算应预缴税款,分别预缴。

纳税人跨县(市、区)提供建筑服务,向建筑服务发生地主管国税机关预缴的增值税款,可以在当期增值税应纳税额中抵减,抵减不完的,结转下期继续抵减。

纳税人以预缴税款抵减应纳税额,应以完税凭证作为合法有效凭证。

(2) 房地产开发企业预售自行开发的房地产项目。

① 一般纳税人预售自行开发的房地产项目。

一般纳税人采取预收款方式销售自行开发的房地产项目,应在收到预收款时按照3%的预征率预缴增值税。

应预缴税款=预收款÷(1+适用税率或征收率)×3%

适用一般计税方法计税的,按照11%的适用税率计算;适用简易计税方法计税的,按照5%的征收率计算。

一般纳税人应在取得预收款的次月纳税申报期向主管国税机关预缴税款。

一般纳税人销售自行开发的房地产项目适用一般计税方法计税的，应按照《试点实施办法》规定的纳税义务发生时间，以当期销售额和 11% 的适用税率计算当期应纳税额，抵减已预缴税款后，向主管国税机关申报纳税。未抵减完的预缴税款可以结转下期继续抵减。

一般纳税人销售自行开发的房地产项目适用简易计税方法计税的。应按照《试点实施方法》规定的纳税义务发生时间，以当期销售额和 5% 的征收率计算当期应纳税额，抵减已预缴税款后，向主管国税税务机关申报纳税。未抵减完的预缴税款可以结转下期继续抵减。

② 小规模纳税人预售自行开发的房地产项目。

房地产开发企业中的小规模纳税人采取预收款方式销售自行开发的房地产项目。应在收到预收款时按照 3% 的预征率预缴增值税。

应预缴税款按照以下公式计算：

$$应预缴税款=预收款\div(1+5\%)\times 3\%$$

小规模纳税人应在取得预收款的次月纳税申报期或主管国税机关核定的纳税期限向主管国税机关预缴税款。

小规模纳税人销售自行开发的房地产项目，应按照《试点实施办法》规定的纳税义务发生时间，以当期销售额和 5% 的征收率计算当期应纳税额，抵减已预缴税款后，向主管国税机关申报纳税。未抵减完的预缴税款可以结转下期继续抵减。

(3) 纳税人出租与机构所在地不在同一县(市)的不动产。

① 一般纳税人出租与机构所在地不在同一县(市)的不动产。

一般纳税人出租其 2016 年 4 月 30 日前取得的不动产，可以选择适用简易计税方法，按照 5% 的征收率计算应纳税额。

不动产所在地与机构所在地不在同一县(市、区)的，纳税人应按照上述计税方法向不动产所在地主管国税机关预缴税款，向机构所在地主管国税机关申报纳税。

一般纳税人出租其 2016 年 5 月 1 日后取得的不动产，适用一般计税方法计税。

不动产所在地与机构所在地不在同一县(市、区)的，纳税人应按照3%的预征率向不动产所在地主管国税机关预缴税款，向机构所在地主管国税机关申报纳税。

一般纳税人出租其2016年4月30日前取得的不动产适用一般计税方法计税的，按照上述规定执行。

② 小规模纳税人出租与机构所在地不在同一县(市)的不动产单位和个体工商户出租不动产(不含个体工商户出租住房)，按照5%的征税率计算应纳税额。个体工商户出租住房，按照5%的征收率减按1.5%计算应纳税额。

不动产所在地与机构所在地不在同一县(市、区)的，纳税人应按照上述计税方法向不动产所在地主管国税机关预缴税款，向机构所在地主管国税机关申报纳税。

③ 预缴税款的计算。

纳税人出租不动产适用一般计税方法计税的，按照以下公式计算应预缴税款：

应预缴税款＝含税销售额÷(1＋11%)×3%

纳税人出租不动产适用简易计税方法计税的，除个人出租住房外，按照以下公式计算应预缴税款：

应预缴税款＝含税销售额÷(1＋5%)×5%

个体工商户出租住房，按照以下公式计算应预缴税款：

应预缴税款＝含税销售额÷(1＋5%)×1.5%

④ 其他规定。

纳税人出租的不动产所在地与其机构所在地在同一直辖市或计划单列市但不在同一县(市、区)的，由直辖市或计划单列市国家税务局决定是否在不动产所在地预缴税款。

纳税人出租不动产，按照本办法规定预缴税款的，应在取得租金的次月纳税申报期或不动产所在地主管国税机关核定的纳税期限预缴税款。

单位和个体工商户出租不动产，向不动产所在地主管国税机关预缴的增值税款，可以在当期增值税应纳税额中抵减，抵减不完的，结转下期继续抵减。

纳税人以预缴税款抵减应纳税额，应以完税凭证作为合法有效凭证。

5.3.3　增值税预缴税款表的填报

增值税预缴税款表的填报见表 5-12。

表 5-12　增值税预缴税款表

税款所属时间：2017 年 5 月 1 日至 2017 年 5 月 31 日

纳税人识别号：912301027188735×××　　　是否适用一般计税方法　是☑　否□

纳税人名称：(公章)		哈尔滨市立信建筑股份有限责任公司		金额单位：元(列至角分)	
项目编号			项目名称		
项目地址					
预征项目栏次		销售额	扣除金额	征收率	预征税额
		1	2	3	4
建筑服务	1	1 000 000.00	200 000.00	2%	14 414.41
销售不动产	2				
出租不动产	3				
	4				
	5				
合计	6	1 000 000.00	200 000.00	2%	14 414.41
授权声明	如果你已委托代理人填报，请填写下列资料： 为代理一切税务事宜，现授权 (地址) 为本次纳税人的代理填报人，任何与本表有关的往来文件，都可寄予此人。 授权人签字：		填表人声明	以上内容是真实的、可靠的、完整的。 纳税人签字：	

《增值税预缴税款表》填写说明

一、本表适用于纳税人发生以下情形按规定在国税机关预缴增值税时填写：

（一）纳税人（不含其他个人）跨县（市）提供建筑服务。

（二）房地产开发企业预售自行开发的房地产项目。

（三）纳税人（不含其他个人）出租与机构所在地不在同一县（市）的不动产。

二、基础信息填写说明：

（一）“税款所属时间”：指纳税人申报的增值税预缴税额的所属时间，应填写具体的起止年、月、日。

（二）“纳税人识别号”：填写纳税人的税务登记证件号码；纳税人为未办理过税务登记证的非企业性单位的，填写其组织机构代码证号码。

（三）“纳税人名称”：填写纳税人名称全称。

（四）“是否适用一般计税方法”：该项目适用一般计税方法的纳税人在该项目后的“□”中打“√”，适用简易税方法的纳税人在该项目后的“□”中打“√”。

（五）“项目编号”：由异地提供建筑服务的纳税人和房地产开发企业填《建筑工程施工许可证》上的编码，根据相关规定不需要申请《建筑工程施工许可证》的建筑服务项目或不动产开发项目，不需要填写。出租不动产业务无须填写。

（六）“项目名称”：填写建筑服务或者房地产项目的名称。出租不动产业务不需要填写。

（七）“项目地址”：填写建筑服务项目、房地产项目或出租不动产的具体地址。

三、具体栏次填表说明：

（一）纳税人异地提供建筑服务

纳税人在“预征项目和栏次”部分的第 1 栏“建筑服务”行次填写相关信息：

1. 第 1 列“销售额”：填写纳税人跨县(市)提供建筑服务取得的全部价款和价外费用(含税)；

2. 第 2 列“扣除余额”：填写跨县(市)提供建筑服务项目按照规定准予从全部价款和价外费用中扣除的金额(含税)；

3. 第 3 列“预征率”：填写跨县(市)提供建筑服务项目对应的预征率或者征收率；

4. 第 4 列“预征税额”：填写按照规定计算的应预缴税额。

(二) 房地产开发企业预售自行开发的房地产项目

纳税人在“预征项目和栏次”部分的第 2 栏“销售不动产”行次填写相关信息：

1. 第 1 列“销售额”：填写本期收取的预收款(含税)，包括在取得预收款当月或主管国税机关确定的预缴期取得的全部预收价款和价外费用；

2. 第 2 列“扣除金额”：房地产开发企业不需填写；

3. 第 3 列“预征率”：房地产开发企业预征率为 3%；

4. 第 4 列“预征税额”：填写按照规定计算的应预缴税额。

(三) 纳税人出租不动产

纳税人在“预征项目和栏次”部分的第 3 栏“出租不动产”行次填写相关信息：

1. 第 1 列“销售额”：填写纳税人出租不动产取得全部价款和价外费用(含税)；

2. 第 2 列“扣除金额”无须填写；

3. 第 3 列“预征率”：填写纳税人预缴增值税适用的预征率或者征收率；

4. 第 4 列“预征税额”：填写按照规定计算的应预缴税额。

参考文献

[1] 中华会计网校. 营业税改征增值税最新政策解读及实务案例分析[M]. 北京：中国商业出版社,2016.

[2] 赵静. 营业税改征增值税账务处理与纳税操作指南[M]. 北京：人民邮电出版社,2014.

[3] 艾华,王震. 营业税改征增值税试点政策与实务处理[M]. 北京：中国税务出版社,2012.

[4] 全国税务师职业资格考试教材编写组. 涉税服务实务[M]. 北京：中国税务出版社,2016.

[5] 全国税务师职业资格考试教材编写组. 税法Ⅰ[M]. 北京：中国税务出版社,2016.

[6] 荣红霞. 透析"营改增"试点谈物流企业的纳税筹划问题[J]. 物流科技,2012(12):39～42.

[7] 荣红霞,李响. 新形势下金融业税制改革探析[J]. 金融理论与教学,2015(2):37～39.

[8] 荣红霞,刘钊颖. 企业融资过程中的税务筹划问题研究[J]. 对外经贸,2016(2):154～156.

附录 1

财政部、国家税务总局《关于全面推开营业税改征增值税试点的通知》

财税〔2016〕36 号

各省、自治区、直辖市、计划单列市财政厅（局）、国家税务局、地方税务局，新疆生产建设兵团财务局：

经国务院批准，自 2016 年 5 月 1 日起，在全国范围内全面推开营业税改征增值税（以下称营业税改征增值税）试点，建筑业、房地产业、金融业、生活服务业等全部营业税纳税人，纳入试点范围，由缴纳营业税改为缴纳增值税。现将《营业税改征增值税试点实施办法》《营业税改征增值税试点有关事项的规定》《营业税改征增值税试点过渡政策的规定》和《跨境应税行为适用增值税零税率和免税政策的规定》印发你们，请遵照执行。

本通知附件规定的内容，除另有规定执行时间外，自 2016 年 5 月 1 日起执行。《财政部、国家税务总局关于将铁路运输和邮政业纳入营业税改征增值税试点的通知》（财税〔2013〕106 号）、《财政部、国家税务总局关于铁路运输和邮政业营业税改征增值税试点有关政策的补充通知》（财税〔2013〕121 号）、《财政部、国家税务总局关于将电信业纳入营业税改征增值税试点的通知》（财税〔2014〕43 号）、《财政部、国家税务总局关于国际水路运输增值税零税率政策的补充通知》（财税〔2014〕50 号）和《财政部、国家税务总局关于影视等出口服务适用增值税零税率政策的通知》(财税〔2015〕118 号),除另有规定的条款外,相应废止。

各地要高度重视营业税改征增值税试点工作,切实加强试点工作的组织领导,周密安排,明确责任,采取各种有效措施,做好试点前的各项准备以及试点过程中的监测分析和宣传解释等工作,确保改革的平稳、有序、顺利进行。遇到问题请及时向财政部和国家税务总局反映。

附件:

1. 营业税改征增值税试点实施办法
2. 营业税改征增值税试点有关事项的规定
3. 营业税改征增值税试点过渡政策的规定
4. 跨境应税行为适用增值税零税率和免税政策的规定

财政部、国家税务总局

2016 年 3 月 23 日

附录 2

营业税改征增值税试点实施办法

第一章　纳税人和扣缴义务人

第一条　在中华人民共和国境内(以下称境内)销售服务、无形资产或者不动产(以下称应税行为)的单位和个人,为增值税纳税人,应当按照本办法缴纳增值税,不缴纳营业税。

单位,是指企业、行政单位、事业单位、军事单位、社会团体及其他单位。

个人,是指个体工商户和其他个人。

第二条　单位以承包、承租、挂靠方式经营的,承包人、承租人、挂靠人(以下统称承包人)以发包人、出租人、被挂靠人(以下统称发包人)名义对外经营并由发包人承担相关法律责任的,以该发包人为纳税人。否则,以承包人为纳税人。

第三条　纳税人分为一般纳税人和小规模纳税人。

应税行为的年应征增值税销售额(以下称应税销售额)超过财政部和国家税务总局规定标准的纳税人为一般纳税人,未超过规定标准的纳税人为小规模纳税人。

年应税销售额超过规定标准的其他个人不属于一般纳税人。年应税销售额超过规定标准但不经常发生应税行为的单位和个体工商户可选择按照小规模纳税人纳税。

第四条 年应税销售额未超过规定标准的纳税人，会计核算健全，能够提供准确税务资料的，可以向主管税务机关办理一般纳税人资格登记，成为一般纳税人。

会计核算健全，是指能够按照国家统一的会计制度规定设置账簿，根据合法、有效凭证核算。

第五条 符合一般纳税人条件的纳税人应当向主管税务机关办理一般纳税人资格登记。具体登记办法由国家税务总局制定。

除国家税务总局另有规定外，一经登记为一般纳税人后，不得转为小规模纳税人。

第六条 中华人民共和国境外(以下称境外)单位或者个人在境内发生应税行为，在境内未设有经营机构的，以购买方为增值税扣缴义务人。财政部和国家税务总局另有规定的除外。

第七条 两个或者两个以上的纳税人，经财政部和国家税务总局批准可以视为一个纳税人合并纳税。具体办法由财政部和国家税务总局另行制定。

第八条 纳税人应当按照国家统一的会计制度进行增值税会计核算。

第二章 征税范围

第九条 应税行为的具体范围，按照本办法所附的《销售服务、无形资产、不动产注释》执行。

第十条 销售服务、无形资产或者不动产，是指有偿提供服务、有偿转让无形资产或者不动产，但属于下列非经营活动的情形除外：

(一) 行政单位收取的同时满足以下条件的政府性基金或者行政事业性收费。

1. 由国务院或者财政部批准设立的政府性基金，由国务院或者省级人民政府及其财政、价格主管部门批准设立的行政事业性收费；

2．收取时开具省级以上（含省级）财政部门监（印）制的财政票据；

3．所收款项全额上缴财政。

（二）单位或者个体工商户聘用的员工为本单位或者雇主提供取得工资的服务。

（三）单位或者个体工商户为聘用的员工提供服务。

（四）财政部和国家税务总局规定的其他情形。

第十一条　有偿，是指取得货币、货物或者其他经济利益。

第十二条　在境内销售服务、无形资产或者不动产，是指：

（一）服务（租赁不动产除外）或者无形资产（自然资源使用权除外）的销售方或者购买方在境内；

（二）所销售或者租赁的不动产在境内；

（三）所销售自然资源使用权的自然资源在境内；

（四）财政部和国家税务总局规定的其他情形。

第十三条　下列情形不属于在境内销售服务或者无形资产：

（一）境外单位或者个人向境内单位或者个人销售完全在境外发生的服务。

（二）境外单位或者个人向境内单位或者个人销售完全在境外使用的无形资产。

（三）境外单位或者个人向境内单位或者个人出租完全在境外使用的有形动产。

（四）财政部和国家税务总局规定的其他情形。

第十四条　下列情形视同销售服务、无形资产或者不动产：

（一）单位或者个体工商户向其他单位或者个人无偿提供服务，但用于公益事业或者以社会公众为对象的除外。

（二）单位或者个人向其他单位或者个人无偿转让无形资产或者不动产，但用于公益事业或者以社会公众为对象的除外。

（三）财政部和国家税务总局规定的其他情形。

第三章　税率和征收率

第十五条　增值税税率：

（一）纳税人发生应税行为，除本条第（二）项、第（三）项、第（四）项规定外，税率为6%。

（二）提供交通运输、邮政、基础电信、建筑、不动产租赁服务，销售不动产，转让土地使用权，税率为11%。

（三）提供有形动产租赁服务，税率为17%。

（四）境内单位和个人发生的跨境应税行为，税率为零。具体范围由财政部和国家税务总局另行规定。

第十六条　增值税征收率为3%，财政部和国家税务总局另有规定的除外。

第四章　应纳税额的计算

第一节　一般性规定

第十七条　增值税的计税方法，包括一般计税方法和简易计税方法。

第十八条　一般纳税人发生应税行为适用一般计税方法计税。

一般纳税人发生财政部和国家税务总局规定的特定应税行为，可以选择适用简易计税方法计税，但一经选择，36个月内不得变更。

第十九条　小规模纳税人发生应税行为适用简易计税方法计税。

第二十条　境外单位或者个人在境内发生应税行为，在境内未设有经营机构的，扣缴义务人按照下列公式计算应扣缴税额：

应扣缴税额＝购买方支付的价款÷（1＋税率）×税率

第二节　一般计税方法

第二十一条　一般计税方法的应纳税额，是指当期销项税额抵扣当期进项税额后的余额。应纳税额计算公式：

应纳税额＝当期销项税额－当期进项税额

当期销项税额小于当期进项税额不足抵扣时，其不足部分可以结转下期继续抵扣。

第二十二条 销项税额，是指纳税人发生应税行为按照销售额和增值税税率计算并收取的增值税额。销项税额计算公式：

销项税额＝销售额×税率

第二十三条 一般计税方法的销售额不包括销项税额，纳税人采用销售额和销项税额合并定价方法的，按照下列公式计算销售额：

销售额＝含税销售额÷(1＋税率)

第二十四条 进项税额，是指纳税人购进货物、加工修理修配劳务、服务、无形资产或者不动产，支付或者负担的增值税额。

第二十五条 下列进项税额准予从销项税额中抵扣：

（一）从销售方取得的增值税专用发票（含税控机动车销售统一发票，下同）上注明的增值税额。

（二）从海关取得的海关进口增值税专用缴款书上注明的增值税额。

（三）购进农产品，除取得增值税专用发票或者海关进口增值税专用缴款书外，按照农产品收购发票或者销售发票上注明的农产品买价和13％的扣除率计算的进项税额。计算公式为：

进项税额＝买价×扣除率

买价，是指纳税人购进农产品在农产品收购发票或者销售发票上注明的价款和按照规定缴纳的烟叶税。

购进农产品，按照《农产品增值税进项税额核定扣除试点实施办法》抵扣进项税额的除外。

（四）从境外单位或者个人购进服务、无形资产或者不动产，自税务机关或者扣缴义务人取得的解缴税款的完税凭证上注明的增值税额。

第二十六条 纳税人取得的增值税扣税凭证不符合法律、行政法规或者国家税务总局有关规定的，其进项税额不得从销项税额中抵扣。

增值税扣税凭证，是指增值税专用发票、海关进口增值税专用缴款书、农产品收购发票、农产品销售发票和完税凭证。

纳税人凭完税凭证抵扣进项税额的，应当具备书面合同、付款证明和境外单位的对账单或者发票。资料不全的，其进项税额不得从销项税额中抵扣。

第二十七条　下列项目的进项税额不得从销项税额中抵扣：

（一）用于简易计税方法计税项目、免征增值税项目、集体福利或者个人消费的购进货物、加工修理修配劳务、服务、无形资产和不动产。其中涉及的固定资产、无形资产、不动产，仅指专用于上述项目的固定资产、无形资产（不包括其他权益性无形资产）、不动产。

纳税人的交际应酬消费属于个人消费。

（二）非正常损失的购进货物，以及相关的加工修理修配劳务和交通运输服务。

（三）非正常损失的在产品、产成品所耗用的购进货物（不包括固定资产）、加工修理修配劳务和交通运输服务。

（四）非正常损失的不动产，以及该不动产所耗用的购进货物、设计服务和建筑服务。

（五）非正常损失的不动产在建工程所耗用的购进货物、设计服务和建筑服务。

纳税人新建、改建、扩建、修缮、装饰不动产，均属于不动产在建工程。

（六）购进的旅客运输服务、贷款服务、餐饮服务、居民日常服务和娱乐服务。

（七）财政部和国家税务总局规定的其他情形。

本条第（四）项、第（五）项所称货物，是指构成不动产实体的材料和设备，包括建筑装饰材料和给排水、采暖、卫生、通风、照明、通讯、煤气、消防、中央空调、电梯、电气、智能化楼宇设备及配套设施。

第二十八条 不动产、无形资产的具体范围，按照本办法所附的《销售服务、无形资产或者不动产注释》执行。

固定资产，是指使用期限超过 12 个月的机器、机械、运输工具以及其他与生产经营有关的设备、工具、器具等有形动产。

非正常损失，是指因管理不善造成货物被盗、丢失、霉烂变质，以及因违反法律法规造成货物或者不动产被依法没收、销毁、拆除的情形。

第二十九条 适用一般计税方法的纳税人，兼营简易计税方法计税项目、免征增值税项目而无法划分不得抵扣的进项税额，按照下列公式计算不得抵扣的进项税额：

不得抵扣的进项税额＝当期无法划分的全部进项税额×(当期简易计税方法计税项目销售额＋免征增值税项目销售额)÷当期全部销售额

主管税务机关可以按照上述公式依据年度数据对不得抵扣的进项税额进行清算。

第三十条 已抵扣进项税额的购进货物(不含固定资产)、劳务、服务，发生本办法第二十七条规定情形(简易计税方法计税项目、免征增值税项目除外)的，应当将该进项税额从当期进项税额中扣减；无法确定该进项税额的，按照当期实际成本计算应扣减的进项税额。

第三十一条 已抵扣进项税额的固定资产、无形资产或者不动产，发生本办法第二十七条规定情形的，按照下列公式计算不得抵扣的进项税额：

不得抵扣的进项税额＝固定资产、无形资产或者不动产净值×适用税率

固定资产、无形资产或者不动产净值，是指纳税人根据财务会计制度计提折旧或摊销后的余额。

第三十二条 纳税人适用一般计税方法计税的，因销售折让、中止或者退回而退还给购买方的增值税额，应当从当期的销项税额中扣减；因销

售折让、中止或者退回而收回的增值税额，应当从当期的进项税额中扣减。

第三十三条 有下列情形之一者，应当按照销售额和增值税税率计算应纳税额，不得抵扣进项税额，也不得使用增值税专用发票：

（一）一般纳税人会计核算不健全，或者不能够提供准确税务资料的。

（二）应当办理一般纳税人资格登记而未办理的。

第三节 简易计税方法

第三十四条 简易计税方法的应纳税额，是指按照销售额和增值税征收率计算的增值税额，不得抵扣进项税额。应纳税额计算公式：

应纳税额＝销售额×征收率

第三十五条 简易计税方法的销售额不包括其应纳税额，纳税人采用销售额和应纳税额合并定价方法的，按照下列公式计算销售额：

销售额＝含税销售额÷(1＋征收率)

第三十六条 纳税人适用简易计税方法计税的，因销售折让、中止或者退回而退还给购买方的销售额，应当从当期销售额中扣减。扣减当期销售额后仍有余额造成多缴的税款，可以从以后的应纳税额中扣减。

第四节 销售额的确定

第三十七条 销售额，是指纳税人发生应税行为取得的全部价款和价外费用，财政部和国家税务总局另有规定的除外。

价外费用，是指价外收取的各种性质的收费，但不包括以下项目：

（一）代为收取并符合本办法第十条规定的政府性基金或者行政事业性收费。

（二）以委托方名义开具发票代委托方收取的款项。

第三十八条 销售额以人民币计算。

纳税人按照人民币以外的货币结算销售额的，应当折合成人民币计算，折合率可以选择销售额发生的当天或者当月 1 日的人民币汇率中间价。纳税人应当在事先确定采用何种折合率，确定后 12 个月内不得变更。

第三十九条　纳税人兼营销售货物、劳务、服务、无形资产或者不动产，适用不同税率或者征收率的，应当分别核算适用不同税率或者征收率的销售额；未分别核算的，从高适用税率。

第四十条　一项销售行为如果既涉及服务又涉及货物，为混合销售。从事货物的生产、批发或者零售的单位和个体工商户的混合销售行为，按照销售货物缴纳增值税；其他单位和个体工商户的混合销售行为，按照销售服务缴纳增值税。

本条所称从事货物的生产、批发或者零售的单位和个体工商户，包括以从事货物的生产、批发或者零售为主，并兼营销售服务的单位和个体工商户在内。

第四十一条　纳税人兼营免税、减税项目的，应当分别核算免税、减税项目的销售额；未分别核算的，不得免税、减税。

第四十二条　纳税人发生应税行为，开具增值税专用发票后，发生开票有误或者销售折让、中止、退回等情形的，应当按照国家税务总局的规定开具红字增值税专用发票；未按照规定开具红字增值税专用发票的，不得按照本办法第三十二条和第三十六条的规定扣减销项税额或者销售额。

第四十三条　纳税人发生应税行为，将价款和折扣额在同一张发票上分别注明的，以折扣后的价款为销售额；未在同一张发票上分别注明的，以价款为销售额，不得扣减折扣额。

第四十四条　纳税人发生应税行为价格明显偏低或者偏高且不具有合理商业目的的，或者发生本办法第十四条所列行为而无销售额的，主管税务机关有权按照下列顺序确定销售额：

（一）按照纳税人最近时期销售同类服务、无形资产或者不动产的平均价格确定。

（二）按照其他纳税人最近时期销售同类服务、无形资产或者不动产的平均价格确定。

（三）按照组成计税价格确定。组成计税价格的公式为

组成计税价格＝成本×（1＋成本利润率）

成本利润率由国家税务总局确定。

不具有合理商业目的，是指以谋取税收利益为主要目的，通过人为安排，减少、免除、推迟缴纳增值税税款，或者增加退还增值税税款。

第五章　纳税义务、扣缴义务发生时间和纳税地点

第四十五条　增值税纳税义务、扣缴义务发生时间为

（一）纳税人发生应税行为并收讫销售款项或者取得索取销售款项凭据的当天；先开具发票的，为开具发票的当天。

收讫销售款项，是指纳税人销售服务、无形资产、不动产过程中或者完成后收到款项。

取得索取销售款项凭据的当天，是指书面合同确定的付款日期；未签订书面合同或者书面合同未确定付款日期的，为服务、无形资产转让完成的当天或者不动产权属变更的当天。

（二）纳税人提供建筑服务、租赁服务采取预收款方式的，其纳税义务发生时间为收到预收款的当天。

（三）纳税人从事金融商品转让的，为金融商品所有权转移的当天。

（四）纳税人发生本办法第十四条规定情形的，其纳税义务发生时间为服务、无形资产转让完成的当天或者不动产权属变更的当天。

（五）增值税扣缴义务发生时间为纳税人增值税纳税义务发生的当天。

第四十六条　增值税纳税地点为

（一）固定业户应当向其机构所在地或者居住地主管税务机关申报纳税。总机构和分支机构不在同一县（市）的，应当分别向各自所在地的主管税务机关申报纳税；经财政部和国家税务总局或者其授权的财政和税务机关批准，可以由总机构汇总向总机构所在地的主管税务机关申报纳税。

（二）非固定业户应当向应税行为发生地主管税务机关申报纳税；未申报纳税的，由其机构所在地或者居住地主管税务机关补征税款。

（三）其他个人提供建筑服务，销售或者租赁不动产，转让自然资源使用权，应向建筑服务发生地、不动产所在地、自然资源所在地主管税务机关申报纳税。

（四）扣缴义务人应当向其机构所在地或者居住地主管税务机关申报缴纳扣缴的税款。

第四十七条　增值税的纳税期限分别为 1 日、3 日、5 日、10 日、15 日、1 个月或者 1 个季度。纳税人的具体纳税期限，由主管税务机关根据纳税人应纳税额的大小分别核定。以 1 个季度为纳税期限的规定适用于小规模纳税人、银行、财务公司、信托投资公司、信用社，以及财政部和国家税务总局规定的其他纳税人。不能按照固定期限纳税的，可以按次纳税。

纳税人以 1 个月或者 1 个季度为 1 个纳税期的，自期满之日起 15 日内申报纳税；以 1 日、3 日、5 日、10 日或者 15 日为 1 个纳税期的，自期满之日起 5 日内预缴税款，于次月 1 日起 15 日内申报纳税并结清上月应纳税款。

扣缴义务人解缴税款的期限，按照前两款规定执行。

第六章　税收减免的处理

第四十八条　纳税人发生应税行为适用免税、减税规定的，可以放弃免税、减税，依照本办法的规定缴纳增值税。放弃免税、减税后，36 个月内不得再申请免税、减税。

纳税人发生应税行为同时适用免税和零税率规定的，纳税人可以选择适用免税或者零税率。

第四十九条 个人发生应税行为的销售额未达到增值税起征点的，免征增值税；达到起征点的，全额计算缴纳增值税。

增值税起征点不适用于登记为一般纳税人的个体工商户。

第五十条 增值税起征点幅度如下：

(一) 按期纳税的，为月销售额 5 000—20 000 元(含本数)。

(二) 按次纳税的，为每次(日)销售额 300—500 元(含本数)。

起征点的调整由财政部和国家税务总局规定。省、自治区、直辖市财政厅(局)和国家税务局应当在规定的幅度内，根据实际情况确定本地区适用的起征点，并报财政部和国家税务总局备案。

对增值税小规模纳税人中月销售额未达到 2 万元的企业或非企业性单位，免征增值税。2017 年 12 月 31 日前，对月销售额 2 万元(含本数)至 3 万元的增值税小规模纳税人，免征增值税。

第七章 征收管理

第五十一条 营业税改征的增值税，由国家税务局负责征收。纳税人销售取得的不动产和其他个人出租不动产的增值税，国家税务局暂委托地方税务局代为征收。

第五十二条 纳税人发生适用零税率的应税行为，应当按期向主管税务机关申报办理退(免)税，具体办法由财政部和国家税务总局制定。

第五十三条 纳税人发生应税行为，应当向索取增值税专用发票的购买方开具增值税专用发票，并在增值税专用发票上分别注明销售额和销项税额。

属于下列情形之一的，不得开具增值税专用发票：

(一) 向消费者个人销售服务、无形资产或者不动产。

（二）适用免征增值税规定的应税行为。

第五十四条 小规模纳税人发生应税行为，购买方索取增值税专用发票的，可以向主管税务机关申请代开。

第五十五条 纳税人增值税的征收管理，按照本办法和《中华人民共和国税收征收管理法》及现行增值税征收管理有关规定执行。

附录 3

关于销售服务、无形资产、不动产的注释

一、销售服务

销售服务，是指提供交通运输服务、邮政服务、电信服务、建筑服务、金融服务、现代服务、生活服务。

（一）交通运输服务

交通运输服务，是指利用运输工具将货物或者旅客送达目的地，使其空间位置得到转移的业务活动。包括陆路运输服务、水路运输服务、航空运输服务和管道运输服务。

1. 陆路运输服务

陆路运输服务，是指通过陆路（地上或者地下）运送货物或者旅客的运输业务活动，包括铁路运输服务和其他陆路运输服务。

（1）铁路运输服务，是指通过铁路运送货物或者旅客的运输业务活动。

（2）其他陆路运输服务，是指铁路运输以外的陆路运输业务活动。包括公路运输、缆车运输、索道运输、地铁运输、城市轻轨运输等。

出租车公司向使用本公司自有出租车的出租车司机收取的管理费用，

按照陆路运输服务缴纳增值税。

2. 水路运输服务

水路运输服务，是指通过江、河、湖、川等天然、人工水道或者海洋航道运送货物或者旅客的运输业务活动。

水路运输的程租、期租业务，属于水路运输服务。

程租业务，是指运输企业为租船人完成某一特定航次的运输任务并收取租赁费的业务。

期租业务，是指运输企业将配备有操作人员的船舶承租给他人使用一定期限，承租期内听候承租方调遣，不论是否经营，均按天向承租方收取租赁费，发生的固定费用均由船东负担的业务。

3. 航空运输服务

航空运输服务，是指通过空中航线运送货物或者旅客的运输业务活动。

航空运输的湿租业务，属于航空运输服务。

湿租业务，是指航空运输企业将配备有机组人员的飞机承租给他人使用一定期限，承租期内听候承租方调遣，不论是否经营，均按一定标准向承租方收取租赁费，发生的固定费用均由承租方承担的业务。

航天运输服务，按照航空运输服务缴纳增值税。

航天运输服务，是指利用火箭等载体将卫星、空间探测器等空间飞行器发射到空间轨道的业务活动。

4. 管道运输服务

管道运输服务，是指通过管道设施输送气体、液体、固体物质的运输业务活动。

无运输工具承运业务，按照交通运输服务缴纳增值税。

无运输工具承运业务，是指经营者以承运人身份与托运人签订运输服务合同，收取运费并承担承运人责任，然后委托实际承运人完成运输服务的经营活动。

（二）邮政服务

邮政服务，是指中国邮政集团公司及其所属邮政企业提供邮件寄递、邮政汇兑和机要通信等邮政基本服务的业务活动。包括邮政普遍服务、邮政特殊服务和其他邮政服务。

1. 邮政普遍服务

邮政普遍服务，是指函件、包裹等邮件寄递，以及邮票发行、报刊发行和邮政汇兑等业务活动。

函件，是指信函、印刷品、邮资封片卡、无名址函件和邮政小包等。

包裹，是指按照封装上的名址递送给特定个人或者单位的独立封装的物品，其重量不超过五十千克，任何一边的尺寸不超过一百五十厘米，长、宽、高合计不超过三百厘米。

2. 邮政特殊服务

邮政特殊服务，是指义务兵平常信函、机要通信、盲人读物和革命烈士遗物的寄递等业务活动。

3. 其他邮政服务

其他邮政服务，是指邮册等邮品销售、邮政代理等业务活动。

（三）电信服务

电信服务，是指利用有线、无线的电磁系统或者光电系统等各种通信网络资源，提供语音通话服务，传送、发射、接收或者应用图像、短信等电子数据和信息的业务活动。包括基础电信服务和增值电信服务。

1. 基础电信服务

基础电信服务，是指利用固网、移动网、卫星、互联网，提供语音通话服务的业务活动，以及出租或者出售带宽、波长等网络元素的业务活动。

2. 增值电信服务

增值电信服务，是指利用固网、移动网、卫星、互联网、有线电视网络，提供短信和彩信服务、电子数据和信息的传输及应用服务、互联网接入服务等业务活动。

卫星电视信号落地转接服务，按照增值电信服务缴纳增值税。

（四）建筑服务

建筑服务，是指各类建筑物、构筑物及其附属设施的建造、修缮、装饰，线路、管道、设备、设施等的安装以及其他工程作业的业务活动。包括工程服务、安装服务、修缮服务、装饰服务和其他建筑服务。

1. 工程服务

工程服务，是指新建、改建各种建筑物、构筑物的工程作业，包括与建筑物相连的各种设备或者支柱、操作平台的安装或者装设工程作业，以及各种窑炉和金属结构工程作业。

2. 安装服务

安装服务，是指生产设备、动力设备、起重设备、运输设备、传动设备、医疗实验设备以及其他各种设备、设施的装配、安置工程作业，包括与被安装设备相连的工作台、梯子、栏杆的装设工程作业，以及被安装设备的绝缘、防腐、保温、油漆等工程作业。

固定电话、有线电视、宽带、水、电、燃气、暖气等经营者向用户收取的安装费、初装费、开户费、扩容费以及类似收费，按照安装服务缴纳增值税。

3. 修缮服务

修缮服务，是指对建筑物、构筑物进行修补、加固、养护、改善，使之恢复原来的使用价值或者延长其使用期限的工程作业。

4. 装饰服务

装饰服务，是指对建筑物、构筑物进行修饰装修，使之美观或者具有特定用途的工程作业。

5. 其他建筑服务

其他建筑服务，是指上列工程作业之外的各种工程作业服务，如钻井（打井）、拆除建筑物或者构筑物、平整土地、园林绿化、疏浚（不包括航道疏浚）、建筑物平移、搭脚手架、爆破、矿山穿孔、表面附着物（包括岩层、土层、沙层等）剥离和清理等工程作业。

（五）金融服务

金融服务，是指经营金融保险的业务活动。包括贷款服务、直接收费金融服务、保险服务和金融商品转让。

1. 贷款服务

贷款，是指将资金贷与他人使用而取得利息收入的业务活动。

各种占用、拆借资金取得的收入，包括金融商品持有期间（含到期）利息（保本收益、报酬、资金占用费、补偿金等）收入、信用卡透支利息收入、买入返售金融商品利息收入、融资融券收取的利息收入，以及融资性售后回租、押汇、罚息、票据贴现、转贷等业务取得的利息及利息性质的收入，按照贷款服务缴纳增值税。

融资性售后回租，是指承租方以融资为目的，将资产出售给从事融资性售后回租业务的企业后，从事融资性售后回租业务的企业将该资产出租给承租方的业务活动。

以货币资金投资收取的固定利润或者保底利润，按照贷款服务缴纳增值税。

2. 直接收费金融服务

直接收费金融服务，是指为货币资金融通及其他金融业务提供相关服务并且收取费用的业务活动。包括提供货币兑换、账户管理、电子银行、信用卡、信用证、财务担保、资产管理、信托管理、基金管理、金融交易场所（平台）管理、资金结算、资金清算、金融支付等服务。

3. 保险服务

保险服务，是指投保人根据合同约定，向保险人支付保险费，保险人对于合同约定的可能发生的事故因其发生所造成的财产损失承担赔偿保险金责任，或者当被保险人死亡、伤残、疾病或者达到合同约定的年龄、期限等条件时承担给付保险金责任的商业保险行为。包括人身保险服务和财产保险服务。

人身保险服务，是指以人的寿命和身体为保险标的的保险业务活动。

财产保险服务，是指以财产及其有关利益为保险标的的保险业务活动。

4. 金融商品转让

金融商品转让，是指转让外汇、有价证券、非货物期货和其他金融商品所有权的业务活动。

其他金融商品转让包括基金、信托、理财产品等各类资产管理产品和各种金融衍生品的转让。

（六）现代服务

现代服务，是指围绕制造业、文化产业、现代物流产业等提供技术性、知识性服务的业务活动。包括研发和技术服务、信息技术服务、文化创意服务、物流辅助服务、租赁服务、鉴证咨询服务、广播影视服务、商务辅助服务和其他现代服务。

1. 研发和技术服务

研发和技术服务，包括研发服务、合同能源管理服务、工程勘察勘探服务、专业技术服务。

（1）研发服务，也称技术开发服务，是指就新技术、新产品、新工艺或者新材料及其系统进行研究与试验开发的业务活动。

（2）合同能源管理服务，是指节能服务公司与用能单位以契约形式约定节能目标，节能服务公司提供必要的服务，用能单位以节能效果支付节能服务公司投入及其合理报酬的业务活动。

（3）工程勘察勘探服务，是指在采矿、工程施工前后，对地形、地质构造、地下资源蕴藏情况进行实地调查的业务活动。

（4）专业技术服务，是指气象服务、地震服务、海洋服务、测绘服务、城市规划、环境与生态监测服务等专项技术服务。

2. 信息技术服务

信息技术服务，是指利用计算机、通信网络等技术对信息进行生产、收集、处理、加工、存储、运输、检索和利用，并提供信息服务的业务活动。包括软件服务、电路设计及测试服务、信息系统服务、业务流程管理服务和信息系统增值服务。

（1）软件服务，是指提供软件开发服务、软件维护服务、软件测试服务的业务活动。

（2）电路设计及测试服务，是指提供集成电路和电子电路产品设计、测试及相关技术支持服务的业务活动。

（3）信息系统服务，是指提供信息系统集成、网络管理、网站内容维护、桌面管理与维护、信息系统应用、基础信息技术管理平台整合、信息技术基础设施管理、数据中心、托管中心、信息安全服务、在线杀毒、虚拟主机等业务活动。包括网站对非自有的网络游戏提供的网络运营服务。

（4）业务流程管理服务，是指依托信息技术提供的人力资源管理、财务经济管理、审计管理、税务管理、物流信息管理、经营信息管理和呼叫中心等服务的活动。

（5）信息系统增值服务，是指利用信息系统资源为用户附加提供的信息技术服务。包括数据处理、分析和整合、数据库管理、数据备份、数据存储、容灾服务、电子商务平台等。

3. 文化创意服务

文化创意服务，包括设计服务、知识产权服务、广告服务和会议展览服务。

(1) 设计服务，是指把计划、规划、设想通过文字、语言、图画、声音、视觉等形式传递出来的业务活动。包括工业设计、内部管理设计、业务运作设计、供应链设计、造型设计、服装设计、环境设计、平面设计、包装设计、动漫设计、网游设计、展示设计、网站设计、机械设计、工程设计、广告设计、创意策划、文印晒图等。

(2) 知识产权服务，是指处理知识产权事务的业务活动。包括对专利、商标、著作权、软件、集成电路布图设计的登记、鉴定、评估、认证、检索服务。

(3) 广告服务，是指利用图书、报纸、杂志、广播、电视、电影、幻灯、路牌、招贴、橱窗、霓虹灯、灯箱、互联网等各种形式为客户的商品、经营服务项目、文体节目或者通告、声明等委托事项进行宣传和提供相关服务的业务活动。包括广告代理和广告的发布、播映、宣传、展示等。

(4) 会议展览服务，是指为商品流通、促销、展示、经贸洽谈、民间交流、企业沟通、国际往来等举办或者组织安排的各类展览和会议的业务活动。

4. 物流辅助服务

物流辅助服务，包括航空服务、港口码头服务、货运客运场站服务、打捞救助服务、装卸搬运服务、仓储服务和收派服务。

(1) 航空服务，包括航空地面服务和通用航空服务。

航空地面服务，是指航空公司、飞机场、民航管理局、航站等向在境内航行或者在境内机场停留的境内外飞机或者其他飞行器提供的导航等劳务性地面服务的业务活动。包括旅客安全检查服务、停机坪管理服务、机场候机厅管理服务、飞机清洗消毒服务、空中飞行管理服务、飞机起降服务、飞行通讯服务、地面信号服务、飞机安全服务、飞机跑道管理服务、空中交通管理服务等。

通用航空服务，是指为专业工作提供飞行服务的业务活动，包括航空摄影、航空培训、航空测量、航空勘探、航空护林、航空吊挂播撒、航空降雨、航空气象探测、航空海洋监测、航空科学实验等。

（2）港口码头服务，是指港务船舶调度服务、船舶通讯服务、航道管理服务、航道疏浚服务、灯塔管理服务、航标管理服务、船舶引航服务、理货服务、系解缆服务、停泊和移泊服务、海上船舶溢油清除服务、水上交通管理服务、船只专业清洗消毒检测服务和防止船只漏油服务等为船只提供服务的业务活动。

港口设施经营人收取的港口设施保安费按照港口码头服务缴纳增值税。

（3）货运客运场站服务，是指货运客运场站提供货物配载服务、运输组织服务、中转换乘服务、车辆调度服务、票务服务、货物打包整理、铁路线路使用服务、加挂铁路客车服务、铁路行包专列发送服务、铁路到达和中转服务、铁路车辆编解服务、车辆挂运服务、铁路接触网服务、铁路机车牵引服务等业务活动。

（4）打捞救助服务，是指提供船舶人员救助、船舶财产救助、水上救助和沉船沉物打捞服务的业务活动。

（5）装卸搬运服务，是指使用装卸搬运工具或者人力、畜力将货物在运输工具之间、装卸现场之间或者运输工具与装卸现场之间进行装卸和搬运的业务活动。

（6）仓储服务，是指利用仓库、货场或者其他场所代客贮放、保管货物的业务活动。

（7）收派服务，是指接受寄件人委托，在承诺的时限内完成函件和包裹的收件、分拣、派送服务的业务活动。

收件服务，是指从寄件人收取函件和包裹，并运送到服务提供方同城的集散中心的业务活动。

分拣服务，是指服务提供方在其集散中心对函件和包裹进行归类、分发的业务活动。

派送服务，是指服务提供方从其集散中心将函件和包裹送达同城的收件人的业务活动。

5. 租赁服务

租赁服务，包括融资租赁服务和经营租赁服务。

(1) 融资租赁服务，是指具有融资性质和所有权转移特点的租赁活动。即出租人根据承租人所要求的规格、型号、性能等条件购入有形动产或者不动产租赁给承租人，合同期内租赁物所有权属于出租人，承租人只拥有使用权，合同期满付清租金后，承租人有权按照残值购入租赁物，以拥有其所有权。不论出租人是否将租赁物销售给承租人，均属于融资租赁。

按照标的物的不同，融资租赁服务可分为有形动产融资租赁服务和不动产融资租赁服务。

融资性售后回租不按照本税目缴纳增值税。

(2) 经营租赁服务，是指在约定时间内将有形动产或者不动产转让他人使用且租赁物所有权不变更的业务活动。

按照标的物的不同，经营租赁服务可分为有形动产经营租赁服务和不动产经营租赁服务。

将建筑物、构筑物等不动产或者飞机、车辆等有形动产的广告位出租给其他单位或者个人用于发布广告，按照经营租赁服务缴纳增值税。

车辆停放服务、道路通行服务（包括过路费、过桥费、过闸费等）等按照不动产经营租赁服务缴纳增值税。

水路运输的光租业务、航空运输的干租业务，属于经营租赁。

光租业务，是指运输企业将船舶在约定的时间内出租给他人使用，不配备操作人员，不承担运输过程中发生的各项费用，只收取固定租赁费的业务活动。

干租业务，是指航空运输企业将飞机在约定的时间内出租给他人使用，不配备机组人员，不承担运输过程中发生的各项费用，只收取固定租赁费的业务活动。

6. 鉴证咨询服务

鉴证咨询服务，包括认证服务、鉴证服务和咨询服务。

(1) 认证服务，是指具有专业资质的单位利用检测、检验、计量等技术，证明产品、服务、管理体系符合相关技术规范、相关技术规范的强制性要求或者标准的业务活动。

(2) 鉴证服务，是指具有专业资质的单位受托对相关事项进行鉴证，发表具有证明力的意见的业务活动。包括会计鉴证、税务鉴证、法律鉴证、职业技能鉴定、工程造价鉴证、工程监理、资产评估、环境评估、房地产土地评估、建筑图纸审核、医疗事故鉴定等。

(3) 咨询服务，是指提供信息、建议、策划、顾问等服务的活动。包括金融、软件、技术、财务、税收、法律、内部管理、业务运作、流程管理、健康等方面的咨询。

翻译服务和市场调查服务按照咨询服务缴纳增值税。

7. 广播影视服务

广播影视服务，包括广播影视节目(作品)的制作服务、发行服务和播映(含放映，下同)服务。

(1) 广播影视节目(作品)制作服务，是指进行专题(特别节目)、专栏、综艺、体育、动画片、广播剧、电视剧、电影等广播影视节目和作品制作的服务。具体包括与广播影视节目和作品相关的策划、采编、拍摄、录音、音视频文字图片素材制作、场景布置、后期的剪辑、翻译(编译)、字幕制作、片头、片尾、片花制作、特效制作、影片修复、编目和确权等业务活动。

(2) 广播影视节目(作品)发行服务，是指以分账、买断、委托等方式，向影院、电台、电视台、网站等单位和个人发行广播影视节目(作品)以及转让体育赛事等活动的报道及播映权的业务活动。

(3) 广播影视节目(作品)播映服务，是指在影院、剧院、录像厅及其他场所播映广播影视节目(作品)，以及通过电台、电视台、卫星通信、互联网、有线电视等无线或者有线装置播映广播影视节目(作品)的业务活动。

8. 商务辅助服务

商务辅助服务，包括企业管理服务、经纪代理服务、人力资源服务、安全保护服务。

(1) 企业管理服务，是指提供总部管理、投资与资产管理、市场管理、物业管理、日常综合管理等服务的业务活动。

(2) 经纪代理服务，是指各类经纪、中介、代理服务。包括金融代理、知识产权代理、货物运输代理、代理报关、法律代理、房地产中介、职业中介、婚姻中介、代理记账、拍卖等。

货物运输代理服务，是指接受货物收货人、发货人、船舶所有人、船舶承租人或者船舶经营人的委托，以委托人的名义，为委托人办理货物运输、装卸、仓储和船舶进出港口、引航、靠泊等相关手续的业务活动。

代理报关服务，是指接受进出口货物的收、发货人委托，代为办理报关手续的业务活动。

(3) 人力资源服务，是指提供公共就业、劳务派遣、人才委托招聘、劳动力外包等服务的业务活动。

(4) 安全保护服务，是指提供保护人身安全和财产安全，维护社会治安等的业务活动。包括场所住宅保安、特种保安、安全系统监控以及其他安保服务。

9. 其他现代服务

其他现代服务，是指除研发和技术服务、信息技术服务、文化创意服务、物流辅助服务、租赁服务、鉴证咨询服务、广播影视服务和商务辅助服务以外的现代服务。

（七）生活服务

生活服务，是指为满足城乡居民日常生活需求提供的各类服务活动。包括文化体育服务、教育医疗服务、旅游娱乐服务、餐饮住宿服务、居民日常服务和其他生活服务。

1. 文化体育服务

文化体育服务，包括文化服务和体育服务。

(1) 文化服务，是指为满足社会公众文化生活需求提供的各种服务。包括：文艺创作、文艺表演、文化比赛，图书馆的图书和资料借阅，档案馆的档案管理，文物及非物质遗产保护，组织举办宗教活动、科技活动、文化活动，提供游览场所。

(2) 体育服务，是指组织举办体育比赛、体育表演、体育活动，以及提供体育训练、体育指导、体育管理的业务活动。

2. 教育医疗服务

教育医疗服务，包括教育服务和医疗服务。

(1) 教育服务，是指提供学历教育服务、非学历教育服务、教育辅助服务的业务活动。

学历教育服务，是指根据教育行政管理部门确定或者认可的招生和教学计划组织教学，并颁发相应学历证书的业务活动。包括初等教育、初级中等教育、高级中等教育、高等教育等。

非学历教育服务，包括学前教育、各类培训、演讲、讲座、报告会等。

教育辅助服务，包括教育测评、考试、招生等服务。

(2) 医疗服务，是指提供医学检查、诊断、治疗、康复、预防、保健、接生、计划生育、防疫服务等方面的服务，以及与这些服务有关的提供药品、医用材料器具、救护车、病房住宿和伙食的业务。

3. 旅游娱乐服务

旅游娱乐服务，包括旅游服务和娱乐服务。

(1) 旅游服务，是指根据旅游者的要求，组织安排交通、游览、住宿、餐饮、购物、文娱、商务等服务的业务活动。

(2) 娱乐服务，是指为娱乐活动同时提供场所和服务的业务。

具体包括：歌厅、舞厅、夜总会、酒吧、台球、高尔夫球、保龄球、游艺(包括射击、狩猎、跑马、游戏机、蹦极、卡丁车、热气球、动力伞、射箭、飞镖)。

4. 餐饮住宿服务

餐饮住宿服务，包括餐饮服务和住宿服务。

(1) 餐饮服务，是指通过同时提供饮食和饮食场所的方式为消费者提供饮食消费服务的业务活动。

(2) 住宿服务，是指提供住宿场所及配套服务等的活动。包括宾馆、旅馆、旅社、度假村和其他经营性住宿场所提供的住宿服务。

5. 居民日常服务

居民日常服务，是指主要为满足居民个人及其家庭日常生活需求提供的服务，包括市容市政管理、家政、婚庆、养老、殡葬、照料和护理、救助救济、美容美发、按摩、桑拿、氧吧、足疗、沐浴、洗染、摄影扩印等服务。

6. 其他生活服务

其他生活服务，是指除文化体育服务、教育医疗服务、旅游娱乐服务、餐饮住宿服务和居民日常服务之外的生活服务。

二、销售无形资产

销售无形资产，是指转让无形资产所有权或者使用权的业务活动。无形资产，是指不具实物形态，但能带来经济利益的资产，包括技术、商标、著作权、商誉、自然资源使用权和其他权益性无形资产。

技术，包括专利技术和非专利技术。

自然资源使用权，包括土地使用权、海域使用权、探矿权、采矿权、取水权和其他自然资源使用权。

其他权益性无形资产，包括基础设施资产经营权、公共事业特许权、配额、经营权（包括特许经营权、连锁经营权、其他经营权）、经销权、分销权、代理权、会员权、席位权、网络游戏虚拟道具、域名、名称权、肖像权、冠名权、转会费等。

三、销售不动产

销售不动产，是指转让不动产所有权的业务活动。不动产，是指不能移动或者移动后会引起性质、形状改变的财产，包括建筑物、构筑物等。

建筑物，包括住宅、商业营业用房、办公楼等可供居住、工作或者进行其他活动的建造物。

构筑物，包括道路、桥梁、隧道、水坝等建造物。

转让建筑物有限产权或者永久使用权的，转让在建的建筑物或者构筑物所有权的，以及在转让建筑物或者构筑物时一并转让其所占土地的使用权的，按照销售不动产缴纳增值税。

附录 4

营业税改征增值税试点有关事项的规定

一、营业税改征增值税试点期间，试点纳税人按照《营业税改征增值税试点实施办法》（以下称《试点实施办法》）缴纳增值税的纳税人有关政策

（一）兼营

试点纳税人销售货物、加工修理修配劳务、服务、无形资产或者不动产适用不同税率或者征收率的，应当分别核算适用不同税率或者征收率的销售额，未分别核算销售额的，按照以下方法适用税率或者征收率：

1. 兼有不同税率的销售货物、加工修理修配劳务、服务、无形资产或者不动产，从高适用税率。

2. 兼有不同征收率的销售货物、加工修理修配劳务、服务、无形资产或者不动产，从高适用征收率。

3. 兼有不同税率和征收率的销售货物、加工修理修配劳务、服务、无形资产或者不动产，从高适用税率。

（二）不征收增值税项目

1. 根据国家指令无偿提供的铁路运输服务、航空运输服务，属于《试点实施办法》第十四条规定的用于公益事业的服务。

2. 存款利息。

3. 被保险人获得的保险赔付。

4. 房地产主管部门或者其指定机构、公积金管理中心、开发企业以及物业管理单位代收的住宅专项维修资金。

5. 在资产重组过程中，通过合并、分立、出售、置换等方式，将全部或者部分实物资产以及与其相关联的债权、负债和劳动力一并转让给其他单位和个人，其中涉及的不动产、土地使用权转让行为。

（三）销售额

1. 贷款服务，以提供贷款服务取得的全部利息及利息性质的收入为销售额。

2. 直接收费金融服务，以提供直接收费金融服务收取的手续费、佣金、酬金、管理费、服务费、经手费、开户费、过户费、结算费、转托管费等各类费用为销售额。

3. 金融商品转让，按照卖出价扣除买入价后的余额为销售额。

转让金融商品出现的正负差，按盈亏相抵后的余额为销售额。若相抵后出现负差，可结转下一纳税期与下期转让金融商品销售额相抵，但年末时仍出现负差的，不得转入下一个会计年度。

金融商品的买入价，可以选择按照加权平均法或者移动加权平均法进行核算，选择后36个月内不得变更。

金融商品转让，不得开具增值税专用发票。

4. 经纪代理服务，以取得的全部价款和价外费用，扣除向委托方收取并代为支付的政府性基金或者行政事业性收费后的余额为销售额。向委托方收取的政府性基金或者行政事业性收费，不得开具增值税专用发票。

5. 融资租赁和融资性售后回租业务。

(1) 经人民银行、银监会或者商务部批准从事融资租赁业务的试点纳税人，提供融资租赁服务，以取得的全部价款和价外费用，扣除支付的借款利息（包括外汇借款和人民币借款利息）、发行债券利息和车辆购置税后的余额为销售额。

（2）经人民银行、银监会或者商务部批准从事融资租赁业务的试点纳税人，提供融资性售后回租服务，以取得的全部价款和价外费用（不含本金），扣除对外支付的借款利息（包括外汇借款和人民币借款利息）、发行债券利息后的余额作为销售额。

（3）试点纳税人根据2016年4月30日前签订的有形动产融资性售后回租合同，在合同到期前提供的有形动产融资性售后回租服务，可继续按照有形动产融资租赁服务缴纳增值税。

继续按照有形动产融资租赁服务缴纳增值税的试点纳税人，经人民银行、银监会或者商务部批准从事融资租赁业务的，根据2016年4月30日前签订的有形动产融资性售后回租合同，在合同到期前提供的有形动产融资性售后回租服务，可以选择以下方法之一计算销售额：

① 以向承租方收取的全部价款和价外费用，扣除向承租方收取的价款本金，以及对外支付的借款利息（包括外汇借款和人民币借款利息）、发行债券利息后的余额为销售额。

纳税人提供有形动产融资性售后回租服务，计算当期销售额时可以扣除的价款本金，为书面合同约定的当期应当收取的本金。无书面合同或者书面合同没有约定的，为当期实际收取的本金。

试点纳税人提供有形动产融资性售后回租服务，向承租方收取的有形动产价款本金，不得开具增值税专用发票，可以开具普通发票。

② 以向承租方收取的全部价款和价外费用，扣除支付的借款利息（包括外汇借款和人民币借款利息）、发行债券利息后的余额为销售额。

（4）经商务部授权的省级商务主管部门和国家经济技术开发区批准的从事融资租赁业务的试点纳税人，2016年5月1日后实收资本达到

1.7 亿元的，从达到标准的当月起按照上述第(1)、(2)、(3)点规定执行；2016 年 5 月 1 日后实收资本未达到 1.7 亿元但注册资本达到 1.7 亿元的，在 2016 年 7 月 31 日前仍可按照上述第(1)、(2)、(3)点规定执行，2016 年 8 月 1 日后开展的融资租赁业务和融资性售后回租业务不得按照上述第(1)、(2)、(3)点规定执行。

6. 航空运输企业的销售额，不包括代收的机场建设费和代售其他航空运输企业客票而代收转付的价款。

7. 试点纳税人中的一般纳税人(以下称一般纳税人)提供客运场站服务，以其取得的全部价款和价外费用，扣除支付给承运方运费后的余额为销售额。

8. 试点纳税人提供旅游服务，可以选择以取得的全部价款和价外费用，扣除向旅游服务购买方收取并支付给其他单位或者个人的住宿费、餐饮费、交通费、签证费、门票费和支付给其他接团旅游企业的旅游费用后的余额为销售额。

选择上述办法计算销售额的试点纳税人，向旅游服务购买方收取并支付的上述费用，不得开具增值税专用发票，可以开具普通发票。

9. 试点纳税人提供建筑服务适用简易计税方法的，以取得的全部价款和价外费用扣除支付的分包款后的余额为销售额。

10. 房地产开发企业中的一般纳税人销售其开发的房地产项目(选择简易计税方法的房地产老项目除外)，以取得的全部价款和价外费用，扣除受让土地时向政府部门支付的土地价款后的余额为销售额。

房地产老项目，是指《建筑工程施工许可证》注明的合同开工日期在 2016 年 4 月 30 日前的房地产项目。

11. 试点纳税人按照上述 4～10 款的规定从全部价款和价外费用中扣除的价款，应当取得符合法律、行政法规和国家税务总局规定的有效凭证。否则，不得扣除。

上述凭证是指：

(1) 支付给境内单位或者个人的款项，以发票为合法有效凭证。

(2) 支付给境外单位或者个人的款项，以该单位或者个人的签收单据为合法有效凭证，税务机关对签收单据有疑义的，可以要求其提供境外公证机构的确认证明。

(3) 缴纳的税款，以完税凭证为合法有效凭证。

(4) 扣除的政府性基金、行政事业性收费或者向政府支付的土地价款，以省级以上(含省级)财政部门监(印)制的财政票据为合法有效凭证。

(5) 国家税务总局规定的其他凭证。

纳税人取得的上述凭证属于增值税扣税凭证的，其进项税额不得从销项税额中抵扣。

(四) 进项税额

1. 适用一般计税方法的试点纳税人，2016 年 5 月 1 日后取得并在会计制度上按固定资产核算的不动产或者 2016 年 5 月 1 日后取得的不动产在建工程，其进项税额应自取得之日起分 2 年从销项税额中抵扣，第一年抵扣比例为 60%，第二年抵扣比例为 40%。

取得不动产，包括以直接购买、接受捐赠、接受投资入股、自建以及抵债等各种形式取得不动产，不包括房地产开发企业自行开发的房地产项目。

融资租入的不动产以及在施工现场修建的临时建筑物、构筑物，其进项税额不适用上述分 2 年抵扣的规定。

2. 按照《试点实施办法》第二十七条第(一)项规定不得抵扣且未抵扣进项税额的固定资产、无形资产、不动产，发生用途改变，用于允许抵扣进项税额的应税项目，可在用途改变的次月按照下列公式计算可以抵扣的进项税额：

可以抵扣的进项税额＝固定资产、无形资产、不动产净值÷(1＋适用税率)×适用税率

上述可以抵扣的进项税额应取得合法有效的增值税扣税凭证。

3. 纳税人接受贷款服务向贷款方支付的与该笔贷款直接相关的投融资顾问费、手续费、咨询费等费用，其进项税额不得从销项税额中抵扣。

(五) 一般纳税人资格登记

《试点实施办法》第三条规定的年应税销售额标准为500万元(含本数)。财政部和国家税务总局可以对年应税销售额标准进行调整。

(六) 计税方法

一般纳税人发生下列应税行为可以选择适用简易计税方法计税：

1. 公共交通运输服务。

公共交通运输服务，包括轮客渡、公交客运、地铁、城市轻轨、出租车、长途客运、班车。

班车，是指按固定路线、固定时间运营并在固定站点停靠的运送旅客的陆路运输服务。

2. 经认定的动漫企业为开发动漫产品提供的动漫脚本编撰、形象设计、背景设计、动画设计、分镜、动画制作、摄制、描线、上色、画面合成、配音、配乐、音效合成、剪辑、字幕制作、压缩转码(面向网络动漫、手机动漫格式适配)服务，以及在境内转让动漫版权(包括动漫品牌、形象或者内容的授权及再授权)。

动漫企业和自主开发、生产动漫产品的认定标准和认定程序，按照《文化部 财政部 国家税务总局关于印发〈动漫企业认定管理办法(试行)〉的通知》(文市发〔2008〕51号)的规定执行。

3. 电影放映服务、仓储服务、装卸搬运服务、收派服务和文化体育服务。

4. 以纳入营业税改征增值税试点之日前取得的有形动产为标的物提供的经营租赁服务。

5. 在纳入营业税改征增值税试点之日前签订的尚未执行完毕的有形动产租赁合同。

（七）建筑服务

1. 一般纳税人以清包工方式提供的建筑服务，可以选择适用简易计税方法计税。

以清包工方式提供建筑服务，是指施工方不采购建筑工程所需的材料或只采购辅助材料，并收取人工费、管理费或者其他费用的建筑服务。

2. 一般纳税人为甲供工程提供的建筑服务，可以选择适用简易计税方法计税。

甲供工程，是指全部或部分设备、材料、动力由工程发包方自行采购的建筑工程。

3. 一般纳税人为建筑工程老项目提供的建筑服务，可以选择适用简易计税方法计税。

建筑工程老项目，是指：

（1）《建筑工程施工许可证》注明的合同开工日期在 2016 年 4 月 30 日前的建筑工程项目；

（2）未取得《建筑工程施工许可证》的，建筑工程承包合同注明的开工日期在 2016 年 4 月 30 日前的建筑工程项目。

4. 一般纳税人跨县（市）提供建筑服务，适用一般计税方法计税的，应以取得的全部价款和价外费用为销售额计算应纳税额。纳税人应以取得的全部价款和价外费用扣除支付的分包款后的余额，按照 2% 的预征率在建筑服务发生地预缴税款后，向机构所在地主管税务机关进行纳税申报。

5. 一般纳税人跨县（市）提供建筑服务，选择适用简易计税方法计税的，应以取得的全部价款和价外费用扣除支付的分包款后的余额为销售额，按照 3% 的征收率计算应纳税额。纳税人应按照上述计税方法在建筑服务发生地预缴税款后，向机构所在地主管税务机关进行纳税申报。

6. 试点纳税人中的小规模纳税人（以下称小规模纳税人）跨县（市）提供建筑服务，应以取得的全部价款和价外费用扣除支付的分包款后的余额为销售额，按照3%的征收率计算应纳税额。纳税人应按照上述计税方法在建筑服务发生地预缴税款后，向机构所在地主管税务机关进行纳税申报。

（八）销售不动产

1. 一般纳税人销售其2016年4月30日前取得（不含自建）的不动产，可以选择适用简易计税方法，以取得的全部价款和价外费用减去该项不动产购置原价或者取得不动产时的作价后的余额为销售额，按照5%的征收率计算应纳税额。纳税人应按照上述计税方法在不动产所在地预缴税款后，向机构所在地主管税务机关进行纳税申报。

2. 一般纳税人销售其2016年4月30日前自建的不动产，可以选择适用简易计税方法，以取得的全部价款和价外费用为销售额，按照5%的征收率计算应纳税额。纳税人应按照上述计税方法在不动产所在地预缴税款后，向机构所在地主管税务机关进行纳税申报。

3. 一般纳税人销售其2016年5月1日后取得（不含自建）的不动产，应适用一般计税方法，以取得的全部价款和价外费用为销售额计算应纳税额。纳税人应以取得的全部价款和价外费用减去该项不动产购置原价或者取得不动产时的作价后的余额，按照5%的预征率在不动产所在地预缴税款后，向机构所在地主管税务机关进行纳税申报。

4. 一般纳税人销售其2016年5月1日后自建的不动产，应适用一般计税方法，以取得的全部价款和价外费用为销售额计算应纳税额。纳税人应以取得的全部价款和价外费用，按照5%的预征率在不动产所在地预缴税款后，向机构所在地主管税务机关进行纳税申报。

5. 小规模纳税人销售其取得（不含自建）的不动产（不含个体工商户

销售购买的住房和其他个人销售不动产)，应以取得的全部价款和价外费用减去该项不动产购置原价或者取得不动产时的作价后的余额为销售额，按照 5%的征收率计算应纳税额。纳税人应按照上述计税方法在不动产所在地预缴税款后，向机构所在地主管税务机关进行纳税申报。

6. 小规模纳税人销售其自建的不动产，应以取得的全部价款和价外费用为销售额，按照 5%的征收率计算应纳税额。纳税人应按照上述计税方法在不动产所在地预缴税款后，向机构所在地主管税务机关进行纳税申报。

7. 房地产开发企业中的一般纳税人，销售自行开发的房地产老项目，可以选择适用简易计税方法按照 5%的征收率计税。

8. 房地产开发企业中的小规模纳税人，销售自行开发的房地产项目，按照 5%的征收率计税。

9. 房地产开发企业采取预收款方式销售所开发的房地产项目，在收到预收款时按照 3%的预征率预缴增值税。

10. 个体工商户销售购买的住房，应按照附件 3《营业税改征增值税试点过渡政策的规定》第五条的规定免征增值税。纳税人应按照上述计税方法在不动产所在地预缴税款后，向机构所在地主管税务机关进行纳税申报。

11. 其他个人销售其取得(不含自建)的不动产(不含其购买的住房)，应以取得的全部价款和价外费用减去该项不动产购置原价或者取得不动产时的作价后的余额为销售额，按照 5%的征收率计算应纳税额。

(九) 不动产经营租赁服务

1. 一般纳税人出租其 2016 年 4 月 30 日前取得的不动产，可以选择适用简易计税方法，按照 5%的征收率计算应纳税额。纳税人出租其 2016 年 4 月 30 日前取得的与机构所在地不在同一县(市)的不动产，应按照上述计税方法在不动产所在地预缴税款后，向机构所在地主管税务机关进行纳税申报。

2. 公路经营企业中的一般纳税人收取试点前开工的高速公路的车辆通行费,可以选择适用简易计税方法,减按3%的征收率计算应纳税额。

试点前开工的高速公路,是指相关施工许可证明上注明的合同开工日期在2016年4月30日前的高速公路。

3. 一般纳税人出租其2016年5月1日后取得的、与机构所在地不在同一县(市)的不动产,应按照3%的预征率在不动产所在地预缴税款后,向机构所在地主管税务机关进行纳税申报。

4. 小规模纳税人出租其取得的不动产(不含个人出租住房),应按照5%的征收率计算应纳税额。纳税人出租与机构所在地不在同一县(市)的不动产,应按照上述计税方法在不动产所在地预缴税款后,向机构所在地主管税务机关进行纳税申报。

5. 其他个人出租其取得的不动产(不含住房),应按照5%的征收率计算应纳税额。

6. 个人出租住房,应按照5%的征收率减按1.5%计算应纳税额。

(十)销售2016年4月30日前取得或自建的不动产的规定

一般纳税人销售其2016年4月30日前取得的不动产(不含自建),适用一般计税方法计税的,以取得的全部价款和价外费用为销售额计算应纳税额。上述纳税人应以取得的全部价款和价外费用减去该项不动产购置原价或者取得不动产时的作价后的余额,按照5%的预征率在不动产所在地预缴税款后,向机构所在地主管税务机关进行纳税申报。

房地产开发企业中的一般纳税人销售房地产老项目,以及一般纳税人出租其2016年4月30日前取得的不动产,适用一般计税方法计税的,应以取得的全部价款和价外费用,按照3%的预征率在不动产所在地预缴税款后,向机构所在地主管税务机关进行纳税申报。

一般纳税人销售其2016年4月30日前自建的不动产，适用一般计税方法计税的，应以取得的全部价款和价外费用为销售额计算应纳税额。纳税人应以取得的全部价款和价外费用，按照5%的预征率在不动产所在地预缴税款后，向机构所在地主管税务机关进行纳税申报。

（十一）跨省不动产交易的相关规定

一般纳税人跨省（自治区、直辖市或者计划单列市）提供建筑服务或者销售、出租取得的与机构所在地不在同一省（自治区、直辖市或者计划单列市）的不动产，在机构所在地申报纳税时，计算的应纳税额小于已预缴税额，且差额较大的，由国家税务总局通知建筑服务发生地或者不动产所在地省级税务机关，在一定时期内暂停预缴增值税。

（十二）纳税地点

属于固定业户的试点纳税人，总分支机构不在同一县（市），但在同一省（自治区、直辖市、计划单列市）范围内的，经省（自治区、直辖市、计划单列市）财政厅（局）和国家税务局批准，可以由总机构汇总向总机构所在地的主管税务机关申报缴纳增值税。

（十三）试点前发生的业务

1. 试点纳税人发生应税行为，按照国家有关营业税政策规定差额征收营业税的，因取得的全部价款和价外费用不足以抵减允许扣除项目金额，截至纳入营业税改征增值税试点之日前尚未扣除的部分，不得在计算试点纳税人增值税应税销售额时抵减，应当向原主管地税机关申请退还营业税。

2. 试点纳税人发生应税行为，在纳入营业税改征增值税试点之日前已缴纳营业税，营业税改征增值税试点后因发生退款减除营业额的，应当向原主管地税机关申请退还已缴纳的营业税。

3. 试点纳税人纳入营业税改征增值税试点之日前发生的应税行为，因税收检查等原因需要补缴税款的，应按照营业税政策规定补缴营业税。

（十四）销售使用过的固定资产

一般纳税人销售自己使用过的、纳入营业税改征增值税试点之日前取得的固定资产，按照现行旧货相关增值税政策执行。

使用过的固定资产，是指纳税人符合《试点实施办法》第二十八条规定并根据财务会计制度已经计提折旧的固定资产。

（十五）扣缴增值税适用税率

境内的购买方为境外单位和个人扣缴增值税的，按照适用税率扣缴增值税。

（十六）其他规定

1. 试点纳税人销售电信服务时，附带赠送用户识别卡、电信终端等货物或者电信服务的，应将其取得的全部价款和价外费用进行分别核算，按各自适用的税率计算缴纳增值税。

2. 油气田企业发生应税行为，适用《试点实施办法》规定的增值税税率，不再适用《财政部、国家税务总局关于印发〈油气田企业增值税管理办法〉的通知》（财税〔2009〕8 号）规定的增值税税率。

二、原增值税纳税人［指按照《中华人民共和国增值税暂行条例》（国务院令第 538 号）（以下称《增值税暂行条例》）缴纳增值税的纳税人］有关政策

（一）进项税额

1. 原增值税一般纳税人购进服务、无形资产或者不动产，取得的增值税专用发票上注明的增值税额为进项税额，准予从销项税额中抵扣。

2016 年 5 月 1 日后取得并在会计制度上按固定资产核算的不动产或者 2016 年 5 月 1 日后取得的不动产在建工程，其进项税额应自取得之日起分 2 年从销项税额中抵扣，第一年抵扣比例为 60%，第二年抵扣比例为 40%。

融资租入的不动产以及在施工现场修建的临时建筑物、构筑物，其进

项税额不适用上述分2年抵扣的规定。

2. 原增值税一般纳税人自用的应征消费税的摩托车、汽车、游艇，其进项税额准予从销项税额中抵扣。

3. 原增值税一般纳税人从境外单位或者个人购进服务、无形资产或者不动产，按照规定应当扣缴增值税的，准予从销项税额中抵扣的进项税额为自税务机关或者扣缴义务人取得的解缴税款的完税凭证上注明的增值税额。

纳税人凭完税凭证抵扣进项税额的，应当具备书面合同、付款证明和境外单位的对账单或者发票。资料不全的，其进项税额不得从销项税额中抵扣。

4. 原增值税一般纳税人购进货物或者接受加工修理修配劳务，用于《销售服务、无形资产或者不动产注释》所列项目的，不属于《增值税暂行条例》第十条所称的用于非增值税应税项目，其进项税额准予从销项税额中抵扣。

5. 原增值税一般纳税人购进服务、无形资产或者不动产，下列项目的进项税额不得从销项税额中抵扣：

(1) 用于简易计税方法计税项目、免征增值税项目、集体福利或者个人消费。其中涉及的无形资产、不动产，仅指专用于上述项目的无形资产(不包括其他权益性无形资产)、不动产。

纳税人的交际应酬消费属于个人消费。

(2) 非正常损失的购进货物，以及相关的加工修理修配劳务和交通运输服务。

(3) 非正常损失的在产品、产成品所耗用的购进货物(不包括固定资产)、加工修理修配劳务和交通运输服务。

(4) 非正常损失的不动产，以及该不动产所耗用的购进货物、设计服务和建筑服务。

(5) 非正常损失的不动产在建工程所耗用的购进货物、设计服务和建筑服务。

纳税人新建、改建、扩建、修缮、装饰不动产，均属于不动产在建工程。

(6) 购进的旅客运输服务、贷款服务、餐饮服务、居民日常服务和娱乐服务。

(7) 财政部和国家税务总局规定的其他情形。

上述第(4)点、第(5)点所称货物，是指构成不动产实体的材料和设备，包括建筑装饰材料和给排水、采暖、卫生、通风、照明、通讯、煤气、消防、中央空调、电梯、电气、智能化楼宇设备及配套设施。

纳税人接受贷款服务向贷款方支付的与该笔贷款直接相关的投融资顾问费、手续费、咨询费等费用，其进项税额不得从销项税额中抵扣。

6. 已抵扣进项税额的购进服务，发生上述第5点规定情形(简易计税方法计税项目、免征增值税项目除外)的，应当将该进项税额从当期进项税额中扣减；无法确定该进项税额的，按照当期实际成本计算应扣减的进项税额。

7. 已抵扣进项税额的无形资产或者不动产，发生上述第5点规定情形的，按照下列公式计算不得抵扣的进项税额：

不得抵扣的进项税额＝无形资产或者不动产净值×适用税率

8. 按照《增值税暂行条例》第十条和上述第5点不得抵扣且未抵扣进项税额的固定资产、无形资产、不动产，发生用途改变，用于允许抵扣进项税额的应税项目，可在用途改变的次月按照下列公式，依据合法有效的增值税扣税凭证，计算可以抵扣的进项税额：

可以抵扣的进项税额＝固定资产、无形资产、不动产净值÷(1＋适用税率)×适用税率

上述可以抵扣的进项税额应取得合法有效的增值税扣税凭证。

(二) 增值税期末留抵税额

原增值税一般纳税人兼有销售服务、无形资产或者不动产的，截止到

纳入营业税改征增值税试点之日前的增值税期末留抵税额，不得从销售服务、无形资产或者不动产的销项税额中抵扣。

（三）混合销售

一项销售行为如果既涉及货物又涉及服务，为混合销售。从事货物的生产、批发或者零售的单位和个体工商户的混合销售行为，按照销售货物缴纳增值税；其他单位和个体工商户的混合销售行为，按照销售服务缴纳增值税。

上述从事货物的生产、批发或者零售的单位和个体工商户，包括以从事货物的生产、批发或者零售为主，并兼营销售服务的单位和个体工商户在内。

附录5

营业税改征增值税试点过渡政策的规定

一、下列项目免征增值税

（一）托儿所、幼儿园提供的保育和教育服务。

托儿所、幼儿园，是指经县级以上教育部门审批成立、取得办园许可证的实施0～6岁学前教育的机构，包括公办和民办的托儿所、幼儿园、学前班、幼儿班、保育院、幼儿院。

公办托儿所、幼儿园免征增值税的收入是指，在省级财政部门和价格主管部门审核报省级人民政府批准的收费标准以内收取的教育费、保育费。

民办托儿所、幼儿园免征增值税的收入是指，在报经当地有关部门备案并公示的收费标准范围内收取的教育费、保育费。

超过规定收费标准的收费，以开办实验班、特色班和兴趣班等为由另外收取的费用以及与幼儿入园挂钩的赞助费、支教费等超过规定范围的收入，不属于免征增值税的收入。

（二）养老机构提供的养老服务。

养老机构，是指依照民政部《养老机构设立许可办法》（民政部令第48号）设立并依法办理登记的为老年人提供集中居住和照料服务的各类养老机构；养老服务，是指上述养老机构按照民政部《养老机构管理办法》（民政部令第 49 号）的规定，为收住的老年人提供的生活照料、康复护理、精神慰藉、文化娱乐等服务。

（三）残疾人福利机构提供的育养服务。

（四）婚姻介绍服务。

（五）殡葬服务。

殡葬服务，是指收费标准由各地价格主管部门会同有关部门核定，或者实行政府指导价管理的遗体接运（含抬尸、消毒）、遗体整容、遗体防腐、存放（含冷藏）、火化、骨灰寄存、吊唁设施设备租赁、墓穴租赁及管理等服务。

（六）残疾人员本人为社会提供的服务。

（七）医疗机构提供的医疗服务。

医疗机构，是指依据国务院《医疗机构管理条例》（国务院令第 149 号）及卫生部《医疗机构管理条例实施细则》（卫生部令第 35 号）的规定，经登记取得《医疗机构执业许可证》的机构，以及军队、武警部队各级各类医疗机构。具体包括：各级各类医院、门诊部（所）、社区卫生服务中心（站）、急救中心（站）、城乡卫生院、护理院（所）、疗养院、临床检验中心，各级政府及有关部门举办的卫生防疫站（疾病控制中心）、各种专科疾病防治站（所），各级政府举办的妇幼保健所（站）、母婴保健机构、儿童保健机构，各级政府举办的血站（血液中心）等医疗机构。

本项所称的医疗服务，是指医疗机构按照不高于地（市）级以上价格主管部门会同同级卫生主管部门及其他相关部门制定的医疗服务指导价格（包括政府指导价和按照规定由供需双方协商确定的价格等）为就医者提供《全国医疗服务价格项目规范》所列的各项服务，以及医疗机构向社会提供卫生防疫、卫生检疫的服务。

（八）从事学历教育的学校提供的教育服务。

1. 学历教育，是指受教育者经过国家教育考试或者国家规定的其他入学方式，进入国家有关部门批准的学校或者其他教育机构学习，获得国家承认的学历证书的教育形式。具体包括：

（1）初等教育：普通小学、成人小学。

（2）初级中等教育：普通初中、职业初中、成人初中。

（3）高级中等教育：普通高中、成人高中和中等职业学校（包括普通中专、成人中专、职业高中、技工学校）。

（4）高等教育：普通本专科、成人本专科、网络本专科、研究生（博士、硕士）、高等教育自学考试、高等教育学历文凭考试。

2. 从事学历教育的学校，是指：

（1）普通学校。

（2）经地（市）级以上人民政府或者同级政府的教育行政部门批准成立、国家承认其学员学历的各类学校。

（3）经省级及以上人力资源社会保障行政部门批准成立的技工学校、高级技工学校。

（4）经省级人民政府批准成立的技师学院。

上述学校均包括符合规定的从事学历教育的民办学校，但不包括职业培训机构等国家不承认学历的教育机构。

3. 提供教育服务免征增值税的收入，是指对列入规定招生计划的在籍学生提供学历教育服务取得的收入，具体包括：经有关部门审核批准并按规定标准收取的学费、住宿费、课本费、作业本费、考试报名费收入，以及学校食堂提供餐饮服务取得的伙食费收入。除此之外的收入，包括学校以各种名义收取的赞助费、择校费等，不属于免征增值税的范围。

学校食堂是指依照《学校食堂与学生集体用餐卫生管理规定》（教育部令第 14 号）管理的学校食堂。

（九）学生勤工俭学提供的服务。

（十）农业机耕、排灌、病虫害防治、植物保护、农牧保险以及相关技术培训业务，家禽、牲畜、水生动物的配种和疾病防治。

农业机耕，是指在农业、林业、牧业中使用农业机械进行耕作（包括耕耘、种植、收割、脱粒、植物保护等）的业务；排灌，是指对农田进行灌溉或者排涝的业务；病虫害防治，是指从事农业、林业、牧业、渔业的病虫害测报和防治的业务；农牧保险，是指为种植业、养殖业、牧业种植和饲养的动植物提供保险的业务；相关技术培训，是指与农业机耕、排灌、病虫害防治、植物保护业务相关以及为使农民获得农牧保险知识的技术培训业务；家禽、牲畜、水生动物的配种和疾病防治业务的免税范围，包括与该项服务有关的提供药品和医疗用具的业务。

（十一）纪念馆、博物馆、文化馆、文物保护单位管理机构、美术馆、展览馆、书画院、图书馆在自己的场所提供文化体育服务取得的第一道门票收入。

（十二）寺院、宫观、清真寺和教堂举办文化、宗教活动的门票收入。

（十三）行政单位之外的其他单位收取的符合《试点实施办法》第十条规定条件的政府性基金和行政事业性收费。

（十四）个人转让著作权。

（十五）个人销售自建自用住房。

（十六）2018 年 12 月 31 日前，公共租赁住房经营管理单位出租公共租赁住房。

公共租赁住房，是指纳入省、自治区、直辖市、计划单列市人民政府及新疆生产建设兵团批准的公共租赁住房发展规划和年度计划，并按照《关于加快发展公共租赁住房的指导意见》（建保〔2010〕87 号）和市、县人民政府制定的具体管理办法进行管理的公共租赁住房。

（十七）台湾航运公司、航空公司从事海峡两岸海上直航、空中直航业务在大陆取得的运输收入。

台湾航运公司，是指取得交通运输部颁发的“台湾海峡两岸间水路运输许可证”且该许可证上注明的公司登记地址在台湾地区的航运公司。

台湾航空公司，是指取得中国民用航空局颁发的“经营许可”或者依据《海峡两岸空运协议》和《海峡两岸空运补充协议》规定，批准经营两岸旅客、货物和邮件不定期（包机）运输业务，且公司登记地址在台湾地区的航空公司。

（十八）纳税人提供的直接或者间接国际货物运输代理服务。

1. 纳税人提供直接或者间接国际货物运输代理服务，向委托方收取的全部国际货物运输代理服务收入，以及向国际运输承运人支付的国际运输费用，必须通过金融机构进行结算。

2. 纳税人为大陆与香港、澳门、台湾地区之间的货物运输提供的货物运输代理服务参照国际货物运输代理服务有关规定执行。

3. 委托方索取发票的，纳税人应当就国际货物运输代理服务收入向委托方全额开具增值税普通发票。

（十九）以下利息收入。

1. 2016 年 12 月 31 日前，金融机构农户小额贷款。

小额贷款，是指单笔且该农户贷款余额总额在 10 万元（含本数）以下的贷款。

所称农户，是指长期（一年以上）居住在乡镇（不包括城关镇）行政管理区域内的住户，还包括长期居住在城关镇所辖行政村范围内的住户和户口不在本地而在本地居住一年以上的住户，国有农场的职工和农村个体工商户。位于乡镇（不包括城关镇）行政管理区域内和在城关镇所辖行政村范围内的国有经济的机关、团体、学校、企事业单位的集体户；有本地户口，但举家外出谋生一年以上的住户，无论是否保留承包耕地均不属于农户。农户以户为统计单位，既可以从事农业生产经营，也可以从事非农业生产经营。农户贷款的判定应以贷款发放时的承贷主体是否属于农户为准。

2. 国家助学贷款。

3. 国债、地方政府债。

4. 人民银行对金融机构的贷款。

5. 住房公积金管理中心用住房公积金在指定的委托银行发放的个人住房贷款。

6. 外汇管理部门在从事国家外汇储备经营过程中,委托金融机构发放的外汇贷款。

7. 统借统还业务中,企业集团或企业集团中的核心企业以及集团所属财务公司按不高于支付给金融机构的借款利率水平或者支付的债券票面利率水平,向企业集团或者集团内下属单位收取的利息。

统借方向资金使用单位收取的利息,高于支付给金融机构借款利率水平或者支付的债券票面利率水平的,应全额缴纳增值税。

统借统还业务,是指:

(1) 企业集团或者企业集团中的核心企业向金融机构借款或对外发行债券取得资金后,将所借资金分拨给下属单位(包括独立核算单位和非独立核算单位,下同),并向下属单位收取用于归还金融机构或债券购买方本息的业务。

(2) 企业集团向金融机构借款或对外发行债券取得资金后,由集团所属财务公司与企业集团或者集团内下属单位签订统借统还贷款合同并分拨资金,并向企业集团或者集团内下属单位收取本息,再转付企业集团,由企业集团统一归还金融机构或债券购买方的业务。

(二十) 被撤销金融机构以货物、不动产、无形资产、有价证券、票据等财产清偿债务。

被撤销金融机构,是指经人民银行、银监会依法决定撤销的金融机构及其分设于各地的分支机构，包括被依法撤销的商业银行、信托投资公司、财务公司、金融租赁公司、城市信用社和农村信用社。除另有规定外，被撤销金融机构所属、附属企业，不享受被撤销金融机构增值税免税政策。

（二十一）保险公司开办的一年期以上人身保险产品取得的保费收入。

一年期以上人身保险，是指保险期间为一年期及以上返还本利的人寿保险、养老年金保险，以及保险期间为一年期及以上的健康保险。

人寿保险，是指以人的寿命为保险标的的人身保险。

养老年金保险，是指以养老保障为目的，以被保险人生存为给付保险金条件，并按约定的时间间隔分期给付生存保险金的人身保险。养老年金保险应当同时符合下列条件：

1. 保险合同约定给付被保险人生存保险金的年龄不得小于国家规定的退休年龄。

2. 相邻两次给付的时间间隔不得超过一年。

健康保险，是指以因健康原因导致损失为给付保险金条件的人身保险。

上述免税政策实行备案管理，具体备案管理办法按照《国家税务总局关于一年期以上返还性人身保险产品免征营业税审批事项取消后有关管理问题的公告》（国家税务总局公告 2015 年第 65 号）规定执行。

（二十二）下列金融商品转让收入。

1. 合格境外投资者（QFII）委托境内公司在我国从事证券买卖业务。

2. 香港市场投资者（包括单位和个人）通过沪港通买卖上海证券交易所上市 A 股。

3. 对香港市场投资者（包括单位和个人）通过基金互认买卖内地基金份额。

4. 证券投资基金(封闭式证券投资基金,开放式证券投资基金)管理人运用基金买卖股票、债券。

5. 个人从事金融商品转让业务。

(二十三) 金融同业往来利息收入。

1. 金融机构与人民银行所发生的资金往来业务。包括人民银行对一般金融机构贷款,以及人民银行对商业银行的再贴现等。

2. 银行联行往来业务。同一银行系统内部不同行、处之间所发生的资金账务往来业务。

3. 金融机构间的资金往来业务。是指经人民银行批准,进入全国银行间同业拆借市场的金融机构之间通过全国统一的同业拆借网络进行的短期(一年以下含一年)无担保资金融通行为。

4. 金融机构之间开展的转贴现业务。

金融机构是指:

(1) 银行:包括人民银行、商业银行、政策性银行。

(2) 信用合作社。

(3) 证券公司。

(4) 金融租赁公司、证券基金管理公司、财务公司、信托投资公司、证券投资基金。

(5) 保险公司。

(6) 其他经人民银行、银监会、证监会、保监会批准成立且经营金融保险业务的机构等。

(二十四) 同时符合下列条件的担保机构从事中小企业信用担保或者再担保业务取得的收入(不含信用评级、咨询、培训等收入)3年内免征增值税:

1. 已取得监管部门颁发的融资性担保机构经营许可证,依法登记注册为企(事)业法人,实收资本超过2 000万元。

2. 平均年担保费率不超过银行同期贷款基准利率的50%。

平均年担保费率＝本期担保费收入÷(期初担保余额＋本期增加担保金额)×100%

3. 连续合规经营2年以上,资金主要用于担保业务,具备健全的内部管理制度和为中小企业提供担保的能力,经营业绩突出,对受保项目具有完善的事前评估、事中监控、事后追偿与处置机制。

4. 为中小企业提供的累计担保贷款额占其两年累计担保业务总额的80%以上,单笔800万元以下的累计担保贷款额占其累计担保业务总额的50%以上。

5. 对单个受保企业提供的担保余额不超过担保机构实收资本总额的10%,且平均单笔担保责任金额最多不超过3 000万元人民币。

6. 担保责任余额不低于其净资产的3倍,且代偿率不超过2%。

担保机构免征增值税政策采取备案管理方式。符合条件的担保机构应到所在地县(市)主管税务机关和同级中小企业管理部门履行规定的备案手续,自完成备案手续之日起,享受3年免征增值税政策。3年免税期满后,符合条件的担保机构可按规定程序办理备案手续后继续享受该项政策。

具体备案管理办法按照《国家税务总局关于中小企业信用担保机构免征营业税审批事项取消后有关管理问题的公告》(国家税务总局公告2015年第69号)规定执行,其中税务机关的备案管理部门统一调整为县(市)级国家税务局。

(二十五)国家商品储备管理单位及其直属企业承担商品储备任务,从中央或者地方财政取得的利息补贴收入和价差补贴收入。

国家商品储备管理单位及其直属企业,是指接受中央、省、市、县四级政府有关部门(或者政府指定管理单位)委托,承担粮(含大豆)、食用油、棉、糖、肉、盐(限于中央储备)等6种商品储备任务,并按有关政策收储、销售上述6种储备商品，取得财政储备经费或者补贴的商品储备企业。利息补贴收入，是指国家商品储备管理单位及其直属企业因承担上述商品储备任务从金融机构贷款，并从中央或者地方财政取得的用于偿还贷款利息的贴息收入。价差补贴收入包括销售价差补贴收入和轮换价差补贴收入。销售价差补贴收入，是指按照中央或者地方政府指令销售上述储备商品时，由于销售收入小于库存成本而从中央或者地方财政获得的全额价差补贴收入。轮换价差补贴收入，是指根据要求定期组织政策性储备商品轮换而从中央或者地方财政取得的商品新陈品质价差补贴收入。

（二十六）纳税人提供技术转让、技术开发和与之相关的技术咨询、技术服务。

1. 技术转让、技术开发，是指《销售服务、无形资产、不动产注释》中“转让技术”“研发服务”范围内的业务活动。技术咨询，是指就特定技术项目提供可行性论证、技术预测、专题技术调查、分析评价报告等业务活动。

与技术转让、技术开发相关的技术咨询、技术服务，是指转让方（或者受托方）根据技术转让或者开发合同的规定，为帮助受让方（或者委托方）掌握所转让（或者委托开发）的技术，而提供的技术咨询、技术服务业务，且这部分技术咨询、技术服务的价款与技术转让或者技术开发的价款应当在同一张发票上开具。

2. 备案程序。试点纳税人申请免征增值税时，须持技术转让、开发的书面合同，到纳税人所在地省级科技主管部门进行认定，并持有关的书面合同和科技主管部门审核意见证明文件报主管税务机关备查。

（二十七）同时符合下列条件的合同能源管理服务：

1. 节能服务公司实施合同能源管理项目相关技术，应当符合国家质量监督检验检疫总局和国家标准化管理委员会发布的《合同能源管理技术通则》(GB/T 24915—2010)规定的技术要求。

2. 节能服务公司与用能企业签订节能效益分享型合同,其合同格式和内容,符合《中华人民共和国合同法》和《合同能源管理技术通则》(GB/T 24915—2010)等规定。

(二十八) 2017 年 12 月 31 日前,科普单位的门票收入,以及县级及以上党政部门和科协开展科普活动的门票收入。

科普单位,是指科技馆、自然博物馆,对公众开放的天文馆(站、台)、气象台(站)、地震台(站),以及高等院校、科研机构对公众开放的科普基地。

科普活动,是指利用各种传媒以浅显的、让公众易于理解、接受和参与的方式,向普通大众介绍自然科学和社会科学知识,推广科学技术的应用,倡导科学方法,传播科学思想,弘扬科学精神的活动。

(二十九) 政府举办的从事学历教育的高等、中等和初等学校(不含下属单位),举办进修班、培训班取得的全部归该学校所有的收入。

全部归该学校所有,是指举办进修班、培训班取得的全部收入进入该学校统一账户,并纳入预算全额上缴财政专户管理,同时由该学校对有关票据进行统一管理和开具。

举办进修班、培训班取得的收入进入该学校下属部门自行开设账户的,不予免征增值税。

(三十) 政府举办的职业学校设立的主要为在校学生提供实习场所、并由学校出资自办、由学校负责经营管理、经营收入归学校所有的企业,从事《销售服务、无形资产或者不动产注释》中“现代服务”(不含融资租赁服务、广告服务和其他现代服务)、“生活服务”(不含文化体育服务、其他生活服务和桑拿、氧吧)业务活动取得的收入。

(三十一) 家政服务企业由员工制家政服务员提供家政服务取得的收入。

家政服务企业，是指在企业营业执照的规定经营范围中包括家政服务内容的企业。

员工制家政服务员，是指同时符合下列3个条件的家政服务员：

1. 依法与家政服务企业签订半年及半年以上的劳动合同或者服务协议，且在该企业实际上岗工作。

2. 家政服务企业为其按月足额缴纳了企业所在地人民政府根据国家政策规定的基本养老保险、基本医疗保险、工伤保险、失业保险等社会保险。对已享受新型农村养老保险和新型农村合作医疗等社会保险或者下岗职工原单位继续为其缴纳社会保险的家政服务员，如果本人书面提出不再缴纳企业所在地人民政府根据国家政策规定的相应的社会保险，并出具其所在乡镇或者原单位开具的已缴纳相关保险的证明，可视同家政服务企业已为其按月足额缴纳了相应的社会保险。

3. 家政服务企业通过金融机构向其实际支付不低于企业所在地适用的经省级人民政府批准的最低工资标准的工资。

（三十二）福利彩票、体育彩票的发行收入。

（三十三）军队空余房产租赁收入。

（三十四）为了配合国家住房制度改革，企业、行政事业单位按房改成本价、标准价出售住房取得的收入。

（三十五）将土地使用权转让给农业生产者用于农业生产。

（三十六）涉及家庭财产分割的个人无偿转让不动产、土地使用权。

家庭财产分割，包括下列情形：离婚财产分割；无偿赠与配偶、父母、子女、祖父母、外祖父母、孙子女、外孙子女、兄弟姐妹；无偿赠与对其承担直接抚养或者赡养义务的抚养人或者赡养人；房屋产权所有人死亡，法定继承人、遗嘱继承人或者受遗赠人依法取得房屋产权。

（三十七）土地所有者出让土地使用权和土地使用者将土地使用权归还给土地所有者。

(三十八) 县级以上地方人民政府或自然资源行政主管部门出让、转让或收回自然资源使用权(不含土地使用权)。

(三十九) 随军家属就业。

1. 为安置随军家属就业而新开办的企业,自领取税务登记证之日起,其提供的应税服务3年内免征增值税。

享受税收优惠政策的企业,随军家属必须占企业总人数的60%(含)以上,并有军(含)以上政治和后勤机关出具的证明。

2. 从事个体经营的随军家属,自办理税务登记事项之日起,其提供的应税服务3年内免征增值税。

随军家属必须有师以上政治机关出具的可以表明其身份的证明。

按照上述规定,每一名随军家属可以享受一次免税政策。

(四十) 军队转业干部就业。

1. 从事个体经营的军队转业干部,自领取税务登记证之日起,其提供的应税服务3年内免征增值税。

2. 为安置自主择业的军队转业干部就业而新开办的企业,凡安置自主择业的军队转业干部占企业总人数60%(含)以上的,自领取税务登记证之日起,其提供的应税服务3年内免征增值税。

享受上述优惠政策的自主择业的军队转业干部必须持有师以上部队颁发的转业证件。

二、增值税即征即退

(一) 一般纳税人提供管道运输服务,对其增值税实际税负超过3%的部分实行增值税即征即退政策。

(二) 经人民银行、银监会或者商务部批准从事融资租赁业务的试点纳税人中的一般纳税人,提供有形动产融资租赁服务和有形动产融资性售后回租服务,对其增值税实际税负超过3%的部分实行增值税即征即退政策。商务部授权的省级商务主管部门和国家经济技术开发区批准的从事融资租赁业务和融资性售后回租业务的试点纳税人中的一般纳税人，2016 年 5 月 1 日后实收资本达到 1.7 亿元的，从达到标准的当月起按照上述规定执行；2016 年 5 月 1 日后实收资本未达到 1.7 亿元但注册资本达到 1.7 亿元的，在 2016 年 7 月 31 日前仍可按照上述规定执行，2016 年 8 月 1 日后开展的有形动产融资租赁业务和有形动产融资性售后回租业务不得按照上述规定执行。

（三）本规定所称增值税实际税负，是指纳税人当期提供应税服务实际缴纳的增值税额占纳税人当期提供应税服务取得的全部价款和价外费用的比例。

三、扣减增值税规定

（一）退役士兵创业就业。

1. 对自主就业退役士兵从事个体经营的，在 3 年内按每户每年 8 000 元为限额依次扣减其当年实际应缴纳的增值税、城市维护建设税、教育费附加、地方教育附加和个人所得税。限额标准最高可上浮 20%，各省、自治区、直辖市人民政府可根据本地区实际情况在此幅度内确定具体限额标准，并报财政部和国家税务总局备案。

纳税人年度应缴纳税款小于上述扣减限额的，以其实际缴纳的税款为限；大于上述扣减限额的，应以上述扣减限额为限。纳税人的实际经营期不足一年的，应当以实际月份换算其减免税限额。换算公式为：

减免税限额＝年度减免税限额÷12×实际经营月数

纳税人在享受税收优惠政策的当月，持《中国人民解放军义务兵退出现役证》或《中国人民解放军士官退出现役证》以及税务机关要求的相关材料向主管税务机关备案。

2. 对商贸企业、服务型企业、劳动就业服务企业中的加工型企业和街道社区具有加工性质的小型企业实体，在新增加的岗位中，当年新招用自主就业退役士兵，与其签订1年以上期限劳动合同并依法缴纳社会保险费的，在3年内按实际招用人数予以定额依次扣减增值税、城市维护建设税、教育费附加、地方教育附加和企业所得税优惠。定额标准为每人每年4 000元，最高可上浮50%，各省、自治区、直辖市人民政府可根据本地区实际情况在此幅度内确定具体定额标准，并报财政部和国家税务总局备案。

本条所称服务型企业是指从事《销售服务、无形资产、不动产注释》中"不动产租赁服务""商务辅助服务"（不含货物运输代理和代理报关服务）、"生活服务"（不含文化体育服务）范围内业务活动的企业以及按照《民办非企业单位登记管理暂行条例》（国务院令第251号）登记成立的民办非企业单位。

纳税人按企业招用人数和签订的劳动合同时间核定企业减免税总额，在核定减免税总额内每月依次扣减增值税、城市维护建设税、教育费附加和地方教育附加。纳税人实际应缴纳的增值税、城市维护建设税、教育费附加和地方教育附加小于核定减免税总额的，以实际应缴纳的增值税、城市维护建设税、教育费附加和地方教育附加为限；实际应缴纳的增值税、城市维护建设税、教育费附加和地方教育附加大于核定减免税总额的，以核定减免税总额为限。

纳税年度终了，如果企业实际减免的增值税、城市维护建设税、教育费附加和地方教育附加小于核定的减免税总额，企业在企业所得税汇算清缴时扣减企业所得税。当年扣减不足的，不再结转以后年度扣减。

计算公式为：

企业减免税总额＝∑每名自主就业退役士兵本年度在本企业工作月份÷12×定额标准。

企业自招用自主就业退役士兵的次月起享受税收优惠政策，并于享受税收优惠政策的当月，持下列材料向主管税务机关备案：

（1）新招用自主就业退役士兵的《中国人民解放军义务兵退出现役证》或《中国人民解放军士官退出现役证》。

（2）企业与新招用自主就业退役士兵签订的劳动合同（副本），企业为职工缴纳的社会保险费记录。

（3）自主就业退役士兵本年度在企业工作时间表。

（4）主管税务机关要求的其他相关材料。

3. 上述所称自主就业退役士兵是指依照《退役士兵安置条例》（国务院、中央军委令第608号）的规定退出现役并按自主就业方式安置的退役士兵。

4. 上述税收优惠政策的执行期限为2016年5月1日至2016年12月31日，纳税人在2016年12月31日未享受满3年的，可继续享受至3年期满为止。

按照《财政部、国家税务总局 民政部关于调整完善扶持自主就业退役士兵创业就业有关税收政策的通知》（财税〔2014〕42号）规定享受营业税优惠政策的纳税人，自2016年5月1日起按照上述规定享受增值税优惠政策，在2016年12月31日未享受满3年的，可继续享受至3年期满为止。

《财政部、国家税务总局关于将铁路运输和邮政业纳入营业税改征增值税试点的通知》（财税〔2013〕106号）附件3第一条第（十二）项城镇退役士兵就业免征增值税政策，自2014年7月1日起停止执行。在2014年6月30日未享受满3年的，可继续享受至3年期满为止。

（二）重点群体创业就业。

1. 对持《就业创业证》（注明“自主创业税收政策”或“毕业年度内自主创业税收政策”）或2015年1月27日前取得的《就业失业登记证》（注明“自主创业税收政策”或附着《高校毕业生自主创业证》）的人员从事个

体经营的，在 3 年内按每户每年 8 000 元为限额依次扣减其当年实际应缴纳的增值税、城市维护建设税、教育费附加、地方教育附加和个人所得税。限额标准最高可上浮 20%，各省、自治区、直辖市人民政府可根据本地区实际情况在此幅度内确定具体限额标准，并报财政部和国家税务总局备案。

纳税人年度应缴纳税款小于上述扣减限额的，以其实际缴纳的税款为限；大于上述扣减限额的，应以上述扣减限额为限。

上述人员是指：

(1) 在人力资源社会保障部门公共就业服务机构登记失业半年以上的人员。

(2) 零就业家庭、享受城市居民最低生活保障家庭劳动年龄内的登记失业人员。

(3) 毕业年度内高校毕业生。高校毕业生是指实施高等学历教育的普通高等学校、成人高等学校毕业的学生；毕业年度是指毕业所在自然年，即 1 月 1 日至 12 月 31 日。

2. 对商贸企业、服务型企业、劳动就业服务企业中的加工型企业和街道社区具有加工性质的小型企业实体，在新增加的岗位中，当年新招用在人力资源社会保障部门公共就业服务机构登记失业半年以上且持《就业创业证》或 2015 年 1 月 27 日前取得的《就业失业登记证》(注明“企业吸纳税收政策”)人员，与其签订 1 年以上期限劳动合同并依法缴纳社会保险费的，在 3 年内按实际招用人数予以定额依次扣减增值税、城市维护建设税、教育费附加、地方教育附加和企业所得税优惠。定额标准为每人每年 4 000 元，最高可上浮 30%，各省、自治区、直辖市人民政府可根据本地区实际情况在此幅度内确定具体定额标准，并报财政部和国家税务总局备案。

按上述标准计算的税收扣减额应在企业当年实际应缴纳的增值税、

城市维护建设税、教育费附加、地方教育附加和企业所得税税额中扣减，当年扣减不足的，不得结转下年使用。

本条所称服务型企业是指从事《销售服务、无形资产、不动产注释》中“不动产租赁服务”、“商务辅助服务”（不含货物运输代理和代理报关服务）、“生活服务”（不含文化体育服务）范围内业务活动的企业以及按照《民办非企业单位登记管理暂行条例》（国务院令第251号）登记成立的民办非企业单位。

3. 享受上述优惠政策的人员按以下规定申领《就业创业证》：

（1）按照《就业服务与就业管理规定》（劳动和社会保障部令第28号）第六十三条的规定，在法定劳动年龄内，有劳动能力，有就业要求，处于无业状态的城镇常住人员，在公共就业服务机构进行失业登记，申领《就业创业证》。其中，农村进城务工人员和其他非本地户籍人员在常住地稳定就业满6个月的，失业后可以在常住地登记。

（2）零就业家庭凭社区出具的证明，城镇低保家庭凭低保证明，在公共就业服务机构登记失业，申领《就业创业证》。

（3）毕业年度内高校毕业生在校期间凭学生证向公共就业服务机构按规定申领《就业创业证》，或委托所在高校就业指导中心向公共就业服务机构按规定代为其申领《就业创业证》；毕业年度内高校毕业生离校后直接向公共就业服务机构按规定申领《就业创业证》。

（4）上述人员申领相关凭证后，由就业和创业地人力资源社会保障部门对人员范围、就业失业状态、已享受政策情况进行核实，在《就业创业证》上注明“自主创业税收政策”、“毕业年度内自主创业税收政策”或“企业吸纳税收政策”字样，同时符合自主创业和企业吸纳税收政策条件的，可同时加注；主管税务机关在《就业创业证》上加盖戳记，注明减免税所属时间。

4. 上述税收优惠政策的执行期限为2016年5月1日至2016年12月

31日，纳税人在2016年12月31日未享受满3年的，可继续享受至3年期满为止。

按照《财政部、国家税务总局 人力资源和社会保障部关于继续实施支持和促进重点群体创业就业有关税收政策的通知》(财税〔2014〕39号)规定享受营业税优惠政策的纳税人，自2016年5月1日起按照上述规定享受增值税优惠政策，在2016年12月31日未享受满3年的，可继续享受至3年期满为止。

《财政部、国家税务总局关于将铁路运输和邮政业纳入营业税改征增值税试点的通知》(财税〔2013〕106号)附件3第一条第(十三)项失业人员就业增值税优惠政策，自2014年1月1日起停止执行。在2013年12月31日未享受满3年的，可继续享受至3年期满为止。

四、金融企业发放贷款的相关规定

金融企业发放贷款后，自结息日起90天内发生的应收未收利息按现行规定缴纳增值税，自结息日起90天后发生的应收未收利息暂不缴纳增值税，待实际收到利息时按规定缴纳增值税。

上述所称金融企业，是指银行(包括国有、集体、股份制、合资、外资银行以及其他所有制形式的银行)、城市信用社、农村信用社、信托投资公司、财务公司。

五、个人对外销售购买不足2年的住房的相关规定

个人将购买不足2年的住房对外销售的，按照5%的征收率全额缴纳增值税；个人将购买2年以上(含2年)的住房对外销售的，免征增值税。上述政策适用于北京市、上海市、广州市和深圳市之外的地区。

个人将购买不足2年的住房对外销售的，按照5%的征收率全额缴纳增值税；个人将购买2年以上(含2年)的非普通住房对外销售的，以销

售收入减去购买住房价款后的差额按照5%的征收率缴纳增值税；个人将购买2年以上（含2年）的普通住房对外销售的，免征增值税。上述政策仅适用于北京市、上海市、广州市和深圳市。

办理免税的具体程序、购买房屋的时间、开具发票、非购买形式取得住房行为及其他相关税收管理规定，按照《国务院办公厅转发建设部等部门关于做好稳定住房价格工作意见的通知》（国办发〔2005〕26号）、《国家税务总局 财政部 建设部关于加强房地产税收管理的通知》（国税发〔2005〕89号）和《国家税务总局关于房地产税收政策执行中几个具体问题的通知》（国税发〔2005〕172号）的有关规定执行。

六、本规定的执行

上述增值税优惠政策除已规定期限的项目和第五条政策外，其他均在营业税改征增值税试点期间执行。如果试点纳税人在纳入营业税改征增值税试点之日前已经按照有关政策规定享受了营业税税收优惠，在剩余税收优惠政策期限内，按照本规定享受有关增值税优惠。

附录6

跨境应税行为适用增值税零税率和免税政策的规定

一、中华人民共和国境内(以下称境内)的单位和个人销售的下列服务和无形资产,适用增值税零税率:

(一)国际运输服务。

国际运输服务,是指:

1. 在境内载运旅客或者货物出境。

2. 在境外载运旅客或者货物入境。

3. 在境外载运旅客或者货物。

(二)航天运输服务。

(三)向境外单位提供的完全在境外消费的下列服务:

1. 研发服务。

2. 合同能源管理服务。

3. 设计服务。

4. 广播影视节目(作品)的制作和发行服务。

5. 软件服务。

6. 电路设计及测试服务。

7. 信息系统服务。

8. 业务流程管理服务。

9. 离岸服务外包业务。

离岸服务外包业务，包括信息技术外包服务（ITO）、技术性业务流程外包服务（BPO）、技术性知识流程外包服务（KPO），其所涉及的具体业务活动，按照《销售服务、无形资产、不动产注释》相对应的业务活动执行。

10. 转让技术。

（四）财政部和国家税务总局规定的其他服务。

二、境内的单位和个人销售的下列服务和无形资产免征增值税，但财政部和国家税务总局规定适用增值税零税率的除外：

（一）下列服务：

1. 工程项目在境外的建筑服务。

2. 工程项目在境外的工程监理服务。

3. 工程、矿产资源在境外的工程勘察勘探服务。

4. 会议展览地点在境外的会议展览服务。

5. 存储地点在境外的仓储服务。

6. 标的物在境外使用的有形动产租赁服务。

7. 在境外提供的广播影视节目（作品）的播映服务。

8. 在境外提供的文化体育服务、教育医疗服务、旅游服务。

（二）为出口货物提供的邮政服务、收派服务、保险服务。

为出口货物提供的保险服务，包括出口货物保险和出口信用保险。

（三）向境外单位提供的完全在境外消费的下列服务和无形资产：

1. 电信服务。

2. 知识产权服务。

3. 物流辅助服务（仓储服务、收派服务除外）。

4. 鉴证咨询服务。

5. 专业技术服务。

6. 商务辅助服务。

7. 广告投放地在境外的广告服务。

8. 无形资产。

（四）以无运输工具承运方式提供的国际运输服务。

（五）为境外单位之间的货币资金融通及其他金融业务提供的直接收费金融服务，且该服务与境内的货物、无形资产和不动产无关。

（六）财政部和国家税务总局规定的其他服务。

三、按照国家有关规定应取得相关资质的国际运输服务项目，纳税人取得相关资质的，适用增值税零税率政策，未取得的，适用增值税免税政策。

境内的单位或个人提供程租服务，如果租赁的交通工具用于国际运输服务和港澳台运输服务，由出租方按规定申请适用增值税零税率。

境内的单位和个人向境内单位或个人提供期租、湿租服务，如果承租方利用租赁的交通工具向其他单位或个人提供国际运输服务和港澳台运输服务，由承租方适用增值税零税率。境内的单位或个人向境外单位或个人提供期租、湿租服务，由出租方适用增值税零税率。

境内单位和个人以无运输工具承运方式提供的国际运输服务，由境内实际承运人适用增值税零税率；无运输工具承运业务的经营者适用增值税免税政策。

四、境内的单位和个人提供适用增值税零税率的服务或者无形资产，如果属于适用简易计税方法的，实行免征增值税办法。如果属于适用增值税一般计税方法的，生产企业实行免抵退税办法，外贸企业外购服务或者无形资产出口实行免退税办法，外贸企业直接将服务或自行研发的无形资产出口，视同生产企业连同其出口货物统一实行免抵退税办法。

服务和无形资产的退税率为其按照《试点实施办法》第十五条第（一）至（三）项规定适用的增值税税率。实行退（免）税办法的服务和无形资产，如果主管税务机关认定出口价格偏高的，有权按照核定的出口价格计算退(免)税,核定的出口价格低于外贸企业购进价格的,低于部分对应的进项税额不予退税,转入成本。

五、境内的单位和个人销售适用增值税零税率的服务或无形资产的,可以放弃适用增值税零税率,选择免税或按规定缴纳增值税。放弃适用增值税零税率后,36 个月内不得再申请适用增值税零税率。

六、境内的单位和个人销售适用增值税零税率的服务或无形资产,按月向主管退税的税务机关申报办理增值税退(免)税手续。具体管理办法由国家税务总局商财政部另行制定。

七、本规定所称完全在境外消费,是指:

(一) 服务的实际接受方在境外,且与境内的货物和不动产无关。

(二) 无形资产完全在境外使用,且与境内的货物和不动产无关。

(三) 财政部和国家税务总局规定的其他情形。

八、境内单位和个人发生的与香港、澳门、台湾地区有关的应税行为,除本文另有规定外,参照上述规定执行。

九、2016 年 4 月 30 日前签订的合同,符合《财政部、国家税务总局关于将铁路运输和邮政业纳入营业税改征增值税试点的通知》(财税〔2013〕106 号)附件 4 和《财政部、国家税务总局关于影视等出口服务适用增值税零税率政策的通知》(财税〔2015〕118 号)规定的零税率或者免税政策条件的,在合同到期前可以继续享受零税率或者免税政策。